완전하신 왕, 예수 그리스도 안에 있습니다.

THE GOSPEL PROJECT®

가스펠 프로젝트

구약 4

왕국의 성립

청장년 인도자용

지은이 · LifeWay Adults
옮긴이 · 오주영
감수 · 김병훈, 이희성, 신대현
초판 발행 · 2017년 8월 8일
2판 1쇄 발행 · 2023년 9월 15일
등록번호 · 제1988-000080호
등록된 곳 · 서울특별시 용산구 서빙고로65길 38
발행처 · 사단법인 두란노서원
영업부 · 02-2078-3352, 3452, 3781, 3752 FAX 080-749-3705
편집부 · 02-2078-3437
디자인 · 더그램

책값은 뒤표지에 있습니다.
ISBN 978-89-531-4594-8 04230 / 978-89-531-4583-2(세트)

가스펠 프로젝트 홈페이지 · gospelproject.co.kr
두란노몰 · mall.duranno.com

차례

4

A Kingdom Established

발간사

두란노서원을 통해 라이프웨이(LifeWay)의 《가스펠 프로젝트》 성경 공부 교재 시리즈를 발간할 수 있도록 인도하신 하나님께 감사드립니다. 험한 소리로 가득한 세상에 이 책을 다릿돌처럼 놓습니다. 우리 삶은 말씀을 만난 소리로 풍성해져야 합니다. 주님을 만난 기쁨의 소리, 진실 앞에서 탄식하는 소리, 죄를 씻는 울음소리, 소망을 품은 기도 소리로 가득해야 합니다.

《가스펠 프로젝트》는 신구약을 관통하는 예수 그리스도의 복음을 발견하고, 그 가르침을 삶에 적용하는 지혜를 얻도록 기획한 성경 공부 교재입니다. 어린아이부터 어른에 이르기까지 생애주기에 따른 복음 메시지를 잘 배울 수 있습니다. 또한 거짓 진리가 미혹하는 이 시대에 건강한 신학과 바른 교리로 말씀을 조명해 성도의 신앙이 좌로나 우로나 치우치지 않도록 돕습니다.

두란노서원은 지금까지 "오직 성경, 복음 중심, 초교파적 관점"을 바탕으로 한국 교회와 성도를 꾸준히 섬겨 왔습니다. 오직 성경의 정신에 입각해 책과 잡지를 출판해 왔으며, 성경에 근거한 복음 중심의 신학을 포기한 적이 없습니다. 그리고 교단과 교파를 초월해 교회와 성도가 하나님의 나라를 바라볼 수 있도록 돕기 위해 노력해 왔습니다. 《가스펠 프로젝트》는 두란노가 지켜온 세 가지 가치를 충실하게 담은 책입니다.

성경은 구원을 위한 책이며, 구원사의 주인공은 예수 그리스도입니다. 창세기부터 요한계시록까지 오직 예수 그리스도의 복음만을 전하는 《가스펠 프로젝트》 성경 공부 교재를 통해 복음의 은혜와 진리를 깊이 경험하고, 복음 중심의 삶이 마음 판에 새겨지기를 바랍니다. 그리고 예수 그리스도 복음에 굳게 선 한 사람의 영향력이 가정과 교회와 사회에 흘러감으로써 거룩한 하나님 나라가 확산되어 가기를 소망합니다.

두란노서원 원장 이 형 기

감수사

두란노가 출간하는《가스펠 프로젝트》는 무엇보다도 전통적으로 교회가 풀어 온 흐름을 충실히 따라 성경을 해설하고 있습니다. 그리고 그 방향은 궁극적으로 예수 그리스도를 향해 나아가고 있습니다. 이것은 예수님이 구약과 신약의 모든 성경이 자신을 가리키고 있다고 하신 말씀에 비추어 매우 타당한 것입니다. 게다가 그리스도 중심적 해설을 무리하게 전개하지 않습니다. 각 본문에서 하나님의 구원 언약과 그것을 실현하시는 하나님을 드러내면서, 그리스도의 예표적 설명이 가능한 사건을 놓치지 않고 풀어내고 있습니다.

성경 공부 교재는 명시적으로 혹은 암시적으로 제시하는 교리적 진술이 교리 체계상 건전해야 합니다.《가스펠 프로젝트》는 99개 조에 이르는 핵심교리들을 일목요연하게 제시해 교리의 건전성을 확인할 수 있도록 도움을 줍니다.《가스펠 프로젝트》의 교리는 교파를 막론하고, 예수 그리스도의 복음에 충실한 복음주의 교회들에게 환영받을 만합니다. 물론 교파마다 약간의 이견을 갖는 부분들이 있을 수 있겠지만 각 교회에서 교재를 활용하는 데는 무리가 없을 것입니다.《가스펠 프로젝트》의 특징은 각 과에서 학습한 내용을 핵심교리와 연결해 주며, 그 결과 그리스도의 복음에 관련한 교리적 이해를 강화시킨다는 데 있습니다.

끝으로《가스펠 프로젝트》는 어떤 성경 주해서나 교리 학습서가 갖지 못하는 훌륭한 장점을 가지고 있습니다. 그것은 학습자를 하나님과 그리스도의 복음 앞으로 나오도록 이끌며 자신의 신앙과 삶을 돌아보도록 하는 적용의 적실성과 훈련의 효과입니다. 아울러 본문과 관련해 교회사적으로 또 주석적으로 중요한 신학자와 목사의 어록과 주석을 제시하고, 심화토론 질문들(인도자용)과 선교적 안목을 열어 주는 적용 질문들을 더해 준 것은《가스펠 프로젝트》에서 얻을 수 있는 큰 유익입니다.

추천할 만한 마땅한 성경 공부 교재를 찾기가 쉽지 않은 현실에서《가스펠 프로젝트》는 성경을 개괄적으로 매주 한 과목씩, 3년의 기간 동안 일목요연하게, 그리고 그리스도 중심적으로 공부하도록 이끌어 준다는 점에서, 한국 교회의 기초를 성경 위에 놓는 일에 큰 공헌을 할 것으로 믿어 의심치 않습니다.

김병훈 _ 합동신학대학원대학교 조직신학 교수

아모스 선지자가 타락의 일로를 걷고 있었던 북이스라엘을 향해 선포한 메시지가 생각납니다. "보라 날이 이를지라 내가 기근을 땅에 보내리니 양식이 없어 주림이 아니며 물이 없어 갈함이 아니요 여호와의 말씀을 듣지 못한 기갈이라"(암 8:11). 주전 8세기 아모스 선지자의 외침이 오늘 이 시대에 다시 메아리쳐 오고 있습니다. 온갖 이단들이 영적으로 갈급한 성도들을 향해 검은손을 내밀고 있습니다. 이들은 성경 구절을 단편적으로 이해하고 왜곡해 교리를 구축한 후 성도들을 혼란에 빠뜨리고 있습니다. 두란노의《가스펠 프로젝트》는 성도들이 겪고 있는 이러한 갈증을 해소해 줄 수 있는 참으로 유익한 성경 공부 교재입니다.

첫째,《가스펠 프로젝트》는 성경 전체 흐름과 문맥에 따라 구성되어 성경의 큰 그림을 볼 수 있도록 도와줍니다. 또 성경 각 본문의 의미를 깊이 이해할 수 있도록 해당 분야의 전문 성경 신학자들의 주석적 견해를 잘 소개하고 있습니다. 둘째, 본문 연구와 함께 관련 핵심교리들을 적절하게 소개해 성경과 교리를 연결할 수 있습니다. 또 모든 세션에서 그리스도와의 연결점을 찾아 제시함으로써 구약 본문을 통해서도 복음을 깨달을 수 있습니다. 성경 공부 전 과정을 마치면 성도들이 복음에 대한 견고한 믿음을 가지게 될 것입니다.

셋째, 성경 공부를 통한 적용의 초점을 선교에 맞추어 성도들이 삶의 현장에서 복음의 증인으로서의 사명을 감당할 수 있게 도와줍니다. 마지막으로 주일학교에서 장년에 이르기까지 동일한 주제와 본문으로 성경을 공부하도록 구성했기 때문에 모든 교인이 한 말씀 안에서 한 믿음의 공동체를 이루며 성숙해 가는 영적 부흥을 경험하게 될 것입니다.

두란노의《가스펠 프로젝트》를 통해 말씀이 갈급한 기근의 시대에 영적 해갈의 기쁨을 경험하시기 바랍니다.

이희성 _ 총신대학교 신학대학원 구약학 교수

'가스펠 프로젝트'는 성경 안에 나타난 하나님의 구원 계획-실행-완성이라는 일련의 진행을 잘 요약한 말입니다. 구원의 소식은 예수 그리스도가 오셨을 때 비로소 전해진 것이 아니라 창세 이전에 그리스도 안에서 하나님의 지혜로 계획된 것입니다. 이 복음 계획은 구약 역사가 진행되면서 더 구체적으로 알려졌고, 하나님의 아들 예수 그리스도가 이 땅에 오심으로써 완전히 드러났습니다. 이 복음으로 하나님의 백성이 모두 구원을 받을 것이며, 그제야 세상에 끝이 오고 하나님의 가스펠 프로젝트는 완성될 것입니다.

두란노의 《가스펠 프로젝트》는 이러한 큰 그림을 염두에 두고 시대를 따라 진행되는 하나님의 구원 계획을 체계적으로 다루고 있습니다. 각 세션의 시작과 끝에 두 개의 푯대, 즉 '신학적 주제'와 '그리스도와의 연결'을 제시해 세션이 다루는 내용이 구원 역사의 큰 진행에서 어느 지점에 해당되는지 알려 줍니다. '신학적 주제'는 본문에서 하나님의 가스펠 프로젝트의 어느 지점에 주목해야 하는지 알려 주며, '그리스도와의 연결'은 이 지점이 가스펠 프로젝트 전체와 어떻게 연결되는지 확인해 줍니다. 가스펠 프로젝트의 부분과 전체를 아는 지식을 동시에 배워 가면서 이 시대를 향한 단기 비전과 앞으로 임할 하나님 나라에 대한 장기 비전을 함께 가질 수 있습니다. 《가스펠 프로젝트》는 이 비전들을 구체적으로 가질 수 있도록 매 세션 끝에 '하나님의 계획, 우리의 사명'을 두고 있습니다.

《가스펠 프로젝트》의 또 다른 큰 특징은 교회 안에 여러 세대를 그리스도 안에서 하나님의 말씀으로 연결해 준다는 것입니다. 장년, 청소년, 그리고 어린이들이 매주 동일한 본문 말씀을 배움으로써 그리스도 안에서 하나의 교회 전통을 세워 갈 수 있으며, 교회와 가정에서 동일한 하나님의 말씀으로 소통하며 언어가 같은 하나님 나라 백성의 삶을 체험할 수 있습니다.

《가스펠 프로젝트》는 성경의 한 부분에만 머물러 있는 우리의 생각을 그리스도 안에서 넓혀 주고, 분열된 세대들의 생각을 그리스도 안으로 모아 줍니다. 한국 교회 성도들이 두란노의 《가스펠 프로젝트》를 통해 예수 그리스도를 아는 지식에서 자라 가고 모든 믿음의 세대가 그리스도 안에서 아름다운 신앙의 전통을 이어 가는 일들이 일어나길 소망합니다.

신대현 _ 《가스펠 프로젝트》 주 강사

추천사

우리 시대의 전 세계적 교회 부흥은 두 가지 샘을 가지고 있습니다. 한 샘은 오순절 부흥 운동의 샘입니다. 이 샘으로 많은 시대의 목마른 영혼들이 목마름을 해갈했습니다. 또 하나의 샘은 성경 연구의 샘입니다. 남침례교 주일학교 운동은 이 샘의 개척자입니다. 이 샘으로 지금도 많은 성도가 목마름을 해갈하고 있습니다. 미 남침례교 라이프웨이 출판사는 이러한 사역을 충실히 감당해 왔습니다. 《가스펠 프로젝트》는 모든 필요를 공급하는 원천이 될 것입니다. 《가스펠 프로젝트》로 한국 교회의 목마름이 해갈되기를 기도합니다. 《가스펠 프로젝트》는 쉬우면서도 결코 피상적이지 않습니다. 믿음의 단계를 따라 하나님의 자녀들에게 꼭 필요한 복음의 진수를 맛보게 해 줄 것입니다. 이 체계적인 교재로 이 땅에 새로운 영적 르네상스가 일어나기를 기대합니다.

이동원 _ 지구촌교회 원로 목사, 지구촌 미니스트리 네트워크 대표

《가스펠 프로젝트》는 예수 그리스도 중심, 즉 복음 중심의 제자 양육 교재입니다. 복음은 구원하는 능력뿐만 아니라 삶을 변화시키는 능력입니다. 성도들을 변화와 성숙으로 이끌어 주는 귀한 교재가 조국 교회와 이민 교회에 소중하게 쓰임받기를 바랍니다. 특별히 이민 2세들은 영어 교재 원본을 사용할 수 있는 까닭에 큰 도움이 될 것입니다.

강준민 _ LA 새생명비전교회 담임 목사

성경은 예수 그리스도를 중심으로 하는 하나님의 구원 이야기입니다. 성경을 가르치는 일은 하나님의 구원에 동참하는 하나님의 사람을 만드는 일이며, 하나님의 사람의 탁월한 모델은 바로 예수 그리스도입니다.《가스펠 프로젝트》는 예수 그리스도를 중심으로 성경을 배웁니다. 성경이 어떻게 그리스도와 연결되어 있는지, 또 성도의 삶이 그리스도를 중심으로 하는 하나님의 구원 계획에 어떻게 연결되어야 하는지 구체적으로 제시합니다.
특히《가스펠 프로젝트》는 하나의 본문을 각 연령에 맞게 구성한 교재를 제공해 하나의 본문으로 전 세대를 연결하고, 가정과 교회를 하나 되게 합니다. 신앙의 전수가 중요한 시대에 성도와 교회와 가정이 한마음으로 다음 세대를 준비시키기에 적합합니다. 특히 가정에서 부모가 자녀와 말씀으로 대화를 나눌 수 있게 해 자녀 신앙 교육에 도움이 될 것입니다.
《가스펠 프로젝트》가 주일학교부터 장년에 이르기까지 전 교회와 성도의 각 가정에서 사용되어 예수 그리스도를 통한 하나님의 가스펠 프로젝트가 성취되기를 기도하면서 기쁨과 확신으로 추천합니다.

이재훈 _ 온누리교회 담임 목사

하나님의 말씀은 생명을 살리고 힘 있게 하는 능력이 있습니다. 그래서 사역 현장에서는 그것을 효율적으로 전해 주고 가르칠 수 있는 좋은 방법과 교재에 늘 목말라합니다. 그런 점에서 연령대에 맞게 체계적으로 준비되어 사역 현장의 필요를 잘 충족해 줄 교재가 출간되어 기쁩니다. 사역의 현장에서 유용하게 활용되어 복음의 생명력과 역동성을 누리게 되기를 기대하며 추천합니다.

김운용 _ 장로회신학대학교 실천신학 교수

성경은 하나님의 말씀입니다. 말씀 중의 말씀, 복음은 예수 그리스도이십니다. 《가스펠 프로젝트》는 하나님의 말씀으로 우리를 초청해서 예수 그리스도를 만나게 하고 사랑하게 만드는 훌륭한 교재입니다. 《가스펠 프로젝트》의 매력은 하나의 커리큘럼을 가지고 연령대에 적합하게 공부하도록 제공한다는 점입니다. 자녀들이 교회 학교에서, 부모들이 소그룹에서 말씀을 공부한 후 저녁 식탁에 둘러앉아 예수님에 대해 함께 나눌 수 있다는 것은, 상상만 해도 너무나도 멋지고 복된 일입니다.

김지철 _ 전 소망교회 담임 목사

예수님은 친히 요한복음 5장 39절에서, 모든 성경은 예수님 자신에 대한 증거라고 말씀하셨습니다. 그럼에도 불구하고, 성도들은 그 속에서 예수님이라는 보석을 쉽게 찾아 내지 못하고 있습니다. 《가스펠 프로젝트》는 신앙생활을 출발하는 어린이부터 장년까지 이런 눈을 활짝 열어 주는 놀라운 교재입니다. 요람에서부터 무덤까지 각 연령대에 맞게 구성된 본 교재를 통해, 한국 교회와 이민 교회가 잃어버린 예수님을 다시 발견함으로 견고하게 되기를 바랍니다.

최병락 _ 강남중앙침례교회 담임 목사

성경을 공부한다는 것은 성경에 기록된 사실을 배우는 것이 아니라 성경이 가르치는 교리를 배우는 것입니다. 왜냐하면 성경은 독자에게 어떤 새로운 정보를 주기 위해 인간이 쓴 책이 아니라, 죄인인 인간에게 구원을 주기 위해 하나님이 쓰신 말씀이기 때문입니다. 그런데 이 구원의 도리인 교리를 성경 본문을 통해 배우기가 쉽지 않기 때문에 좋은 안내서가 필요합니다. 이번에 출간된 《가스펠 프로젝트》는 이와 같은 역할을 탁월하게 수행하고 있기 때문에 기쁜 마음으로 추천합니다.

이성호 _ 고려신학대학원 역사신학 교수

활용법

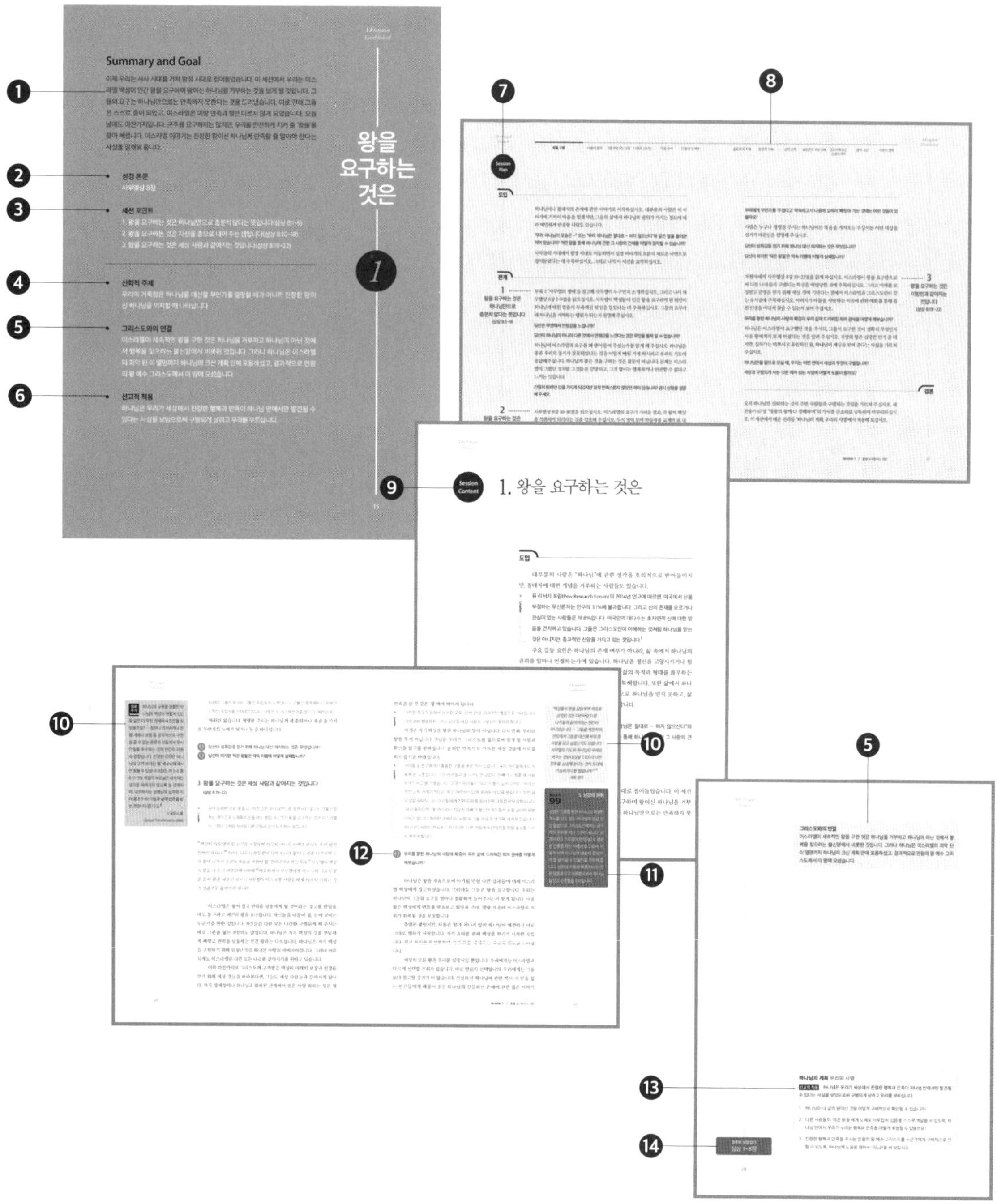
Summary and Goal
성경 본문
세션 포인트
신학적 주제
그리스도와의 연결
선교적 적용
왕을
요구하는
것은
1
Session Plan
도입
전개
결론
Session Content
1. 왕을 요구하는 것은
그리스도와의 연결
하나님의 계획
1
2
3
4
5
6
7
8
9
10
11
12
13
14

1. Summary and Goal
각 세션의 핵심 내용을 알려 주는 세션 요약과 강조할 포인트를 정리해 본문의 흐름과 교재의 학습 목표를 놓치지 않도록 돕습니다.

2. 성경 본문
각 세션의 내용과 주제에 해당하는 성경 본문을 제시합니다. 《가스펠 프로젝트》는 연대기 성경 공부 교재로 성경의 큰 흐름에 따라 본문을 구성했습니다.

3. 세션 포인트
각 세션에서 강조할 포인트를 세 가지씩 열거해 인도자가 한눈에 세션의 요점을 개관하도록 합니다.

4. 신학적 주제
하나님이 구속사에서 행하신 일에 초점을 맞춰 본문을 이해하도록 주제를 제시해 본문의 흐름을 놓치지 않도록 돕습니다.

5. 그리스도와의 연결
해당 본문과 주제가 어떻게 예수 그리스도를 가리키며 연결되는지 자세히 살핍니다. 예수님과 각 세션 포인트의 상관성을 발견할 수 있도록 돕습니다.

6. 선교적 적용
각 세션에서 드러난 하나님의 계획을 우리의 사명과 연결해 말씀을 삶에 구체적으로 적용하도록 돕습니다.

7. Session Plan
세션의 개요와 신학적 주제, 그리고 질문을 연결해 각 세션의 주요한 부분을 한눈에 볼 수 있게 함으로써 인도자가 수업을 설계할 수 있도록 돕습니다.

8. 연대표
각 권의 연대적 흐름을 이해할 수 있도록 한눈에 볼 수 있는 연대표를 제공합니다. 각 본문에 해당하는 단계를 표시해 성경을 시간 순으로 이해하도록 돕습니다.

9. Session Content
학습자용에 있는 내용이 모두 들어 있으며, 인도자를 위한 내용이 추가되어 있습니다. 인도자를 위한 내용은 여백에 'Leader'라고 표시되어 있습니다. 상자 안에 있는 명언, 심화주석, 심화토론, 도입 옵션 등도 인도자용에만 들어 있으며, 명언 가운데 일부는 학습자용에도 있습니다.

10. 명언, 심화주석 등
본문과 관련해 교회사적으로 또 주석적으로 중요한 신학자와 목사의 서적이나 기타 아티클을 발췌해 제시함으로써 신학적 이해를 돕습니다.

11. 핵심교리 99
기독교 교리 가운데 핵심이 되는 99개의 내용을 추려 각 세션과 관련 있는 교리를 제시합니다. 성경 본문에 대한 신학적 이해를 넓히는 데 도움을 받을 수 있습니다.

12. 관찰 질문
본문을 구체적으로 이해하도록 돕는 질문을 제공합니다. 이를 통해 생각의 폭을 넓히고 성경의 진리를 실제적으로 받아들이는 데 도움을 받을 수 있습니다.

13. 하나님의 계획, 우리의 사명
각 세션에서 드러난 하나님의 계획을 우리의 사명과 연결해 말씀을 구체적으로 삶에 적용하도록 돕습니다.

14. 금주의 성경 읽기
각 세션의 연대기적 흐름에 맞춰 한 주 동안 읽을 성경 본문을 제공합니다.

왕을 요구하는 것은

1

Summary and Goal

이제 우리는 사사 시대를 거쳐 왕정 시대로 접어들었습니다. 이 세션에서 우리는 이스라엘 백성이 인간 왕을 요구하며 왕이신 하나님을 거부하는 것을 보게 될 것입니다. 그들의 요구는 하나님만으로는 만족하지 못한다는 것을 드러냈습니다. 이로 인해 그들은 스스로 종이 되었고, 이스라엘은 이방 민족과 별반 다르지 않게 되었습니다. 오늘날에도 마찬가지입니다. 군주를 요구하지는 않지만, 우리를 안전하게 지켜 줄 '왕들'을 찾아 헤맵니다. 이스라엘 이야기는 진정한 왕이신 하나님께 만족할 줄 알아야 한다는 사실을 일깨워 줍니다.

- **성경 본문**
  사무엘상 8장

- **세션 포인트**
  1. 왕을 요구하는 것은 하나님만으로 충분치 않다는 뜻입니다(삼상 8:1~9)
  2. 왕을 요구하는 것은 자신을 종으로 내어 주는 셈입니다(삼상 8:10~18)
  3. 왕을 요구하는 것은 세상 사람과 같아지는 것입니다(삼상 8:19~22)

- **신학적 주제**
  우리의 거룩함은 하나님을 대신할 무언가를 열망할 때가 아니라 진정한 왕이신 하나님을 의지할 때 나타납니다.

- **그리스도와의 연결**
  이스라엘이 세속적인 왕을 구한 것은 하나님을 거부하고 하나님이 아닌 것에서 행복을 찾으려는 불신앙에서 비롯된 것입니다. 그러나 하나님은 이스라엘의 죄악 된 이 열망까지 하나님의 크신 계획 안에 포용하셨고, 결과적으로 만왕의 왕 예수 그리스도께서 이 땅에 오셨습니다.

- **선교적 적용**
  하나님은 우리가 세상에서 진정한 행복과 만족이 하나님 안에서만 발견될 수 있다는 사실을 보임으로써 구별되게 살라고 우리를 부르십니다.

Session Plan

도입

하나님이나 절대자의 존재에 관한 이야기로 시작하십시오. 대부분의 사람은 이 이야기에 기꺼이 마음을 열겠지만, 그들의 삶에서 하나님의 권위가 가지는 정도에 따라 예민하게 반응할 사람도 있습니다.

"우리 하나님의 모습은 ~" 또는 "우리 하나님은 절대로 ~ 하지 않으신다"와 같은 말을 들어본 적이 있습니까? 이런 말을 통해 하나님에 관한 그 사람의 견해를 어떻게 짐작할 수 있습니까?

사사들의 시대에서 왕정 시대로 이동하면서 성경 이야기의 흐름이 새로운 국면으로 접어들었다는 데 주목하십시오. 그러고 나서 이 세션을 요약하십시오.

전개

1 왕을 요구하는 것은 하나님만으로 충분치 않다는 뜻입니다 (삼상 8:1~9)

부록 1: '사무엘의 생애'를 참고해 사무엘이 누구인지 소개하십시오. 그러고 나서 사무엘상 8장 1~9절을 읽으십시오. 사무엘이 백성들이 인간 왕을 요구하게 된 원인이 하나님께 대한 믿음이 부족해진 탓임을 알았다는 데 주목하십시오. 그들의 요구가 왜 하나님을 거역하는 행위가 되는지 설명해 주십시오.

당신은 무엇에서 안정감을 느낍니까?

당신이 하나님이 아니라 다른 것에서 안정감을 느낀다는 것은 무엇을 통해 알 수 있습니까?

하나님이 이스라엘의 요구를 왜 받아들여 주셨는가를 알게 해 주십시오. 하나님은 종종 우리의 동기가 잘못되었다는 것을 깨닫게 하시려고 우리의 기도에 응답해 주십니다. 하나님께 좋은 것을 구하는 것은 잘못이 아닙니다. 문제는 이스라엘이 그랬던 것처럼 그것들을 갈망하고, 그것 없이는 행복하거나 안전할 수 없다고 느끼는 것입니다.

간절히 원하던 것을 가지게 되었지만 정작 만족스럽지 않았던 적이 있습니까? 당시 상황을 설명해 주세요.

2 왕을 요구하는 것은 자신을 종으로 내어 주는 셈입니다 (삼상 8:10~18)

사무엘상 8장 10~18절을 읽으십시오. 이스라엘의 요구가 가져올 결과, 즉 왕이 백성을 착취하게 되리라는 것을 강조해 주십시오. 두세 명이 모여 학습자용 교재의 표 내용을 보고 노예가 된다는 것의 의미를 파악해 보게 한 후 발표하게 하십시오. 인도자용 교재를 참고해 필요한 부분을 보충해 주십시오.

우리에게 무언가를 '주겠다고' 약속하고서 나중에 오히려 '빼앗아 가는' 것에는 어떤 것들이 있을까요?

사람은 누구나 생명을 주시는 하나님이든 죽음을 가져오는 우상이든 어떤 대상을 섬기기 마련임을 설명해 주십시오.

당신이 성취감을 얻기 위해 하나님 대신 의지하는 것은 무엇입니까?

당신이 의지한 '작은 왕들'은 약속 이행에 어떻게 실패합니까?

3 왕을 요구하는 것은 세상 사람과 같아지는 것입니다 (삼상 8:19~22)

자원자에게 사무엘상 8장 19~22절을 읽게 하십시오. 이스라엘이 왕을 요구함으로써 다른 나라들과 구별되는 특권을 박탈당한 것에 주목하십시오. 그리고 미래를 보장받고 안정을 얻기 위해 세상 것에 기댄다는 점에서 이스라엘과 그리스도인이 갖는 유사점에 주목하십시오. 아버지가 아들을 사랑하는 이유에 관한 예화를 통해 참된 안정을 어디서 찾을 수 있는지 보여 주십시오.

우리를 향한 하나님의 사랑의 확증이 우리 삶에 드리워진 죄의 권세를 어떻게 깨부숩니까?

하나님은 이스라엘이 요구했던 것을 주시되, 그들이 요구한 것이 정확히 무엇인지 사울 왕에게서 보게 하셨다는 것을 알려 주십시오. 지상의 왕은 실망만 안겨 줄 테지만, 십자가는 미쁘시고 유일하신 왕, 하나님이 계심을 보여 준다는 사실을 가르쳐 주십시오.

하나님만을 왕으로 모실 때, 우리는 어떤 면에서 세상과 뚜렷이 구별됩니까?

세상과 구별되게 사는 것은 제자 삼는 사명에 어떻게 도움이 될까요?

결론

오직 하나님만 신뢰하는 것이 주변 사람들과 구별되는 것임을 가르쳐 주십시오. 새찬송가 67장 "영광의 왕께 다 경배하며"의 가사를 큰소리로 낭독하며 마무리하십시오. 이 세션에서 배운 진리를 '하나님의 계획, 우리의 사명'에서 적용해 보십시오.

Session Content

1. 왕을 요구하는 것은

"우상이 아니라 주님이 통치하십니다. 돈이나 권세가 하는 것이 아닙니다. 부유한 자나 힘 있는 자가 하는 것도 아닙니다. 아름다운 자나 아주 좋거나 아주 나쁜 자가 하는 것도 아닙니다. 나라의 대통령이나 기업의 사장들이 하는 것도 아닙니다. 주님이 다스리십니다. 이것이 바로 우리의 유일한 희망입니다."[2]

_에드 스테처 & 필립 네이션

도입

대부분의 사람은 "하나님"에 관한 생각을 호의적으로 받아들이지만, 절대자에 대한 개념을 거부하는 사람들도 있습니다.

> Leader
> 퓨 리서치 포럼(Pew Research Forum)의 2014년 연구에 따르면, 미국에서 신을 부정하는 무신론자는 인구의 3.1%에 불과합니다. 그리고 신의 존재를 모르거나 관심이 없는 사람들은 19.8%입니다. 미국인의 대다수는 초자연적 신에 대한 믿음을 견지하고 있습니다. 그들은 그리스도인이 이해하는 것처럼 하나님을 믿는 것은 아니지만, 종교적인 신앙을 가지고 있는 것입니다.[1]

주요 갈등 요인은 하나님의 존재 여부가 아니라, 삶 속에서 하나님의 권위를 얼마나 인정하는가에 있습니다. 하나님을 정신을 고양시키거나 힘들 때 기댈 수 있는 존재로는 받아들이지만, 삶의 목적과 형태를 좌우하는 하나님, 즉 복종을 요구하는 신의 개념은 거북해합니다. 또한 삶에서 하나님이 공급하신다는 것의 증거를 보지 못하므로 하나님을 믿지 못하고, 삶의 형통을 위한 그분의 방식도 신뢰하지 못합니다.

Q "우리 하나님의 모습은 ~" 또는 "우리 하나님은 절대로 ~ 하지 않으신다"와 같은 말을 들어본 적이 있습니까? 이런 말을 통해 하나님에 관한 그 사람의 견해를 어떻게 짐작할 수 있습니까?

Session Summary

이제 우리는 사사 시대를 거쳐 왕정 시대로 접어들었습니다. 이 세션에서 우리는 이스라엘 백성이 인간 왕을 요구하며 왕이신 하나님을 거부하는 것을 보게 될 것입니다. 그들의 요구는 하나님만으로는 만족하지 못한다는 것을 드러냈습니다. 이로 인해 그들은 스스로 종이 되었고, 이스라엘은 이방 민족과 별반 다르지 않게 되었습니다. 오늘날에도 마찬가지입니다. 군주를 요구하지는 않지만, 우리를 안전하게 지켜 줄 '왕들'을 찾아 헤맵니다. 이스라엘 이야기는 진정한 왕이신 하나님께 만족할 줄 알아야 한다는 사실을 일깨워 줍니다.

심화토론

- 오직 하나님만을 예배하라는 요구가 특히 오늘날 문화에서 불쾌하게 여겨지는 이유는 무엇입니까?
- 하나님의 배타적인 예배 요구가 우리를 힘들게 하기 위한 것이 아니라, 우리를 향한 애정 어린 요구임을 알고 있습니까?

전개

1. 왕을 요구하는 것은 하나님만으로 충분치 않다는 뜻입니다

(삼상 8:1~9)

> Leader

한나의 아들로 기적적으로 태어난 사무엘은 이후 이스라엘의 가장 위대한 선지자 중 한 사람으로 자랐습니다. 그는 하나님의 말씀을 바로 듣고, 그 말씀을 하나님을 대신해 백성에게 전했습니다. 그러나 불행하게도 사무엘의 아들들은 주님에게 등을 돌렸습니다. 그리고 이스라엘은 그들의 반역을 기회 삼아 꽤 오랫동안 갈망해 왔던 것을 요구했습니다.

1사무엘이 늙으매 그의 아들들을 이스라엘 사사로 삼으니 2장자의 이름은 요엘
이요 차자의 이름은 아비야라 그들이 브엘세바에서 사사가 되니라 3그의 아들
들이 자기 아버지의 행위를 따르지 아니하고 이익을 따라 뇌물을 받고 판결을
굽게 하니라 4이스라엘 모든 장로가 모여 라마에 있는 사무엘에게 나아가서 5그
에게 이르되 보소서 당신은 늙고 당신의 아들들은 당신의 행위를 따르지 아니
하니 모든 나라와 같이 우리에게 왕을 세워 우리를 다스리게 하소서 한지라 6우
리에게 왕을 주어 우리를 다스리게 하라 했을 때에 사무엘이 그것을 기뻐하지
아니하여 여호와께 기도하매 7여호와께서 사무엘에게 이르시되 백성이 네게 한
말을 다 들으라 이는 그들이 너를 버림이 아니요 나를 버려 자기들의 왕이 되지
못하게 함이니라 8내가 그들을 애굽에서 인도하여 낸 날부터 오늘까지 그들이
모든 행사로 나를 버리고 다른 신들을 섬김같이 네게도 그리하는도다 9그러므
로 그들의 말을 듣되 너는 그들에게 엄히 경고하고 그들을 다스릴 왕의 제도를
가르치라

사무엘은 이것이 하나님에 대한 그들의 믿음이 부족해서 나온 요구

심화 주석 "이스라엘 모든 장로"가 서로 충분히 상의해 만장일치로 의견을 모으고 라마에 모였습니다(삼상 8:4). "모든 나라"(히브리어로 '고임'.'이방인'이라는 뜻)와 같이 자기들을 다스릴 '왕'을 세워달라고 사무엘에게 요구하기 위해서였습니다. 이 구절은 신명기 17장 14~15절을 떠올리게 하는데, 그때 이미 다른 나라들을 모방하려는 열망이 예견되고 있었습니다.
사무엘은 그들의 요구를 철저히 거부하면서도 주님께 물었습니다. 장로들과 주님 사이에서, 주님과 장로들 사이에서 사무엘이 중재인 역할을 하는 것이 사무엘상 8장의 특징입니다… "백성이 네게 한 말을 다 들으라"(7절). 이스라엘이 모두 한뜻으로 요구한 것이 받아들여지고, 두 번의 경고가 주어집니다(9절). 주님은 자기 백성을 위한 이상을 가지고 계셨지만, 이상과는 거리가 먼 세계에서 자기 목적을 수정하시고 이스라엘에 왕을 허락하셨을 뿐만 아니라 왕정을 통해 자신을 이스라엘에 계시하시기까지 하셨습니다.[3]

_조이스 G. 볼드윈

임을 눈치챘습니다. 백성들이 모든 것을 하나님께 맡겨야만 주님이 그들의 진정한 왕이 되어 주실 수 있습니다. 그러나 그들은 자신들을 안전하게 지켜 줄, 하나님 이상의 누군가를 요구했습니다. 하나님을 대놓고 거절한 것은 아니지만, 사실 이렇게 말하고 있는 셈입니다.

"그럼요, 우리는 하나님이 필요해요. 하지만 확실한 게 좋잖아요. 이런저런 보장도 있어야 하고, 요런조런 보증도 필요하답니다."

이 이야기에서 우리는 하나님을 거부하는 두 가지 방법, 즉 주님을 대놓고 거절하는 것과 따른다고 말하면서 실제로는 의지하지 않는 것을 볼 수 있습니다. 삶에 안정감을 느끼기 위해서는 먼저 일, 결혼, 건강, 안전 등 수많은 것이 갖춰져 있어야 한다고 주장하는 것은 두 번째 형태의 거절, 곧 '반역'을 의미합니다.

> Leader

바라던 모든 것이 눈앞에 펼쳐진다면 '하나님을 신뢰하기'가 더 쉽지 않겠습니까? 직장이 탄탄하고, 결혼생활이 만족스럽고, 아끼는 사람들이 모두 건강하다면 말입니다. 하지만 그중 하나라도 잘못되면 불안, 염려, 비애 같은 감정이 마음속에 일어나지 않겠습니까? 하나님이 하시려는 일에 대해 구속력 있는 합법적인 보장 같은 것이 따른다면, 그분을 신뢰하고 따르는 게 더 쉽지 않을까요?
당신 통장의 돈이 바닥날 때쯤, 하나님의 계좌를 열고 잔액이 얼마나 있는지 온라인으로 확인할 수 있다고 상상해 보십시오. 아니면 집의 보안 시스템이 하나님과 자동으로 연결되어 있어서, 강도가 들면 두 천사가 나타나 처리해 준다면 어떨까요? 그것도 아니면, "어쩌다 아플 수는 있지만, 언제나 기적적으로 낫게 된다"는 천국 의료 보험 카드가 있다면 어떨까요?

하나님을 통제할 수만 있다면 주님을 신뢰하기가 훨씬 더 쉬울 것입니다. 그러나 그럴 수 없기 때문에 우리는 하나님 말고도 필요한 목록을 너무나 자주 만들어 내곤 합니다. 주님을 '따르되' 자기만의 조건대로 따르는 것입니다.

Q 당신은 무엇에서 안정감을 느낍니까?

Q 당신이 하나님이 아니라 다른 것에서 안정감을 느낀다는 것은 무엇을 통해 알 수 있습니까?

> Leader

신뢰가 없으면, 보통은 통제 수단을 마련합니다. 거래할 때 법적 구속력이 있는 계약을 하는 이유는 계약 당사자 간의 신뢰가 확고하지 않기 때문입니다. 신뢰가 부족하면 그만큼 통제하려고 합니다.

이스라엘이 그랬습니다. 그들은 볼 수 있고, 접촉할 수 있고, 통제할 수 있는 왕을 원했습니다. 하나님은 그들의 요구를 자신에 대한 거부로 여기셨습니다. 왜냐하면 하나님의 성품에 대한 모든 것은 그분이 이스라엘 백성이 신뢰해야 할 분임을 증명하기 때문입니다.

하나님은 그들의 요구가 불순종에서 나온 것이라고 지적하면서도 결국 묵인해 주십니다. 왕을 요구하는 것이 그렇게 악한 것이라면 왜 허락해 주실까요? 그냥 안 된다고 하시면 되지 않을까요? 그 이유는 때때로 하나님은 기도에 응답해 주심으로써 동기가 잘못되었음을 깨닫게 하시기 때문입니다.

> 성경에서 최악의 심판 중 하나가 로마서에 있습니다.

Leader

"이 때문에 하나님께서 그들을 부끄러운 욕심에 내버려 두셨으니"(롬 1:26).

즉 그들이 바라는 모든 것을 다 들어주신 것이 하나님의 심판이었습니다.

그 반대도 마찬가지입니다. 하나님이 우리에게 베푸시는 가장 큰 자비가 기도에 응답하지 않으시는 모양으로 찾아옵니다. 사람들은 기도에 대한 응답이 없다고 하나님께 화를 내곤 합니다. 하지만 만약 하나님이 당신을 보호하기 위해 기도에 응답하지 않고 계신다면 어찌하겠습니까? 우리 눈에는 하나님이 보호하시지 않는 것처럼 보일 수 있습니다. 그러나 실제로는 우리를 보호하고 계신 것입니다. 하나님이 우리에게 주실 수 있는 가장 큰 복은 주님만으로도 행복할 수 있는 능력입니다. 때로 하나님은 우리에게 유익할 것 같은 복을 보류함으로써 우리를 가르치셔야 할 때도 있습니다.

돈이나 결혼이나 성공을 바라는 것은 본질적으로 잘못이 아닙니다. 분명히 말하지만, 하나님께 좋은 것을 구하는 것이 잘못은 아닙니다. 문제는 그것을 갈망하고, 그것 없이는 행복하거나 안전할 수 없다고 느끼는 것입니다. 이것이 바로 이스라엘 백성이 왕을 요구한 이유입니다.

Q 간절히 원하던 것을 가지게 되었지만 정작 만족스럽지 않았던 적이 있습니까? 당시 상황을 설명해 주세요.

심화 주석 신명기 17장에서 하나님은 언젠가 왕이 하나님의 백성을 인도하게 되리라고 분명히 예견하셨습니다. 그러므로 사무엘상 8장에서 이스라엘 백성이 왕을 요구한 것이나 그 요구 배후의 사악한 동기도 놀라운 일이 아니었습니다. 그들의 죄 된 요구가 하나님의 계획을 바꾸었습니까? 어떤 생각이나 말이나 행동도 하나님의 예지를 피할 수 없고, 그분의 계획을 망칠 수 없습니다(욥 42:2). 또한 하나님은 '죄에도 불구하고'만이 아니라, '죄를 통해서'도 자기 계획을 완수하십니다. 하나님은 자기 영광을 위해서, 또 그분을 사랑하는 자들의 유익을 위해서 무엇이든 사용하실 수 있습니다.[4]

_할림 서

"이스라엘 백성이 그들의 변절, 즉 사명의 부르심을 저버린 배신에 관해 내놓은 핑계는 '다른 나라들과 같이' 되고 싶다는 것이었습니다. 하나님이 그렇게 되지 말라고 그들을 부르셨는데도 말입니다."[5]

_마이클 고힌

2. 왕을 요구하는 것은 자신을 종으로 내어 주는 셈입니다

(삼상 8:10~18)

*10 사무엘이 왕을 요구하는 백성에게 여호와의 모든 말씀을 말하여 11 이르되 너
희를 다스릴 왕의 제도는 이러하니라 그가 너희 아들들을 데려다가 그의 병거
와 말을 어거하게 하리니 그들이 그 병거 앞에서 달릴 것이며 12 그가 또 너희
의 아들들을 천부장과 오십부장을 삼을 것이며 자기 밭을 갈게 하고 자기 추수
를 하게 할 것이며 자기 무기와 병거의 장비도 만들게 할 것이며 13 그가 또 너희
의 딸들을 데려다가 향료 만드는 자와 요리하는 자와 떡 굽는 자로 삼을 것이며
14 그가 또 너희의 밭과 포도원과 감람원에서 제일 좋은 것을 가져다가 자기의 신
하들에게 줄 것이며 15 그가 또 너희의 곡식과 포도원 소산의 십일조를 거두어 자
기의 관리와 신하에게 줄 것이며 16 그가 또 너희의 노비와 가장 아름다운 소년
과 나귀들을 끌어다가 자기 일을 시킬 것이며 17 너희의 양 떼의 십분의 일을 거
두어 가리니 너희가 그의 종이 될 것이라 18 그날에 너희는 너희가 택한 왕으로
말미암아 부르짖되 그날에 여호와께서 너희에게 응답하지 아니하시리라 하니*

사무엘은 이스라엘이 왕을 요구함으로써 얻게 될 결과를 말하는 데 주저하지 않았습니다. 여기서 핵심 단어는 "데려다가/가져다가"입니다. 왕은 백성들의 아들과 딸을 데려다가 일꾼 삼을 것이며, 좋은 땅과 작물을 가져다가 자기 신하들에게 줄 것입니다. 왕은 자신을 위해 백성들을 착취하며, 그들 인생의 황금기를 앗아 갈 것입니다.

참으로 엄청난 모순입니다. 이스라엘 백성은 자기들의 번영과 안전을 보장해 줄 왕을 원했지만, 그들이 얻게 된 것은 오히려 그것들을 빼앗아 가는 왕이었습니다. 그들은 자기들이 통제할 수 있는 왕을 원했지만, 오히려 왕이 그들을 장악할 것입니다. 자기들에게 힘을 실어 주리라 기대했는데, 실제로는 노예가 되게 생긴 것입니다.

이것이 바로 구약에서 보이는 신약의 원리입니다. 다시 말하면, "만일 네가 하나님 외에 다른 왕을 섬기면, 그 왕이 구원해 주기는커녕 너를 노예로 삼을 것이다"라는 원리입니다. 행복과 안전을 얻으려고 어떤 것에 의존하면, 결국 그것에 종노릇하게 될 것입니다. 예를 들면, 다음과 같습니다.

> **심화 주석** 사무엘이 지적한 대로 영구적인 왕을 갖겠다는 결정은 이스라엘의 전체 권력에 한 사람을 더하는 것 이상을 의미했습니다. 그것은 영구적으로 다층화된 관료 제도의 수립을 수반하는 것으로 수천의 사람들의 노동을 수반하는 것이었습니다. 이런 형태의 통치 체제에 동의하면, 개인과 가족의 자산들은 왕에게 이양되어야 합니다. … 이스라엘 열두 지파의 어깨에 이처럼 무거운 짐을 올려놓는 것은 그들을 노예로 전락시키는 결과를 낳게 될 것입니다(17절). 백성들은 왕이 대적인 듯이 "왕으로 말미암아 부르짖게"(18절) 될 것입니다. 하지만 주님은 응답하지 않으실 것입니다. 언젠가는 왕정에서 해방될 테지만, 외부 세력들이 왕의 요새를 돌무더기로 만든 후에야 그렇게 될 것입니다.[6]
>
> _로버트 D. 베르겐

특정한 관계를 맺어서 행복하려 한다면…	관계의 종이 될 것입니다. > Leader … 독신이라면 늘 비참해할 것입니다. 결혼했다면, 배우자 때문에 늘 낙담할 것입니다. 결혼 생활에서 벗어나고 싶고, 혼외 관계를 맺거나 다시 결혼해 새로움을 얻고 싶어 할 것입니다.
반드시 성공해서 성취감을 찾으려 한다면…	성공의 종이 될 것입니다. > Leader … 자신을 혹사시킬 것입니다. 성공한 사람들을 질투하고, 그들이 얻은 기회나 승진이나 찬사에 분개할 것입니다. 사람들이 당신의 가치를 제대로 평가하고 인정해 주지 않으면 좌절할 것입니다. 어떤 사람들은 "성공에 이끌려갔다"고 말하지만, 사실 "성공의 노예가 되었다"고 보는 편이 맞습니다. 성공은 가족, 건강, 삶 자체를 망가뜨릴 정도로 사람을 몰아붙이기 때문입니다.
육체적인 일탈을 통해 스트레스를 풀거나 안락함을 느끼려 한다면…	곧바로 종노릇하게 될 것입니다. > Leader … 대부분 통제 가능한 즐거운 일탈에서 시작하지만, 결국 폭군에게 휘둘리듯 끝이 나고 맙니다. 일탈의 유형은 과식, 술, 약물, 포르노 등 다양하지만 그 방식은 같습니다. 처음에는 지루한 일상에서 벗어나기 위해 시작하지만, 어느 순간 그것을 더 많이 갈구하게 되고 결국 멈출 수 없는 지경에 이르게 됩니다. 육체적 쾌락에 익숙해지면, 순식간에 그것이 주인 노릇하며 인간관계를 파괴하고, 삶의 모든 면을 망쳐 놓게 됩니다.

"하나님은 모든 사람의 마음속에 주님을 향한 갈망을 두셨습니다. 주님이 아니면 무엇으로도, 영원하지 않은 것이면 무엇으로도, 그 영원한 갈망은 채워질 수 없습니다."[7]
_콜트 맥코이 & 매트 카터

"죄의 권세는 새로 등장하는 더 큰 권세에 의해 무너지기 마련입니다. … 옛 자아를 벗어난 인간은 그리스도 안에서 새롭게 부활한 자기 자신을 발견하게 됩니다."[8]
_E.Y. 멀린스

Q 우리에게 무언가를 '주겠다고' 약속하고서 나중에 오히려 '빼앗아 가는' 것에는 어떤 것들이 있을까요?

누구에게나 '왕'이 있습니다. 행복하고 안정감을 느끼려면 가져야만 하는 것이 바로 자기 인생의 왕입니다. 왕은 모든 백성을 종으로 부리기 마련입니다. 사도 바울은 이것을 이렇게 말했습니다. "그러나 너희가 그때에는 하나님을 알지 못하여 본질상 하나님이 아닌 자들에게 종노릇 하였더니"(갈 4:8). 미국 가수 밥 딜런도 "하나님이든 악마든 누군가를 섬겨야만 해"라고 노래했습니다.

> Leader … 모든 체계를 거부하는 자유로운 영혼의 소유자들에게 "당신은 누군가를 섬겨야 할 거예요"라고 말하자 그들은 이렇게 답합니다. "글쎄, 난 아닌데요. 난 아무도, 아무것도 필요 없어요. 나는 종이 되고 싶지 않아요. 나는 자유인이거든요." 그러나 사실 그들은 인간관계에 헌신하는 것을 두려워하는 것입니다. '자유'를 핑계로 자기의 절대적인 독립성에 걸림돌이 되는 것은 어떤 것도 허용하지 않습니다. 독

심화 주석 하나님의 구원을 경험한 하나님의 백성이 어떻게 인간 왕 같은 더 약한 권세에서 안전을 찾았을까요? … 정부나 인간관계나 은행 계좌나 보험 등 궁극적으로 구원을 줄 수 없는 종류의 것들에서 무사안일을 추구하는 것이 인간의 마음속 경향입니다. 진정한 안전은 하나님과 그분이 보내신 왕, 예수님에게서만 찾을 수 있습니다(참조, 미 5:4; 롬 8:31~39). 복음의 부르심은 세속적인 생각을 따라가지 않도록 늘 경계하며, 내주하시는 성령님의 능력을 따라(롬 8:5~6) 마음과 삶에 변화를 받는 것입니다(롬 12:2).[9]

_V. 필립스 롱
Gospel Transformation Bible

립성이 그들의 왕이며 그들은 독립성의 노예입니다. 그들은 행복해지기 위해 이 기적인 독립성을 가져야만 합니다. 사람은 누구나 무언가를 섬기기 마련입니다.

예외란 없습니다. 생명을 주시는 하나님께 복종하거나 죽음을 가져올 무언가의 노예가 되거나 둘 중 하나입니다.

Q 당신이 성취감을 얻기 위해 하나님 대신 의지하는 것은 무엇입니까?

Q 당신이 의지한 '작은 왕들'은 약속 이행에 어떻게 실패합니까?

3. 왕을 요구하는 것은 세상 사람과 같아지는 것입니다

(삼상 8:19~22)

> Leader
> 앞서 살펴본 대로, 왕을 요구하는 것은 하나님만으로 충분하지 않다는 것을 인정하는 것이므로 노예화의 문을 여는 셈입니다. 또한 왕을 요구하는 것은 이스라엘이 그랬던 것처럼 자신을 세상 사람과 같아지게 하는 일입니다.

*19백성이 사무엘의 말 듣기를 거절하여 이르되 아니로소이다 우리도 우리 왕이
있어야 하리니 20우리도 다른 나라들같이 되어 우리의 왕이 우리를 다스리며 우
리 앞에 나가서 우리의 싸움을 싸워야 할 것이니이다 하는지라 21사무엘이 백성
의 말을 다 듣고 여호와께 아뢰매 22여호와께서 사무엘에게 이르시되 그들의 말
을 들어 왕을 세우라 하시니 사무엘이 이스라엘 사람들에게 이르되 너희는 각
기 성읍으로 돌아가라 하니라*

이스라엘은 왕이 결국 권력을 남용하게 될 것이라는 경고를 받았음에도 불구하고 여전히 왕을 요구합니다. 자신들을 이끌어 줄, 눈에 보이는 누군가를 원한 것입니다. 자신들을 다른 모든 나라와 구별되게 해 주시는 바로 그분을 잃는 짓인데도 말입니다. 하나님은 자기 백성의 것을 부당하게 빼앗고 권력을 남용하는 인간 왕과는 다르십니다. 하나님은 자기 백성을 구원하기 위해 엄청난 일을 해내신 사랑의 아버지이십니다. 그러나 어리석게도 이스라엘은 다른 모든 나라와 같아지기를 원하고 있습니다.

이와 마찬가지로 그리스도께 구속받은 백성이 미래의 보장과 안정을 얻기 위해 세상 것들을 바라본다면, 그들도 세상 사람들과 같아지게 됩니다. 자기 정체성이나 하나님과 회복된 관계에서 얻은 사랑 따위는 잊은 채

만족을 줄 것 같은 '왕'에게 매이게 됩니다.

> Leader
이러한 추구가 앞에서 논의한 과로, 강박 관념, 파괴적인 행동으로 이어집니다. 이와 같은 행동들은 그리스도인을 세상 사람과 구별되지 못하게 합니다.

이것은 자기 백성을 향한 하나님의 뜻이 아닙니다. 다시 말해, 우리를 향한 뜻이 아닙니다. 주님은 우리가 그리스도를 앎으로써 얻게 될 사랑과 확신을 알기를 원하십니다. 공허한 약속으로 가득한 세상 것들에 사로잡히지 않기를 바라십니다.

> Leader
아이를 둔 친구에게서 훌륭한 교훈을 배운 적이 있습니다. 우리 아이들에게도 적용해 온 교훈입니다. 그는 아이들과 놀다가도 뜬금없이 "아빠가 너희를 왜 사랑하게?" 하고 묻곤 했습니다. 그러면 아이들은 "우리가 빨리 달리니까요", "우리는 멋진 닌자 거북이거든요" 하고 어린아이답게 귀여운 대답을 했습니다. 이런 말이 오갈 때마다 그는 아이들에게 진짜 이유를 들려주며 대화를 마무리했습니다. "내 아들이니까." 몇 년이 지난 지금은 아빠가 물으면 아이들은 눈을 굴리며 되받아치곤 합니다. 하지만 아버지의 사랑이 그들 마음과 생각에 새겨져 있습니다. 하나님의 사랑이 현실로 느껴진다면, 다른 것들에서 안정감을 찾을 필요를 느끼지 못하게 됩니다.

Q 우리를 향한 하나님의 사랑의 확증이 우리 삶에 드리워진 죄의 권세를 어떻게 깨부숩니까?

하나님은 왕을 세움으로써 야기될 만한 나쁜 결과들에 대해 이스라엘 백성에게 경고하셨습니다. 그런데도 그들은 왕을 요구합니다. 우리는 하나님이 그들의 요구를 얼마나 정확하게 들어주시는지 보게 됩니다. 사울왕은 백성에게 변화를 약속하고 희망을 주며, 열방 가운데 이스라엘의 지위가 회복될 것을 보장합니다.

출발은 좋았지만, 사울은 얼마 지나지 않아 하나님이 예견하신 바로 그대로 행하기 시작합니다. 자기 유익을 위해 백성을 부리기 시작한 것입니다. 결국 자신을 우상화하며 자기 의를 내세우는 폭군의 면모를 드러냅니다.

세상의 모든 왕은 우리를 실망시킬 뿐입니다. 우리에게는 이스라엘과 다르게 선택할 기회가 있습니다. 바로 믿음의 선택입니다. 우리에게는 그들보다 참고할 증거가 더 많습니다. 신실하신 하나님에 관한 역사, 즉 믿음 없는 인간들에게 베풀어 오신 하나님의 신실하신 은혜에 관한 많은 이야기

"백성들이 왕을 갈망하며 목표로 삼았던 것은 이전처럼 다른 나라들과 같아지려는 것만이 아니었습니다. … 그들을 재판하며, 전장에서 그들을 대신해 싸워 줄 사람을 갖고 싶었는지도 모릅니다. 사무엘의 기도와 하나님의 우레로 싸우는 것보다(삼상 7:10) 더 나은 전투를 상상해 본다는 것이 도대체 가능하기나 한 일입니까?"[10]
_매튜 헨리

핵심교리 **99** **5. 성경의 권위**

성경은 인류를 향한 하나님의 특별한 계시를 담고 있는 하나님의 영감 있는 말씀으로 그리스도인에게는 궁극적인 권위를 지닌 기준이 됩니다. 성경의 모든 가르침은 진리입니다. 따라서 성경은 인류를 위한 지혜의 보고로서 하나님의 영광에 합당하게 살아가는 방법을 가르쳐 줍니다. 성경의 권위에 복종한다는 것은 말씀을 믿고 순종하는 것으로 이것은 곧 하나님을 믿고 순종하는 것을 의미합니다.

심화 주석 "모든 나라와 같이" 왕을 두려는 열망은 이스라엘 민족사에 심각하고 근본적인 변화를 가져왔습니다. 이전에 백성들은 '사사'로 불리는 사람들의 통치를 받았습니다. 하나님이 그들에게 영적 은사가 있는 지도자들을 세워 주셨던 것입니다. 인간 왕을 세우는 것은 세습의 원칙을 도입하는 것으로 미래의 통치자가 왕의 후손 가운데서 나오게 됨을 의미합니다.
왕이라고 해서 하나님 백성의 통치자가 마땅히 갖춰야 할 특별한 도덕적, 영적 재능을 저절로 갖추는 것은 아니었습니다. 이제 이스라엘 백성은 하나님이 후계자를 선택하실 때까지 기다릴 필요도 없어졌고, 하나님이 지도자를 주시기를 믿고 기다릴 필요도 없어졌습니다. 대신 장자 상속권이나, 정치적 기술이나, 육체적 우월함이나, 다른 어떤 인간적 자질로써 새 지도자를 선택할 수 있게 되었습니다. 쉽게 말해서 히브리 사람들은 하나님께 맡겨 드리는 대신 자기들 손으로 지도자를 뽑고 싶었던 것입니다.[11]

_제임스 트래비스
Biblical Illustrator

가 있습니다. 더 중요한 것은 우리에게는 십자가가 있다는 사실입니다. 우리를 향한 하나님의 사랑과 신실하심을 궁극적으로 드러내는 십자가 말입니다. 우리를 위해 하나님보다 더 많은 것을 내어 줄 왕은 없습니다.

받아들일 만한 이런저런 조건들을 제공해 준다면, 기독교의 하나님도 괜찮다고 여기는 사람들이 많습니다. 즉 하나님이 이걸 해 주고, 저걸 막아 주고, 자기가 원하는 걸 주신다면 따르겠다는 것입니다. 그러나 이것은 믿음이 아닙니다. 조건부 순종은 여전히 불순종이기 때문입니다. 왕이신 하나님을 따르려면 절대적으로 조건 없이, 예외도 없이 믿음으로 발을 내디뎌야 합니다.

하나님이 우리를 돌보신다는 사실을 어떻게 확신할 수 있습니까? 십자가를 통해 알 수 있습니다. 주님은 우리가 전적으로 모든 것을 맡길 수 있는 왕이십니다.

> Leader

하나님이 돌보아 주실 것을 어떻게 확신할 수 있습니까? 우리가 미지의 세계로 몸을 던지면 하나님이 실제로 우리를 받아주실 것이라고 어떻게 확신할 수 있습니까? 하나님이 우리를 위해 자신을 쏟아부으신 십자가만을 바라봐야 합니다. 갈보리에서 하나님은 상상을 초월하는 긍휼을 보여주셨습니다. 그곳에서 하나님은 자신이 전적으로 신뢰할 수 있는 왕임을 완전히 증명하셨습니다.

Q 하나님만을 왕으로 모실 때, 우리는 어떤 면에서 세상과 뚜렷이 구별됩니까?

Q 세상과 구별되게 사는 것은 제자 삼는 사명에 어떻게 도움이 될까요?

결론

우리 사회는 하나님을 삶의 그림을 완성해 줄 퍼즐 한 조각쯤으로 여깁니다. 그러나 믿는 사람을 세상과 구별시키는 것은 우리가 진정한 행복과 만족을 오로지 하나님 그분 안에서만 찾는 데 있습니다. 우리를 구원하신 하나님이 우리 삶도 책임져 주십니다. 하나님만을 전적으로 의지할 때, 비로소 주변 사람들과 구별될 것입니다.

영광의 왕께 다 경배하며
그 크신 사랑 늘 찬송하라
예부터 영원히 참 방패시니
그 영광의 주를 다 찬송하라

능력과 은혜 다 찬송하라
그 옷은 햇빛 그 집은 궁창
큰 우레 소리로 주 노하시고
폭풍의 날개로 달려가신다

저 아름답고 놀라운 일이
가득한 이 땅 다 주의 조화
그 힘찬 명령에 터 잡히나니
저 푸른 바다는 옷자락이라

질그릇같이 연약한 인생
주 의지하여 늘 강건하리
온 백성 지으신 만왕이시니
그 자비 영원히 변함없어라![12]

_로버트 그랜트

(새찬송가 67장 "영광의 왕께 다 경배하며"-역주)

그리스도와의 연결

이스라엘이 세속적인 왕을 구한 것은 하나님을 거부하고 하나님이 아닌 것에서 행복을 찾으려는 불신앙에서 비롯된 것입니다. 그러나 하나님은 이스라엘의 죄악 된 이 열망까지 하나님의 크신 계획 안에 포용하셨고, 결과적으로 만왕의 왕 예수 그리스도께서 이 땅에 오셨습니다.

하나님의 계획 우리의 사명

선교적 적용 하나님은 우리가 세상에서 진정한 행복과 만족이 하나님 안에서만 발견될 수 있다는 사실을 보임으로써 구별되게 살라고 우리를 부르십니다.

1. 하나님이 내 삶의 왕이신 것을 어떻게 구체적으로 확인할 수 있습니까?
2. 다른 사람들이 '작은 왕들'에게 노예로 사로잡혀 있음을 스스로 깨달을 수 있도록, 하나님 안에서 우리가 누리는 행복과 만족을 어떻게 표현할 수 있을까요?
3. 진정한 행복과 만족을 주시는 만왕의 왕 예수 그리스도를 누군가에게 구체적으로 전할 수 있도록, 하나님께 도움을 청하는 기도문을 써 보십시오.

금주의 성경 읽기
삼상 1~8장

초대 왕 사울이 몰락한 이유

2

Summary and Goal

이 세션에서 우리는 사울 왕이 몰락한 이유와 그가 하나님께 반역하기로 한 선택에 관해 보게 될 것입니다. 사울의 이야기를 통해 하나님께 온전히 순종하지 못하면 자신의 불순종을 합리화하며 정당화하게 된다는 것을 보게 될 것입니다. 이 죄는 하나님의 은혜보다 사람들의 인정을 더 갈망함으로써 악화됩니다. 절반의 순종은 또 다른 형태의 불순종일 뿐입니다. 하나님은 우리에게 자기 의의 위선적인 과시를 포기하고, 하나님의 목적과 계획에 온전히 순종하라고 요구하십니다.

- **성경 본문**
  사무엘상 15:10~31

- **세션 포인트**
  1. 하나님께 온전히 순종하지 못하면 몰락합니다(삼상 15:10~15)
  2. 불순종을 합리화하면 몰락합니다(삼상 15:16~21)
  3. 사람들의 인정에 목말라하면 몰락합니다(삼상 15:22~31)

- **신학적 주제**
  하나님은 주님의 모든 명령에 온전히 순종할 것을 요구하십니다.

- **그리스도와의 연결**
  사울은 하나님의 말씀을 거역함으로써 왕위를 더 이상 유지할 수 없게 되었습니다. 이스라엘은 하나님께 온전히 순종하는 사람이 다스리는 영원한 왕국이 되어야 했습니다. 예수님의 완전한 순종을 통해 하나님은 자기 백성을 영원히 다스리실 것입니다.

- **선교적 적용**
  하나님은 우리가 의를 위선적으로 과시하는 일을 버리고, 세상이 주의 구원을 알도록 그분의 목적과 계획에 온전히 순종하라고 요구하십니다.

Session Plan

도입

세션 1과 연결해 이스라엘이 왕을 요구했던 일을 상기시켜 주십시오. 하나님은 그들의 요구대로 사울을 왕으로 주셨습니다. 사울의 통치는 시작은 좋았지만, 그는 곧 그릇된 순종을 보였습니다.

자신의 어린 시절이나 자주 만나는 아이들의 모습을 떠올려 보십시오. 아이들이 건성으로 듣는 지시 사항은 어떤 것이었나요?

아이들이 불순종으로 나아가는 조짐은 무엇입니까?

사울의 이야기에서 볼 수 있는 불순종의 내면적 실체에 관해 이야기하십시오. 그러고 나서 사울의 몰락에 관련된 이 세션을 요약하십시오.

전개

1 하나님께 온전히 순종하지 못하면 몰락합니다 (삼상 15:10~15)

사무엘상 15장의 배경을 설명한 후 자원자에게 10~15절을 읽게 하십시오. 하나님이 "내가 … 후회하노니"(11절) 하고 말씀하신 것의 의미를 살피면서, 하나님의 후회와 인간의 후회가 어떻게 다른지 지적해 주십시오.

본문은 하나님이 후회하신 데는 두 가지 이유가 있다고 말합니다. 사울이 돌이켜서 하나님을 따르지 않았고, 그분의 명령을 행하지 않았기 때문입니다. 이 두 가지는 서로 어떤 연관성이 있습니까?

상황을 대하는 사무엘과 사울의 관점의 차이를 강조하십시오. 사울에게든 우리에게든 절반의 순종은 곧 불순종임을 알려 주십시오.

위선적인 일들의 예를 들어 보십시오.

이러한 예들은 하나님께 온전히 순종하지 않는 것의 위험성에 관해 우리에게 어떤 경고를 줍니까?

2 불순종을 합리화하면 몰락합니다 (삼상 15:16~21)

사울의 위선과 우리의 위선이 얼마나 비슷한지 살펴보십시오. 그러고 나서 사무엘상 15장 16~21절을 읽으십시오. 사울이 자기 이름을 떨치기 위해 아각을 살려두었다는 사실을 지적해 주십시오.

사무엘이 '하나님의 신실하심'이라는 맥락에서 사울의 죄를 바라보는 것에 주목하십시오. 하나님의 선하심을 떠올리는 것은 우리 죄의 추악함을 깨닫는 데 어떤 도움이 됩니까?

사람은 누구나 행복하고 안전하게 느끼게 해 줄 저마다의 '왕'을 가지고 있음을 지적해 주십시오. 그리고 그런 우상을 가진 것에 대해 회개하기보다 죄를 합리화하며 자기를 기만(欺瞞)하곤 한다는 것을 알려 주십시오.

우리는 어떤 식으로 자기 죄를 합리화하며 정당화합니까?

3 사람들의 인정에 목말라하면 몰락합니다 (삼상 15:22~31)

사무엘상 15장 22~31절을 읽으십시오. 사탄 숭배의 극단적인 예시를 이용해 하나님이 조건부 순종을 어떻게 보시는지 가르쳐 주십시오. 사람들이 반역을 숨기려고 예배 의식을 어떻게 이용하는지 몇 가지 예를 들어 설명해 주십시오.

왜 우리는 하나님의 명령에 온전히 순종하는 대신 부분적으로 순종하곤 할까요?

본문은 사울의 분명한 회개로 끝이 나지만, 이어지는 내용은 다른 쪽으로 흘러감을 지적해 주십시오. 사울은 하나님 앞에서 자기 죄가 드러난 것보다 공적인 지위를 더 염려했습니다. 이 순간이 사울의 삶에서 어떻게 정의되었는지 강조해 주십시오.

죄에 대한 진정한 회개와 죄의 결과에 대한 단순한 후회는 어떤 차이가 있습니까?

당신은 회개와 후회를 어떻게 구별합니까?

결론

사울이 하나님의 은혜를 거스르고 자신을 어떻게 강팍하게 했는지 되돌아보십시오. 그러고 나서 왕이신 예수님이 우리를 위해 전심으로 온전히 순종하는 모습을 어떻게 보이셨는지 이야기해 주십시오. 이 세션에서 배운 진리를 '하나님의 계획, 우리의 사명'에서 적용해 보십시오.

Session Content

2. 초대 왕 사울이 몰락한 이유

"영적인 삶의 가장 좋은 척도는 황홀경이 아닌 순종입니다."[1]
_오스왈드 챔버스

도입

> Leader

세션 1에서 우리는 이스라엘이 왕을 요구했으나 하나님이 그들의 요구를 하나님의 권위에 대한 배신으로 여기시는 것을 보았습니다. 사울은 여러 가지로 왕이 될 만한 인물이었습니다. 위대한 군사 지도자로 건장한 체격 조건을 지니고 있었습니다. 사울은 그야말로 이스라엘인을 대표할 만했습니다.

하나님은 사울을 백성들의 첫 번째 왕으로 선택하심으로써 그들의 요구를 들어주셨습니다. 사울은 이스라엘을 원만히 통치하기 시작했고, 마음을 올바로 가지고 있는 듯 보였습니다. 그러나 곧 그는 그릇된 순종을 하며 흔들리는 모습을 보이게 됩니다. 사울은 하나님께 순종하되 절반만 순종합니다. 하나님의 지시를 따르지만, 온전히 따르지는 않았습니다. 적당히 할 뿐 전적으로 순종하지는 않은 것입니다.

Q 자신의 어린 시절이나 자주 만나는 아이들의 모습을 떠올려 보십시오. 아이들이 건성으로 듣는 지시 사항은 어떤 것이었나요?

Q 아이들이 불순종으로 나아가는 조짐은 무엇입니까?

> Leader

참된 순종과 타협의 차이는 마음의 문제입니다. 사울의 이야기에서 우리는 불순종의 내면적 실체, 즉 태동부터 완전한 반역에 이르는 과정을 보게 됩니다. 대부분의 그리스도인은 처음부터 하나님을 완전히 거부하지는 않습니다. 그렇다면 하나님이 부르신 곳에서 멀리 떨어져 나가는 일은 왜 생기는 것일까요? 어떤 과정을 거쳐서 그렇게 멀리까지 가게 되는 것일까요? 우리는 사울의 종말을 창문과 경고로 삼아 우리 자신의 반항적인 마음과 생각을 들여다볼 수 있습니다.

Session Summary

이 세션에서 우리는 사울 왕이 몰락한 이유와 그가 하나님께 반역하기로 한 선택에 관해 보게 될 것입니다. 사울의 이야기를 통해 하나님께 온전히 순종하지 못하면 자신의 불순종을 합리화하며 정당화하게 된다는 것을 보게 될 것입니다. 이 죄는 하나님의 은혜보다 사람들의 인정을 더 갈망함으로써 악화됩니다. 절반의 순종은 또 다른 형태의 불순종일 뿐입니다. 하나님은 우리에게 자기 의의 위선적인 과시를 포기하고, 하나님의 목적과 계획에 온전히 순종하라고 요구하십니다.

전개

1. 하나님께 온전히 순종하지 못하면 몰락합니다(삼상 15:10~15)

사무엘상 15장은 하나님이 사울에게 아말렉을 정복하고, 거주민과 그들의 모든 소유, 심지어 가축까지도 남김없이 진멸할 것을 명령하시는 장면으로 시작됩니다. 하지만 사울은 하나님의 명령을 온전히 따르지 않았습니다.

> Leader

아말렉 정복은 하나님이 모세와 여호수아에게 하신 말씀을 성취하는 것이 되어야 했습니다. 하나님은 출애굽 한 이스라엘 백성들을 광야에서 공격했던 아말렉을 진멸하라고 하셨습니다. 그 이유는 그들이 "하나님을 두려워하지" 않았기 때문입니다(출 17:14; 신 25:17~19). 아말렉을 정복하기는 했지만, 사울은 하나님이 명령하신 것을 온전히 지키지 않았습니다. 그래서 하나님이 사무엘 선지자에게 말씀하셨습니다.

10 여호와의 말씀이 사무엘에게 임하니라 이르시되 11 내가 사울을 왕으로 세운
것을 후회하노니 그가 돌이켜서 나를 따르지 아니하며 내 명령을 행하지 아니하
였음이니라 하신지라 사무엘이 근심하여 온 밤을 여호와께 부르짖으니라 12 사
무엘이 사울을 만나려고 아침에 일찍이 일어났더니 어떤 사람이 사무엘에게 말
하여 이르되 사울이 갈멜에 이르러 자기를 위하여 기념비를 세우고 발길을 돌려
길갈로 내려갔다 하는지라 13 사무엘이 사울에게 이른즉 사울이 그에게 이르되
원하건대 당신은 여호와께 복을 받으소서 내가 여호와의 명령을 행하였나이다
하니 14 사무엘이 이르되 그러면 내 귀에 들려오는 이 양의 소리와 내게 들리는

심화 주석 성경에서 동사 '후회하다'가 하나님을 주어로 쓰인 경우는 이곳(삼상 15:11)과 창세기 6장 7절(하나님이 사람을 창조하신 것을 후회하며 대홍수를 일으키는 결정을 내리실 때)입니다. 두 경우 모두에서 백성은 도덕적으로 그릇된 선택을 했으며, 하나님은 사람들이 하려는 일을 미리 알고 계셨습니다. 그럼에도 하나님은 불순종이 자행되는 것을 보고 고통스러워하셨습니다.
"돌이키다"로 번역되는 단어는 흔히 '회개'를 의미합니다. 죄에서 돌이킨다는 것입니다. 그러나 여기서는(삼상 15:11) 사울이 주님을 '따르기'를 멈추는 의식적인 결정을 묘사하는 데 쓰였습니다.
사무엘은 사울의 실패한 왕권에 좌절했는데, 특히 자신이 그에게 기름 부었던 일을 기억하면서 그랬습니다(삼상 10:1). 결국 사울은 "모든 다른 나라"(삼상 8:5, 20)의 왕들처럼 되었지만, 백성들은 사무엘의 진지한 경고에도 불구하고 자신들의 요구를 굽히지 않았습니다(삼상 8:11~18).[2]
_브라이언 E. 바이엘
HCSB Study Bible

소의 소리는 어찌 됨이니이까 하니라 [15]사울이 이르되 그것은 무리가 아말렉 사람에게서 끌어 온 것인데 백성이 당신의 하나님 여호와께 제사하려 하여 양들과 소들 중에서 가장 좋은 것을 남김이요 그 외의 것은 우리가 진멸하였나이다 하는지라

"내가… 후회하노니"(11절). '후회'란 하나님과는 어울리지 않는 감정이지 않습니까? 여기서 "후회하노니"로 번역된 히브리어 단어는 때로 '회개하다'로 번역되기도 합니다. 하나님이 과거에 내린 결정을 후회하신다거나, 심지어 자신이 한 일을 뉘우치신다는 것은 무슨 뜻입니까?

> Leader
> 몇몇 신학자들은 마치 이 이야기가 하나님이 허를 찔리신 증거라도 된다는 듯이 하나님의 지식에도 분명한 한계가 있다는 결론을 내렸습니다. 하지만 이러한 견해는 여러 시대를 거쳐 내려온 교회의 일관된 증언과 일치하지 않으며, 무엇보다도 본문을 제대로 해석한 것도 아닙니다. 사무엘상 15장 29절을 살펴보면, 결국 하나님 말씀의 의미가 드러납니다. "이스라엘의 지존자는 거짓이나 변개함이 없으시니 그는 사람이 아니시므로 결코 변개하지 않으심이니이다."

하나님은 우리가 이해할 수 있도록 "후회하다"와 같은 표현을 쓰신 것입니다. 즉 결과를 예측하지 못해서가 아니라, 우리가 처한 고통스러운 상황에 진심으로 공감하신다는 표현인 것입니다. 하나님의 후회하심은 인간이 경험하는 것과는 다릅니다. 하나님은 우리가 나쁜 결정을 내릴 때 우리를 위해 슬퍼하며 안타까워하시지만, 우리처럼 과거의 상황이 달라졌으면 하는 식으로 후회하지는 않으십니다(삼상 15:29).

Q 본문은 하나님이 후회하신 데는 두 가지 이유가 있다고 말합니다. 사울이 돌이켜서 하나님을 따르지 않았고, 그분의 명령을 행하지 않았기 때문입니다. 이 두 가지는 서로 어떤 연관성이 있습니까?

> Leader
> 하나님은 사무엘에게 사울이 불순종했다는 불미스러운 소식을 전해 주셨습니다. 의분을 느낀 사무엘은 근심하여 밤새 기도했고, 다음 날 아침 일찍 사울에게 달려갔습니다.
> 그가 도착했을 때, 사울은 승전을 만끽하고 있었습니다. 사무엘은 도착하기 전에 사울이 승리를 자축하며 자기 자신을 위해 기념비를 세웠다는 말을 전해 들었습니다. 사울은 하나님이 명확하게 내리신 명령을 저버렸을 뿐만 아니라, 이 전쟁을 전부 자기 멋대로 재구성하고 있었습니다.

사무엘과 마주한 사울이 자신의 순종을 자랑합니다. 잠시 이 상황을 살펴봅시다. 사울이 불순종한 증거가 그야말로 사방에 널려 있습니다. 가축들의 울음소리가 들리고, 그 냄새가 진동합니다. 그런데도 사울은 자신만만합니다. 그는 자랑스럽게 말합니다. "맞습니다. 내가 여호와의 명령을 행하였나이다."

사울을 보고 쉽게 머리를 내저어서는 안 됩니다. 그의 이야기가 우리에게 면죄부를 주진 않으니 말입니다. 우리 가운데 얼마나 많은 사람이 주일예배를 드릴 때 하나님과 아무 문제 없는 듯 행동합니까? 얼마나 많은 사람이 찬양을 부르며 그럴듯하게 행세합니까? 하지만 그러는 와중에도 불순종의 증거들이 우리를 에워싸고 있습니다. 배우자나 자녀나 친구나 동료가 우리의 위선을 알고 있습니다. 성의 없는 순종이 실은 불순종임을 아는 것입니다.

핵심교리 99 **10. 불변하신 하나님**

하나님은 언제까지나 하나님이시며 어제나 오늘이나 영원토록 동일하십니다. 하나님의 불변하심은 그리스도인에게 복된 소식입니다. 하나님이 마음을 바꾸거나 약속을 어기는 분이 아니시라는 보증이 되기 때문입니다. 그리스도인은 자신을 어둠에서 끌어내 그분의 기이한 빛 가운데로 들어가게 하신 주님이 영원까지 인도해 주실 것을 알기에 마음의 확신과 평안을 얻습니다.

Q 위선적인 일들의 예를 들어 보십시오.

Q 이러한 예들은 하나님께 온전히 순종하지 않는 것의 위험성에 관해 우리에게 어떤 경고를 줍니까?

"사울이 스스로 하찮게 여길 때, 하나님이 그를 높여 주셨습니다. 그러나 그가 스스로 높아지자 하나님이 그를 하찮게 만드셨습니다."[3]

_그레고리오 1세 교황

2. 불순종을 합리화하면 몰락합니다(삼상 15:16~21)

> Leader

우리는 모두 자기 죄에 사로잡혀 있습니다. 이따금 위선자가 되기도 합니다. 그러나 성령님과 마주하는 것은 사느냐 죽느냐가 달린 중요한 일입니다. 사울에게는 아직 회개를 선택할 기회가 있었습니다. 하지만 그는 마음을 강퍅하게 하고, 자기 잘못을 합리화하기 시작했습니다.

앞에서 사울이 가장 좋은 양과 소에 관해 어떻게 이야기했는지에 주목하십시오. 선봉에 서서 진두지휘했던 사람이 백성들에게 책임을 전가했습니다. "그것은 무리가 아말렉 사람에게서 끌어 온 것인데"(15절). 게다가 에덴동산의 아담과 하와처럼 하나님을 탓하려고 했습니다. 백성들이 하나님께 제사 지내기 위해 가장 좋은 양과 소를 남겨 두었다는 것입니다. 이러한 이유들이 그의 불순종을 정당화할 수 있을까요?

16 사무엘이 사울에게 이르되 가만히 계시옵소서 간 밤에 여호와께서 내게 이르신 것을 왕에게 말하리이다 하니 그가 이르되 말씀하소서 17 사무엘이 이르되

왕이 스스로 작게 여길 그때에 이스라엘 지파의 머리가 되지 아니하셨나이까 여호와께서 왕에게 기름을 부어 이스라엘 왕을 삼으시고
[18]또 여호와께서 왕을 길로 보내시며 이르시기를 가서 죄인 아말렉 사람을 진멸하되 다 없어지기까지 치라 하셨거늘
[19]어찌하여 왕이 여호와의 목소리를 청종하지 아니하고 탈취하기에만 급하여 여호와께서 악하게 여기시는 일을 행하였나이까
[20]사울이 사무엘에게 이르되 나는 실로 여호와의 목소리를 청종하여 여호와께서 보내신 길로 가서 아말렉 왕 아각을 끌어 왔고 아말렉 사람들을 진멸하였으나
[21]다만 백성이 그 마땅히 멸할 것 중에서 가장 좋은 것으로 길갈에서 당신의 하나님 여호와께 제사하려고 양과 소를 끌어 왔나이다 하는지라

사무엘이 사울에게 말했습니다.

"왕이 스스로 작게 여길 때 이스라엘 지파의 머리가 되지 않으셨습니까? 여호와께서 왕에게 기름을 부어 이스라엘 왕으로 삼으셨습니다."

사무엘은 사울의 과거를 회상하며, 하나님이 그에게 온 왕국을 주겠다고 하셨을 때 그가 범부에 지나지 않았음을 지적합니다. 사실 사무엘은 이렇게 말한 것입니다.

"하나님은 당신에게 모든 것을 주셨습니다. 그런데 그것으로는 충분하지 않던가요? 하나님이 당신에게 모든 것을 주셨는데도 그보다 더 원하는 게 있는 겁니까?"

사울은 자신의 명예와 자신만의 왕국의 위상을 좇았습니다. 그래서 아말렉 왕 아각을 죽이지 않고 포로로 삼은 것입니다. 그를 살려 둔 것은 자비를 베풀기 위함이 아니라 오히려 적국의 왕을 포로 삼은 것을 과시하기 위한 것이었습니다. 당시 정복에 성공한 왕들은 사로잡은 왕을 데려다가 개선 행진을 하곤 했습니다. 쇠사슬에 묶인 채 수척한 몰골로 행진하는 왕의 모습을 보여 줌으로써 온 세상에 "내가 정복자다. 나야말로 왕 중의 왕이다"라는 메시지를 던지는 것입니다. 사울은 정복자처럼 백성들 앞에서 전리품을 과시하고 싶었던 것입니다. 백성들의 인정을 간절히 원했기 때문입니다.

Q 사무엘이 '하나님의 신실하심'이라는 맥락에서 사울의 죄를 바라보는 것에 주목하십시오. 하나님의 선하심을 떠올리는 것은 우리 죄의 추악함을 깨닫는 데 어떤 도움이 됩니까?

심화 주석 사무엘은 왕에게 비록 그가 지금은 "이스라엘 지파의 머리"(삼상 15:17)지만 더는 자격이 없음을 상기시켰습니다. 아무것도 아닌 그를 데려다가 "이스라엘 왕을 삼으신"(17절) 분이 바로 주님이십니다. 주님이 사울에게 그 자리를 주신 것은 주의 대사로서 악한 아말렉 족속을 "진멸"(18절)하는 사명을 수행하라는 것이었습니다. 그러나 불행하게도 악을 진멸하는 사명을 맡은 사울은 "여호와께서 악하게 여기시는 일"(19절)을 했습니다. 그런데도 사울은 그렇게 생각하지 않았습니다. 할 수 있는 한 "여호와의 목소리를 청종"(20절)했다고 말했습니다. 사실 그는 주님의 사명을 받아 아말렉 사람을 진멸(헤렘)하는 일을 하러 간 것이었습니다. …
하나님의 끈질긴 영적 옹호자인 사무엘은 하나님의 정치적, 군사적 대표자가 부분적인 순종에만 머무는 것을 보고 있을 수 없었습니다. 부분적인 순종은 실제로 불순종이기 때문입니다. 사울의 죄는 아간의 죄이기도 했습니다. 아간은 멸망하는 여리고 성에서 노략한 물건 중에 가장 좋은 것을 남겨 두었습니다(참조, 수 7:21). 아간의 죄로 그와 그의 가족이 죽었습니다. 마찬가지로 사울의 죄로 그는 비참한 죽음을 맞이했고, 그의 가족은 왕권을 잃게 되었습니다.[4]
_로버트 D. 베르겐

사람에게는 저마다의 '왕'이 있습니다. 선망의 대상이자 행복감과 안정감을 주는 것이 바로 왕입니다. 사울 왕에게는 '사람들의 인정'이 왕이었습니다. 그것이 그의 반역을 부추겼습니다. 죄는 대개 영혼 깊은 곳의 불만, 즉 행복하고 안전하게 살려면 반드시 있어야 한다고 느끼는 것에서 비롯됩니다.

> Leader ……

존경심을 갈망하는 남자는 집단을 위해 자신의 도덕성을 얼마든지 훼손할 수 있습니다. 안락한 삶을 갈망하는 여자는 더 큰 집으로 이사하기 위해 무슨 일이든 할 수 있으며, 하나님 나라를 위한 선교 사명이 주는 불편함을 피하고자 어떤 일이든 할 수 있습니다.

하지만 진짜 문제는 우리 영혼이 사울처럼 주님 안에서 만족을 누리지 못한다는 데 있습니다.

> Leader ……

하나님이 아닌 다른 대상을 향한 우상 숭배와 탐욕의 욕망은 불순종을 자극합니다. 우리가 거짓 왕들을 물리치고 우상 숭배 문제를 다루기 전까지는, 하나님께 항복하려고 해도 절대로 죄를 이기고 승리하지 못할 것입니다. 게다가 절반뿐인 순종을 합리화하고 정당화하기 위해 온갖 방법을 찾아낼 것입니다

사울은 잘못된 방식을 따르라는 유혹에 굴복했습니다. 자기 죄를 변명할 이야기를 지어냈습니다. 불순종의 책임을 다른 사람들에게 돌리고, 희생양을 만들어 자신의 실수를 만회하려고 했습니다. 자신은 여전히 꽤 괜찮은 사람이라고 주장한 것입니다. 사울의 입에서 사건을 왜곡한 이야기가 술술 흘러나온 것으로 보아 그는 다른 사람들을 속이기 위해 공들여 만든 기만적인 이야기를 스스로 믿었던 듯합니다. 자기 거짓말에 잠식된 것입니다.

죄에 직면하면, 우리도 사울처럼 불순종을 합리화하고, 성경적이지 않은 방식을 따를 수 있습니다. 자신의 불순종을 남의 탓으로 돌리거나, 교회에 특별 헌금을 내는 것으로 실수를 만회하려고 하거나, 적어도 '저 녀석'만큼 나쁜 사람은 아니라고 주장할 수도 있습니다. 그러나 이것은 출구가 없는 길일 뿐입니다. 일단 합리화를 시작하게 되면, 사울이 사무엘의 겉옷자락을 찢은 것처럼 우리 삶이 둘로 찢길 때까지 자신을 속이며 자신의 멸망을 스스로 자아내게 됩니다(삼상 15:27~28).

자기 합리화는 하나님이 원하시는 바가 아닙니다. 하나님은 회개를 원하십니다. 하나님이 원하시는 것은 제사가 아닌 순종입니다. 사울은 선택의 기회를 잃었지만, 우리는 아닙니다. 오늘날에도 '자기기만'과 '회개', 즉 '죽음'과 '생명' 사이의 선택권이 우리 각자 앞에 놓여 있습니다.

"죄의 기만으로 마음이 완악해지는 … 위험성을 생각해 보십시오. … 마음이 굳어 버리고, 양심이 불타며, 생각이 가려지고, 애정이 둔해지고, 온 영혼이 속는 것입니다."[5]
_존 오웬

심화 주석 "이스라엘의 적을 진멸하라"는 명령은 신명기 7장 2~5절과 20장 16~18절에서 발견됩니다. 이들 본문은 가나안 족속의 완전한 멸절을 분명히 요구하고 있습니다. 이 같은 잔인함에는 종교적인 이유가 있었습니다.
신명기 7장과 20장을 보면 이스라엘은 가나안 족속에게 무자비했는데, 이는 영적으로 오염될 가능성이 있었기 때문입니다. 가나안 족속을 살려두면, 이스라엘은 여호와를 버리고 이방 신들을 따르게 될 것이었습니다(신 7:4; 20:18). 그렇게 자주 죄를 짓는 이스라엘이 하나님의 심판 도구로 사용된 것이 부당해 보일 수 있습니다.
그러나 우리는 이것을 기억해야 합니다. 하나님이 이스라엘을 선택하신 것은 수효가 많아서도 아니고(신 7:7~8), 도덕적으로 우월해서도 아니며(신 9:5), 오직 하나님이 아브라함에게 한 나라를 일으켜 복음을 전하게 하겠다고 언약(창 12:1~4)하셨기 때문입니다. 훗날 이스라엘은 70년 동안 바벨론 포로 생활을 하면서 하나님의 심판이 가하는 고통을 겪기까지 했습니다.[6]
_릭 바이아르전
Biblical Illustrator

심화 주석 사무엘은 순종해야 할 때 희생 제사에 의지하는 것은 항상 무의미하다고 말했습니다. 어떤 예식으로도 하나님과 그분의 계명에 반역하는 태도를 보상할 수 없습니다. 왜냐하면 하나님께 대한 완강한 저항은 자기 고집을 오직 하나님께만 속한 권위의 자리로 올려놓는 것이기 때문입니다. 그렇기 때문에 이것은 (악령을 이용한) 점술만큼이나 나쁜 것이고, 자아라는 신이 그분의 자리를 빼앗은 점에서는 우상숭배와 마찬가지인 것입니다. …

마침내 사울은 잘못을 시인했지만, 사무엘의 책망을 진지하게 받아들이지는 않았습니다. 이런 상황에서도 사울이 분명히 용서받고 직무를 계속 수행할 수 있을까요? 사울이 "내가 계명을 어겼다"(히브리어로 '아바르티')라고 인정하면서 사용한 '어기다'라는 단어는 문자적으로 '넘어가다'('간과하다')를 의미합니다. 이것은 그의 모순을 더욱 명백하게 보여 줍니다. 사울은 대중의 지지가 필요하다고 느꼈으며, 승리를 통한 물질적 이득을 허용함으로써 그들의 비위를 맞추고 싶은 유혹에 저항할 수 없었을 것입니다. 사무엘은 취소 불가한 사울의 배제를 거듭 선언합니다. 사울은 자기 결정에 따른 결과를 받게 될 것입니다.[7]

_조이스 G. 볼드윈

Q 우리는 어떤 식으로 자기 죄를 합리화하며 정당화합니까?

3. 사람들의 인정에 목말라하면 몰락합니다(삼상 15:22~31)

> Leader

사무엘은 사울이 사실을 왜곡한다는 것을 간파했습니다. 사울은 강요를 받아 전리품의 얼마를 숨긴 것이 아니라 기회가 닿는 대로 움켜잡은 것입니다. 그런데도 사울이 최대한 하나님의 명령대로 행했다고 대답하자, 사무엘이 이렇게 반격했습니다. "사울 왕이여, 하나님은 당신이 바라는 것처럼 이러한 형식적인 공물에 감동하시는 분이 아닙니다."

오늘날 교회에 앉아 있는 사람들에게도 똑같이 말할 수 있습니다. 하나님은 그저 찬양 몇 곡을 부르고 헌금 좀 내는 사람들에게 열광하지 않으십니다. 하나님의 마음을 감동시키는 것은 순종하는 마음입니다. 다르게 표현하면, 사람들의 인정을 바라는 욕망에서 나온 공허한 순종이 아닌 주님의 은혜 안에서 쉼을 누리는 복종의 마음입니다.

*22사무엘이 이르되 여호와께서 번제
와 다른 제사를 그의 목소리를 청종
하는 것을 좋아하심같이 좋아하시겠
나이까 순종이 제사보다 낫고 듣는 것
이 숫양의 기름보다 나으니 23이는 거
역하는 것은 점치는 죄와 같고 완고
한 것은 사신 우상에게 절하는 죄와
같음이라 왕이 여호와의 말씀을 버렸
으므로 여호와께서도 왕을 버려 왕이
되지 못하게 하셨나이다 하니 24사울이 사무엘에게 이르되 내가 범죄하였나이
다 내가 여호와의 명령과 당신의 말씀을 어긴 것은 내가 백성을 두려워하여 그
들의 말을 청종하였음이니이다 25청하오니 지금 내 죄를 사하고 나와 함께 돌아
가서 나로 하여금 여호와께 경배하게 하소서 하니 26사무엘이 사울에게 이르
되 나는 왕과 함께 돌아가지 아니하리니 이는 왕이 여호와의 말씀을 버렸으므
로 여호와께서 왕을 버려 이스라엘 왕이 되지 못하게 하셨음이니이다 하고 27사
무엘이 가려고 돌아설 때에 사울이 그의 겉옷자락을 붙잡으매 찢어진지라 28사
무엘이 그에게 이르되 여호와께서 오늘 이스라엘 나라를 왕에게서 떼어 왕보다*

나은 왕의 이웃에게 주셨나이다 [29]*이스라엘의 지존자는 거짓이나 변개함이 없*
으시니 그는 사람이 아니시므로 결코 변개하지 않으심이니이다 하니 [30]*사울이*
이르되 내가 범죄하였을지라도 이제 청하옵나니 내 백성의 장로들 앞과 이스라
엘 앞에서 나를 높이사 나와 함께 돌아가서 내가 당신의 하나님 여호와께 경배
하게 하소서 하더라 [31]*이에 사무엘이 돌이켜 사울을 따라가매 사울이 여호와께*
경배하니라

> *"그렇다면, 사울은 왜 다윗과 달리 주님이 그를 용서해 주셨다는 말을 듣기에 합당한 사람으로 여겨지지 않았습니까? 하나님이 편애하셔서입니까? 절대 아닙니다! 인간의 귀에는 같은 말이었지만, 하나님의 눈에는 마음의 차이가 보였기 때문입니다."*[8]
> _어거스틴

저녁 식사 초대를 받아 친구네 집을 방문했다고 상상해 보십시오. 식사를 마치자 친구가 당신에게 이렇게 말합니다.

"나와 함께 위층에 올라가자. 바닥에 별 모양으로 촛불을 켜 놓았어. 신전 창녀들과 즐기고, 염소를 제물로 바치고, 사탄에게 충성을 맹세할 수도 있어. 하지만 걱정하지 마. 일요일에는 평소대로 교회에 가면 되니까."

이때 당신은 어떤 기분을 느낄까요? 당연히 섬뜩함을 느낄 것입니다

이것이 바로 우리가 마음에도 없이 하는 '순종'에 관해 하나님이 느끼시는 기분입니다. 사무엘은 부분적이거나 조건적이거나 지연된 순종은 점치는 수준의 거역으로 볼 수 있다고 말했습니다.

불행히도 교회의 많은 성도가 사울처럼 백 퍼센트에 미치지 못하는 순종을 하면서도 전혀 문제의식을 느끼지 못합니다. 세금을 속이거나 학교 시험에서 부정을 저지르기도 합니다. 진정한 사랑을 핑계로 미혼 남녀가 잠자리를 같이 합니다. 용서해야 한다는 것을 알면서도 용서하기를 거부하고 고통을 부여잡습니다. 선교에의 부르심을 받지만 응답하기를 거부합니다.

종교적인 사람은 종종 종교의식으로 하나님께 대한 거역을 가리고, 격식을 차리는 것으로 순종을 대체하려는 유혹에 빠지곤 합니다. 한쪽에서는 불순종하면서 다른 쪽에서는 제물을 바침으로써 하나님께 '보상'하려고 듭니다. 선교사의 부르심을 거절하는 대신 교회에 십일조를 힘껏 바칩니다. 또는 불신자와의 교제를 끊는 대신 그 또는 그녀에게 그리스도를 전하리라 결심합니다. 혹은 하나님의 일에 돈을 쓰는 대신 '시간의 십일조'를 드리겠노라고 마음먹기도 합니다.

> Leader
> 껍데기만 남은 신앙은 자기 삶을 좌우할 수 있도록 하나님께 무언가 갖다 바치려고 합니다. 그리고 하나님께 순종하길 원하지만, 자기 방식대로입니다. 말하자면 부분적이거나 뒤로 미루거나 조건을 다는 방식의 순종입니다.

하지만 이것들은 모두 다양한 형태의 불순종에 불과합니다.

> "사울은 자기 죄의 끔찍함에 대해 고뇌하기보다는 백성과 장로들 사이에서 자신의 위치에 대해 더 많은 관심을 기울였습니다. 죄책감은 오직 하나님만이 제하실 수 있는데도 말입니다."[9]
> _데이비드 토시오 츠무라

Q 왜 우리는 하나님의 명령에 온전히 순종하는 대신 부분적으로 순종하곤 할까요?

본문은 사울의 독백으로 끝이 납니다. 회개처럼 보이지만 이어지는 이야기를 보면 알 수 있듯이 그는 진심으로 하나님께 돌아온 것이 아니었습니다. 25절을 보면, 사울이 모든 상황을 여전히 잘못 생각하고 있음을 알 수 있습니다. 그는 '여호와께 경배하기'를 원한다면서도 함께 찬양하거나 다른 사람의 발을 씻어 주는 일은 염두에 두지 않았습니다. 사울은 승리하게 해 주신 것에 대해 국가적인 감사 제사를 드리려고 했습니다. 거창한 기념식을 원했던 것입니다.

사무엘은 공식적인 제사 의식을 거행할 수 있는 유일한 인물이었습니다. 사무엘이 거절한다면, 사울의 체면은 구겨지게 될 것입니다. 애석하게도 사울은 바로 이 점을 염려했습니다. 그의 주요 관심사는 오직 사람들의 눈에 자신이 어떻게 비칠까 하는 것뿐이었습니다. 여전히 자기 위상만 걱정한 것입니다.

많은 사람이 하나님 앞에서 흉악한 죄를 저질렀다는 사실보다 자신의 죄가 세상에 들춰지는 것을 더 두려워합니다. 죄가 드러나면 본인도 괴로울 테지만, 그 일로 인해 가장 마음 상할 분은 죄를 낱낱이 아시는 하나님이라는 사실을 완전히 무시합니다.

사무엘이 떠나려고 하자 사울이 그의 겉옷 자락을 움켜잡았습니다. "찌익!" 사무엘이 찢어진 옷을 내려다보며 이렇게 말합니다. "하나님이 어리석은 당신에게서 왕국을 떼어 내어 당신보다 나은 이웃 사람에게 주실 것이오." 그 사람이 바로 '다윗'입니다. 다윗은 완벽한 왕은 아니었지만, 회개하는 법을 알았으며 자신뿐 아니라 하나님 나라를 위해 어떻게 회개해야 하는지 알고 있었습니다.

> Leader
> 이때가 사울의 생애에서 결정적인 순간이었습니다. 이 시점부터 그의 서사는 하강 곡선을 그리게 됩니다. 사울은 회개하는 대신 더욱 강퍅해질 것입니다. 그 결과 하나님의 영이 그를 떠날 것입니다. 하나님이 떠나시고 그분의 인정이 사라지자 사울의 삶은 엄청난 공허 속에 남겨지고, 문자 그대로 질투심에 사로잡히게 됩니다. 사소한 비판에도 그는 격렬히 분노하게 될 것이고, 다윗을 쫓느라 광야에서 수년을 허비하게 될 것입니다. 변함없이 자신을 예우하느라 애쓰는 한 사람을 죽이기 위해서 말입니다.

Q 죄에 대한 진정한 회개와 죄의 결과에 대한 단순한 후회는 어떤 차이가 있습니까?

Q 당신은 회개와 후회를 어떻게 구별합니까?

심화토론

- 어떻게 복음은 우리를 불순종의 욕망에서 자유롭게 하는 동시에, 온전한 순종의 부담으로부터도 자유롭게 합니까?

결론

앞서 우리는 사울이 보잘것없을 때 하나님이 그를 왕으로 삼으셨다고 사무엘이 지적하는 것을 보았습니다. 사울은 하나님의 놀라운 은혜에 감사함으로 반응했어야 합니다. 그는 자기 삶을 장악하려는 죄의 힘을 하나님이 주신 값진 은혜로 깨뜨렸어야 합니다. 하지만 그는 스스로 강퍅해짐으로써 하나님의 은혜를 거슬렀습니다.

복음의 위대한 소식은 그리스도께서 사울 왕과 달리 우리를 위해 온전히 순종하셨다는 것입니다. 그분은 사탄을 따르는 자들에게 고초를 당하시고, 우리 대신 죽으셨습니다. 주님이 억울하게 죽임당하심으로써 우리가 성도로 받아들여질 수 있었습니다. 그분의 순종으로 말미암아 우리가 믿기만 한다면, 하나님이 우리를 거두어 주십니다. 다른 누구보다 예수님의 인정이 중요합니다. 복음을 받아들일 때, 우리 삶에서 불순종의 힘이 깨지고 걱정, 불만, 불안, 두려움 등으로부터 자유로워질 수 있습니다.

그리스도와의 연결

사울은 하나님의 말씀을 거역함으로써 왕위를 더 이상 유지할 수 없게 되었습니다. 이스라엘은 하나님께 온전히 순종하는 사람이 다스리는 영원한 왕국이 되어야 했습니다. 예수님의 완전한 순종을 통해 하나님은 자기 백성을 영원히 다스리실 것입니다.

하나님의 계획 우리의 사명

선교적 적용 하나님은 우리가 의를 위선적으로 과시하는 일을 버리고, 세상이 주의 구원을 알도록 그분의 목적과 계획에 온전히 순종하라고 요구하십니다.

1. 당신 삶에서 의의 위선적인 과시를 회개해야 할 부분이 있다면 무엇인가요?
2. 어떻게 하면 죄를 합리화하거나 정당화하느라 늘어놓는 변명을 간파하고 사랑으로 서로 도울 수 있을까요?
3. 예수님의 복음을 전하는 데 있어서 하나님이 당신에게 어느 정도의 순종을 요구한다고 생각합니까?

금주의 성경 읽기
삼상 9~16장

자기 백성을 위해 싸우는 왕

3

Summary and Goal

이 세션에서 우리는 사울 왕을 버리신 하나님이 이새의 아들 다윗에게 기름을 붓도록 사무엘 선지자에게 명령하신 이야기를 살펴볼 것입니다. 다윗의 이야기를 통해 하나님은 세속적인 기준으로 사람을 판단하지 않으신다는 사실을 알게 될 것입니다. 골리앗에 맞선 다윗의 모습은 자기 백성을 위해 결정적인 승리를 거두시는 하나님의 신실하심과 구원하심을 신뢰하는 왕의 표본입니다. 하나님의 백성에게는 그들 편에서 적을 물리쳐 줄 전사 같은 왕이 필요했습니다. 다윗의 이야기에서 우리는 하나님께 불타는 마음으로 순종하는 본보기를 볼 수 있을 뿐만 아니라, 우리에게 필요한 약속의 왕을 살짝 엿볼 수 있습니다.

- **성경 본문**
  사무엘상 16:1~13
  사무엘상 17:20~26, 33~37, 45~51

- **세션 포인트**
  1. 하나님이 세우시는 왕은 세속적인 기준을 따르지 않습니다(삼상 16:1~13)
  2. 하나님이 세우시는 왕은 주의 구원하심을 신뢰합니다(삼상 17:20~26, 33~37)
  3. 하나님이 세우시는 왕은 주의 백성을 위해 결정적인 승리를 거둡니다(삼상 17:45~51)

- **신학적 주제**
  하나님의 백성은 그들 편에서 적을 물리쳐 줄 전사 같은 왕이 필요합니다.

- **그리스도와의 연결**
  우리는 다윗에게서 하나님의 능력을 신뢰하는 용기있는 믿음을 볼 수 있습니다. 또한 성경의 큰 그림과 장차 오실 왕의 모습을 어렴풋이 엿볼 수 있습니다. 아무도 그 왕에게서 승리를 기대하거나 그 왕을 앞세워 싸움에서 이기려고 하지 않았지만, 그분은 자기 죽음과 부활을 통해 큰 구원을 이루셨습니다.

- **선교적 적용**
  십자가 권세를 통해 죄 사함을 받은 하나님의 백성은 열방의 심판을 바라기보다 은혜의 선포를 통해 세상 사람 모두가 복음을 듣고 하나님의 영광스러운 사랑과 은혜 안으로 밀려들어 오기를 바랍니다.

Session Plan

도입

사울에서 다윗으로 왕권이 이행되는 과정에 주목하면서 이야기를 시작하십시오. 목동 출신인 다윗은 누구나 기대할 만한 왕의 모습이 아니었는데도, 위대한 하나님의 사람이 되어 갔습니다.

사람들은 약자가 끝내 승리하는 이야기를 무척 좋아합니다. 당신이 목격한 약자의 승리 중에 놀라웠던 것은 무엇입니까?

예기치 못한 놀라운 승리를 목격하면, 당신 안에서 어떤 감정과 생각이 끓어오릅니까?

다윗의 이야기, 특히 사무엘이 다윗에게 기름 부은 이야기와 다윗이 하나님의 백성을 위해 골리앗을 결정적으로 물리친 이야기가 담긴 이 세션을 요약하십시오.

전개

1 하나님이 세우시는 왕은 세속적인 기준을 따르지 않습니다 (삼상 16:1~13)

부록 1: '사무엘의 생애'를 참고해 사무엘상 16장 1~13절의 배경을 설명해 주십시오. 그러고 나서 성경 구절을 읽으십시오. 사무엘이 엘리압에 내린 평가에 주목하고, 이것이 하나님의 기준과 어떻게 달랐는지를 강조하십시오.

"하나님은 중심을 보신다"라는 진리는 어떤 면에서 좋은 소식인 동시에 나쁜 소식이 됩니까?

다윗과 형제들의 이야기에서 "하나님은 중심을 보신다"라는 말은 하나님은 세속적인 기준으로 사람을 판단하지 않으신다는 뜻임을 알려 주십시오. 비범함을 이루기 위해 평범함을 사용하시는 하나님의 방식에 주목하십시오. 부록 2: '왕국에서 예수님 바라보기'를 참고해 다윗과 예수님의 유사점을 찾으십시오.

어떤 경우에 외모나 사회적 지위를 보고 사람을 섣불리 판단하게 됩니까?

이 이야기는 다른 사람을 그릇 판단하는 데 관해 어떤 경고를 줍니까?

2 하나님이 세우시는 왕은 주의 구원하심을 신뢰합니다 (삼상 17:20~26, 33~37)

사무엘상 17장 20~26절의 배경을 설명한 후 성경 구절을 읽으십시오. 다윗의 두 가지 질문에 주의하면서 그의 동기를 강조하십시오. 하나님의 영광을 향한 다윗의 굳건한 신뢰와 골리앗 앞에 선 다윗을 향한 이스라엘 백성의 불신을 비교해 주십시오.

우리는 (의식적 혹은 무의식적으로) 하나님의 능력을 의지하는 다른 사람들의 믿음을 어떤 식으로 꺾어 버립니까?

사울과 다윗의 형제들이 말과 어투에서 닮아 있음을 지적해 주십시오. 그러고 나서 사무엘상 17장 33~37절을 읽으십시오. 부록 3: '다윗의 적'(사자/곰)을 참고해, 다윗이 주변의 낙담에도 불구하고 동요하지 않았던 이유를 설명해 주십시오. 하나님이 우리가 그분을 섬기는 기술을 연마할 수 있도록 우리의 일상을 어떻게 사용하시는지 강조해 주십시오.

지금 당신은 어떤 '초원'에 서 있습니까? 또는 과거에 경험했던 '초원'은 어떤 곳이었습니까?

그 경험을 통해 하나님을 향한 믿음이 어떻게 달라졌습니까?

3

하나님이 세우시는 왕은 주의 백성을 위해 결정적인 승리를 거둡니다 (삼상 17:45~51)

자원자에게 사무엘상 17장 45~51절을 읽게 하십시오. 그러고 나서 자신을 다윗이 아니라, 그들을 대표해 싸우는 전사가 승리하기를 기도하는 이스라엘 백성과 동일시해야 함을 일깨워 주십시오.

다윗이 자기 힘이 아니라 주님의 이름으로 골리앗과 싸웠다는 점이 왜 중요할까요?

이스라엘에는 골리앗을 물리쳐 줄 대표자가 필요했다는 것과 하나님이 또 다른 결정적인 승리를 성취할 또 다른 왕, 즉 만왕의 왕 예수님을 세우는 준비를 하셨다는 것을 알게 해 주십시오. 조를 나누어 학습자용 교재의 도표에 나온 질문들을 토론하게 한 후 발표하게 하십시오.

결론

다윗이 자기 백성을 위해 싸운 것이 훗날 왕이신 예수님이 우리를 위해 결정적인 승리를 거두시리라는 성경의 큰 그림에 어떻게 부합되는지 설명해 주십시오. 이 세션에서 배운 진리를 '하나님의 계획, 우리의 사명'에서 적용해 보십시오.

Session Content

3. 자기 백성을 위해 싸우는 왕

도입 옵션

영화 〈행복을 찾아서〉(*The Pursuit of Happyness*)에서 주인공 크리스(윌 스미스 분)가 노숙자처럼 더러운 복장으로 일류 회사의 면접을 보러 가야 했던 장면을 찾아 보여줌으로써 이 세션의 전반적인 분위기를 전달하십시오. 이 장면을 통해 세속적인 기준으로 사람을 판단해서는 안 된다는 것을 일깨워 주십시오.

도입

> Leader

세션 2에서 우리는 이스라엘의 초대 왕 사울이 하나님의 기준이나 하나님 백성의 기대에 부응하지 못하게 되는 과정을 살펴보았습니다. 사무엘 선지자가 사울의 불순종을 마주하고 난 뒤인 사무엘상 중반부부터 이야기의 중심이 '사울'에서 '다윗'으로 넘어갑니다.

우리는 다윗을 양치기 소년으로 처음 만났습니다. 아무도 그가 왕이 되리라고 기대하지 않을 때였습니다. 그의 등장은 그다지 인상적이지 못했습니다. 솔직히 말해서 그는 모든 면에서 너무 평범했습니다. 그러나 그는 하나님의 공급하심을 신뢰하며 승리해 내는 왕이 될 것입니다. 거인을 거꾸러뜨린 소년 영웅 다윗은 아마 성경에서 가장 유명한 인물일 것입니다.

Q 사람들은 약자가 끝내 승리하는 이야기를 무척 좋아합니다. 당신이 목격한 약자의 승리 중에 놀라웠던 것은 무엇입니까?

Q 예기치 못한 놀라운 승리를 목격하면, 당신 안에서 어떤 감정과 생각이 끓어오릅니까?

Session Summary

이 세션에서 우리는 사울 왕을 버리신 하나님이 이새의 아들 다윗에게 기름을 붓도록 사무엘 선지자에게 명령하신 이야기를 살펴볼 것입니다. 다윗의 이야기를 통해 하나님은 세속적인 기준으로 사람을 판단하지 않으신다는 사실을 알게 될 것입니다. 골리앗에 맞선 다윗의 모습은 자기 백성을 위해 결정적인 승리를 거두시는 하나님의 신실하심과 구원하심을 신뢰하는 왕의 표본입니다. 하나님의 백성에게는 그들 편에서 적을 물리쳐 줄 전사 같은 왕이 필요했습니다. 다윗의 이야기에서 우리는 하나님께 불타는 마음으로 순종하는 본보기를 볼 수 있을 뿐만 아니라, 우리에게 필요한 약속의 왕을 살짝 엿볼 수 있습니다.

> "성경 본문은 '다윗'이라는 사람을 숭배하는 것이 아니라, 하나님의 영이 사람과 더불어 어떻게 행하시는지를 곰곰이 생각해 보게끔 합니다."[1]
> _D. A. 카슨

전개

1. 하나님이 세우시는 왕은 세속적인 기준을 따르지 않습니다

(삼상 16:1~13)

> Leader

사울의 죄로 인해 깊은 고민에 빠진 사무엘 선지자로부터 이야기가 시작됩니다. 어쨌거나 사무엘은 사울에게 기름을 부어 주었고, 그는 잘해 낼 것 같아 보였습니다. 그러나 사울은 사무엘의 기대를 무너뜨렸습니다. 사울은 자기 자신에게만 신실했고, 왕의 죄가 선지자를 슬프게 했습니다.

*1여호와께서 사무엘에게 이르시되 내가 이미 사울을 버려 이스라엘 왕이 되지
못하게 하였거늘 네가 그를 위하여 언제까지 슬퍼하겠느냐 너는 뿔에 기름을
채워 가지고 가라 내가 너를 베들레헴 사람 이새에게로 보내리니 이는 내가 그
의 아들 중에서 한 왕을 보았느니라 하시는지라 2사무엘이 이르되 내가 어찌 갈
수 있으리이까 사울이 들으면 나를 죽이리이다 하니 여호와께서 이르시되 너는
암송아지를 끌고 가서 말하기를 내가 여호와께 제사를 드리러 왔다 하고 3이새
를 제사에 청하라 내가 네게 행할 일을 가르치리니 내가 네게 알게 하는 자에
게 나를 위하여 기름을 부을지니라 4사무엘이 여호와의 말씀대로 행하여 베들
레헴에 이르매 성읍 장로들이 떨며 그를 영접하여 이르되 평강을 위하여 오시
나이까 5이르되 평강을 위함이니라 내가 여호와께 제사하러 왔으니 스스로 성
결하게 하고 와서 나와 함께 제사하자 하고 이새와 그의 아들들을 성결하게 하
고 제사에 청하니라 6그들이 오매 사무엘이 엘리압을 보고 마음에 이르기를 여
호와의 기름 부으실 자가 과연 주님 앞에 있도다 하였더니 7여호와께서 사무엘
에게 이르시되 그의 용모와 키를 보지 말라 내가 이미 그를 버렸노라 내가 보
는 것은 사람과 같지 아니하니 사람은 외모를 보거니와 나 여호와는 중심을 보
느니라 하시더라 8이새가 아비나답을 불러 사무엘 앞을 지나가게 하매 사무엘
이 이르되 이도 여호와께서 택하지 아니하셨느니라 하니 9이새가 삼마로 지나
게 하매 사무엘이 이르되 이도 여호와께서 택하지 아니하셨느니라 하니라 10이*

새가 그의 아들 일곱을 다 사무엘 앞으로 지나가게 하나 사무엘이 이새에게 이르되 여호와께서 이들을 택하지 아니하셨느니라 하고
[11]또 사무엘이 이새에게 이르되 네 아들들이 다 여기 있느냐 이새가 이르되 아직 막내가 남았는데 그는 양을 지키나이다 사무엘이 이새에게 이르되 사람을 보내어 그를 데려오라 그가 여기 오기까지는 우리가 식사 자리에 앉지 아니하겠노라
[12]이에 사람을 보내어 그를 데려오매 그의 빛이 붉고 눈이 빼어나고 얼굴이 아름답더라 여호와께서 이르시되 이가 그니 일어나 기름을 부으라 하시는지라
[13]사무엘이 기름 뿔병을 가져다가 그의 형제 중에서 그에게 부었더니 이 날 이후로 다윗이 여호와의 영에게 크게 감동되니라 사무엘이 떠나서 라마로 가니라

하나님은 사무엘에게 이새의 아들 중에서 이스라엘의 다음 왕을 찾는 임무를 주셨습니다.

> Leader
> 사무엘이 새 왕에게 기름 부으러 가기를 주저한 것은 어쩌면 당연한 일입니다. 사울 왕이 자기 명예와 자기 왕국에 얼마나 열정적인지를 잘 알았기 때문입니다. 그러나 하나님은 그를 위한 계획을 가지고 계셨습니다.
> 하나님은 사무엘을 통해 공동체 구성원 모두가 하나님께 헌신하는 희생 제사를 드리게 했습니다. 이로써 사무엘은 이새의 아들들을 살펴볼 수 있는 완벽한 기회를 갖게 되었습니다.

큰아들 엘리압이 가장 먼저 나와 왕이 될 만한 인물인지 선보였습니다. 사무엘은 엘리압을 보자마자 그가 하나님이 선택하신 사람이라고 생각했습니다. 그는 잘생긴데다 키도 크고 건장해 보였기 때문입니다. 그는 충분히 왕이 될 만한 인물로 보였습니다.

그러나 하나님은 그를 별로 대단하게 여기지 않으셨습니다. 하나님에게 엘리압의 외모나 키나 풍채는 별 의미가 없었습니다. 하나님은 인간적인 기준으로 우리를 판단하지 않으십니다. 하나님은 우리와 달리 중심을 보십니다.

Q "하나님은 중심을 보신다"라는 진리는 어떤 면에서 좋은 소식인 동시에 나쁜 소식이 됩니까?

> Leader
> 어떤 면에서 이것은 좋은 소식입니다. 많은 사람이 세상적인 성공을 얻고자 노력하지만, 성공했다고 느끼는 사람은 거의 없습니다. 완벽한 육체, 화려한 경력, 행복한 가정을 가지려고 애쓰지만, 남는 것은 스트레스뿐입니다. 그래서 하나님이

심화 주석 하나님을 위한 사울의 사역은 끝이 났지만, 하나님의 역사는 계속됩니다. 주님은 이미 "그의 마음에 맞는 사람을 구하여" 그를 백성의 지도자로 삼으셨습니다(삼상 13:14). 이 16장은 하나님의 계획이 다윗의 인격을 중심으로 전개되는 과정을 묘사하는데, 한 가지 흥미로운 역사 이야기를 선사하기도 합니다. 사울의 반대자들 중 한 사람(사무엘)이 왕에 필적할 사람에게 기름을 부으려고 왕을 속인 것입니다.
그런데 이 역사적인 사실을 통해 성경 저자가 진정으로 전하고자 하는 것은 따로 있습니다. 즉 이 장은 사무엘과 다윗에 관한 것이 아니라, 하나님에 관한 것입니다. 인간의 모든 속성을 뛰어넘는 주님의 무한하고 자연스러운 우월성을 묘사하는 것입니다. 주님의 길은 가장 위대한 영적 지식인들조차 당황케 하고, 그분의 길을 가로막는 모든 세상 권세를 좌절시킵니다. 이 장은 "세상의 천한 것들과 멸시 받는 것들과 없는 것들을 택하사 있는 것들을 폐하려"(고전 1:28) 하시는 주님의 뜻을 가장 매력적으로 드러내는 예입니다.
이야기가 마무리될 때쯤, 일자무식의 촌뜨기 목동은 주님의 기름 부음받은 "용기와 무용이 있는 자"(삼상 16:18)가 되어 초자연적으로 강화된 능력을 사용해 악령조차 굴복시킵니다.[2]

_로버트 D. 베르겐

세상적인 성공에 그다지 관심이 없으시다는 소식에 자유를 느끼게 됩니다.

하지만 어떤 면에서 이것은 나쁜 소식이 되기도 합니다. 하나님 마음에 합당한 사람이 있기는 할까요? 많은 사람이 자신의 육체나 이력서나 가정은 시간을 들여 돌보지만, 정작 마음을 가꾸는 데는 무관심합니다. 이것은 하나님의 인정보다 사람들의 인정에 더 관심이 있다는 뜻입니다.

"하나님은 중심을 보십니다." 성경은 엘리압, 아비나답, 삼마가 왜 선발되지 않았는지 그 이유를 구체적으로 말해 주지는 않습니다. 외견상으로는 그들도 자격을 갖춘 것처럼 보였지만, 하나님은 그들의 마음을 달아 보셨고 그분의 기준에 그들은 미치지 못했습니다. 이새는 아들들을 차례대로 내보냈고, 사무엘은 그들을 차례대로 거절했습니다.

다윗의 형제들을 모두 거절한 사무엘이 마침내 막내아들 다윗에 관해 물었습니다. 다윗은 양치기였습니다. 이스라엘에서 너도나도 탐낼 만한 직업은 아니었습니다. 게다가 다윗은 형제 중에 체구가 가장 작았습니다. 그의 아버지 이새조차 막내아들이 왕이 되리라는 생각을 하지 않았습니다. 이는 다윗이 그를 가장 잘 아는 사람들에게도 외적으로는 별로 인상적이지 않았음을 암시합니다. 그런데도 하나님은 그를 선택하셨습니다.

이제 다윗은 특별한 삶을 살아가게 될 것입니다. 그 자신은 평범했지만, 그의 일생에 온갖 특별한 일이 벌어졌다는 사실을 놓쳐서는 안 됩니다. 다윗은 비범하신 하나님의 능력에 어느 정도 접근할 수 있었는데, 이것은 자신을 특별하게 여기지 않았기 때문에 가능했습니다. 자신의 위대함을 전적으로 확신했던 사울과는 뚜렷하게 대조되는 부분입니다.

Q 어떤 경우에 외모나 사회적 지위를 보고 사람을 섣불리 판단하게 됩니까?

Q 이 이야기는 다른 사람을 그릇 판단하는 데 관해 어떤 경고를 줍니까?

"때로는 연약함에서 하나님의 능력이 가장 확실히 감지되며, 때로는 거꾸로 가는 것처럼 보이는 데서 영적 발걸음을 내딛기도 합니다."[3]
_트레빈 왁스

심화토론

- 대부분의 사람은 성공적인 삶을 어떻게 평가합니까?
- 이 평가는 성공적인 삶에 대한 하나님의 정의에 어떻게 어긋납니까?

2. 하나님이 세우시는 왕은 주의 구원하심을 신뢰합니다

(삼상 17:20~26, 33~37)

이새가 다윗을 보내 전장에 있는 형제들에게 안부를 전하는 장면을 살펴보겠습니다.

> Leader 사무엘상 17장입니다. 형들이 전장에 나가 있는 동안 다윗은 여전히 양을 돌보고 있었던 것으로 보아, 아버지 이새가 기름 붓는 예식에서 큰 감명을 받지 못했던 것이 틀림없습니다. 하지만 순종적인 아들 다윗은 짐을 꾸려 전선으로 향했습니다.

[20]다윗이 아침에 일찍이 일어나서 양을 양 지키는 자에게 맡기고 이새가 명령한 대로 가지고 가서 진영에 이른즉 마침 군대가 전장에 나와서 싸우려고 고함치며,
[21]이스라엘과 블레셋 사람들이 전열을 벌이고 양군이 서로 대치하였더라 [22]다윗
이 자기의 짐을 짐 지키는 자의 손에 맡기고 군대로 달려가서 형들에게 문안하고
[23]그들과 함께 말할 때에 마침 블레셋 사람의 싸움 돋우는 가드 사람 골리앗이라
하는 자가 그 전열에서 나와서 전과 같은 말을 하매 다윗이 들으니라 [24]이스라엘
모든 사람이 그 사람을 보고 심히 두려워하여 그 앞에서 도망하며 [25]이스라엘 사
람들이 이르되 너희가 이 올라 온 사람을 보았느냐 참으로 이스라엘을 모욕하러 왔도다 그를 죽이는 사람은 왕이 많은 재물로 부하게 하고 그의 딸을 그에게 주고 그 아버지의 집을 이스라엘 중에서 세금을 면제하게 하시리라 [26]다윗이 곁에
서 있는 사람들에게 말하여 이르되 이 블레셋 사람을 죽여 이스라엘의 치욕을 제거하는 사람에게는 어떠한 대우를 하겠느냐 이 할례 받지 않은 블레셋 사람이 누구이기에 살아 계시는 하나님의 군대를 모욕하겠느냐

다윗이 곁에 서 있던 이스라엘 병사들에게 두 가지 질문을 던졌습니다.

> Leader
> 첫째, 거인을 해치우는 자에게 어떤 보상이 주어지는가?
> 둘째, 거인은 자기를 누구로 알기에 하나님을 모욕하는가?

두 번째 질문이 더 중요한데, 다윗의 진짜 동기가 무엇인지를 보여 주기 때문입니다. 그의 관심은 하나님의 영광에 있었습니다.

불행하게도 우리는 이 이야기에서 비극적인 역설을 발견하게 됩니다. 즉 그리스도인을 낙담시키는 가장 큰 반대는 하나님의 편에 서야 할 사람들에게서 나온다는 것입니다. 골리앗은 정말로 무시무시한 상대였습니다.

심화 주석 "모욕"이란 단어는 '거부'와 관련되어 있습니다(삼상 17:10, 25~26, 36). "할례받지 않은 사람"(26절)이란 하나님의 언약 밖에 있는 사람을 가리킵니다. 다윗은 그 위협을 정치적으로만 보지 않고 신학적으로 받아들였습니다(참조, 8절). 역설적이게도 "살아 계시는 하나님의 군대"(26절)는 겁에 질려 있었지만, 다윗에게는 하나님의 명예가 걸린 일이었습니다. …
사울이 다윗의 담대한 제안을 거절한 것은 그가 '소년'에 지나지 않았기 때문입니다. 골리앗은 어려서부터 전사로 키워졌는데 말입니다. 사자나 곰 같은 야생 동물들은 언제나 '어린 양'들을 위협했는데, 목동의 전투 능력만이 유일한 방어책이었습니다. 야생 동물을 "소"와 "곰"으로 번역함으로써 다윗이 직면했던 위기와 전투력을 더욱 실감 나게 합니다. "이 할례받지 않은 블레셋 사람"은 주님께 공개적으로 반항했으므로 야생 동물들과 같은 운명을 겪게 될 것입니다.
"건져 내다"(37절)라는 단어는 35절에 등장한 것과 같은 단어입니다. 다윗은 양을 건져 냈고, 하나님은 그를 건져 내셨습니다. 이제 하나님이 그분의 양 떼인 이스라엘을 건져 내실 것입니다. 사울은 다윗의 믿음에 감동해 용기를 내어 그에게 하나님의 이름으로 복을 빌어 주었습니다. "여호와께서 너와 함께 계시기를 원하노라"(37절).[4]

_브라이언 E. 바이엘
HCSB Study Bible

그런데 그곳에는 담대한 믿음으로 맞서려는 사람을 어떻게 해서든 막으려는 이들이 있었습니다. 다윗의 형 엘리압이 그랬습니다(28절). 때로는 비겁한 하나님의 사람들이 하나님의 일에 가장 큰 장애물이 되곤 합니다.

> Leader

이 이야기에서 진짜 거인은 하나님 백성의 마음을 장악했던 불신앙입니다. 아마도 하나님에게는 골리앗의 신성 모독적인 도발보다 이스라엘의 불신앙이 더 모욕적이었을 것입니다.

오늘날 교회에도 이런 대립이 똑같이 일어나고 있습니다. 경건한 야망을 위한 보루가 되어야 할 곳이 비겁함과 불신의 장이 되고 있습니다. 엘리압처럼 우리도 공동체와 세상에 복음을 전하려는 성도들의 원대한 비전을 너무나 자주 비웃습니다. 우리가 엘리압처럼 냉소적인 태도를 보이는 대신 다윗처럼 하나님이 곧 권능을 펼치시리라는 확신을 가진다면, 이 세상이 어떻게 달라지겠습니까?

"다윗과 골리앗 이야기는 그리스도인의 믿음의 원천이 무엇인지 생생히 보여 줍니다. 믿음은 자신의 덩치나 힘이나 자원이 아닌 전능하신 하나님의 능력에 기인합니다."[5]
_헨리 블랙커비

Q 우리는 (의식적 혹은 무의식적으로) 하나님의 능력을 의지하는 다른 사람들의 믿음을 어떤 식으로 꺾어 버립니까?

골리앗에 도전하겠다고 나선 자가 있다는 소식이 사울 왕에게 전해졌습니다(31절). 그러나 다윗을 본 사울은 다윗의 형제들과 똑같은 반응을 보입니다.

*33 사울이 다윗에게 이르되 네가 가서 저 블레셋 사람과 싸울 수 없으리니 너
는 소년이요 그는 어려서부터 용사임이니라 34 다윗이 사울에게 말하되 주의 종
이 아버지의 양을 지킬 때에 사자나 곰이 와서 양 떼에서 새끼를 물어가면 35 내
가 따라가서 그것을 치고 그 입에서 새끼를 건져내었고 그것이 일어나 나를 해
하고자 하면 내가 그 수염을 잡고 그것을 쳐죽였나이다 36 주의 종이 사자와 곰
도 쳤은즉 살아 계시는 하나님의 군대를 모욕한 이 할례 받지 않은 블레셋 사람
이리이까 그가 그 짐승의 하나와 같이 되리이다 37 또 다윗이 이르되 여호와께서
나를 사자의 발톱과 곰의 발톱에서 건져내셨은즉 나를 이 블레셋 사람의 손에
서도 건져내시리이다 사울이 다윗에게 이르되 가라 여호와께서 너와 함께 계시
기를 원하노라*

다윗은 주변 사람들이 낙담시키는 말에 흔들리지 않았습니다. 그는 이미 기름 부음 받은 왕이었으며, 하나님의 능력을 신뢰했습니다. 게다가 초원에서 실전 같은 훈련을 쌓았으니, 사자나 곰에 비하면 골리앗은 대단

한 상대는 아니었습니다.

> Leader

다윗이 목동으로 일할 때 매일 어떤 일을 했는지 기록되지 않은 이유가 있을 텐데, 매일 똑같은 일을 했기 때문일 것입니다. 그러나 초원은 다윗이 그의 삶에서 가장 중요한 기술들을 익힌 곳이기도 합니다. 그곳에서 그는 사자와 곰에게서 힘없는 양 떼를 지켜 내며 용기 있는 사람으로 자랐습니다. 그리고 그곳에서 날마다 양들을 씻기고 돌보며 겸손을 배웠습니다. 시편 78편이 다윗에 대해 이렇게 노래한 것은 놀라운 일이 아닙니다.

"이에 그가 그들을 자기 마음의 완전함으로 기르고 그의 손의 능숙함으로 그들을 지도하였도다"(시 78:72).

정직한 마음과 백성을 섬기는 자세를 궁전이 아닌 초원에서 배운 것입니다.

오늘날에도 하나님은 이런 식으로 우리와 함께하십니다. 예를 들어, 감사가 뭔지도 모르는 아기의 기저귀를 갈아 주는 부모는 그들의 초원을 경험하는 것입니다. 그러나 그 또한 주님을 위한 일임을 깨닫는다면 기쁘게 할 수 있을 것입니다(참조, 골 3:23). 많은 직장인이 상사에게 주목받지 못한 채 장래성까지 없는 일을 하며 살고 있지만, 어디에서 일하든 신실하게만 한다면 하나님이 굉장한 일을 베풀어 주시곤 합니다. 학생들은 세상에 나가 '변화를 일으키기'를 열망하며 열심히 책을 읽고, 평생 쓸 일이 없을 수도 있는 것들을 배웁니다. 하지만 하나님이 그들 안에서 역사하시어 그들의 성품과 인내와 성실을 매만져 가십니다.

오늘날 우리에게 주어진 '초원'을 경멸하거나, 우리가 겪는 고난을 원망스럽게 여겨서는 안 됩니다. 그것은 주의 구원하심을 신뢰하는 마음을 갖게 하기 위한 하나님의 훈련장이기 때문입니다.

Q 지금 당신은 어떤 '초원'에 서 있습니까? 또는 과거에 경험했던 '초원'은 어떤 곳이었습니까?

Q 그 경험을 통해 하나님을 향한 믿음이 어떻게 달라졌습니까?

심화주석 다른 고대 민족과 마찬가지로 히브리인들 가운데도 단 한 번의 전투가 신의 심판을 드러낼 수 있다는 믿음이 명백히 나타납니다. 게다가 전투에서 승리한 민족은 가장 강력한 신을 소유하고 있다는 게 공통된 견해였습니다.

사무엘상 17장 본문은 다윗과 골리앗의 대결에 종교적인 성격이 있음을 분명히 암시합니다. 사무엘상 17:45~47에 기록된 다윗의 말은 그가 골리앗이 모욕한 주님의 이름으로 그 블레셋 사람과 대결했음을 강조합니다. 비슷한 방식으로 골리앗은 "그의 신들의 이름으로 다윗을 저주"(삼상 17:43)했습니다. 다윗은 그 거인의 악담을 살아계신 하나님에 대한 모욕으로 여겼습니다. 다윗이 믿음으로 행한 결과, 이 사건을 지켜본 모든 사람이 이스라엘에 참 신이신 하나님이 함께하심을 알게 되었습니다.[6]

_재니스 마이어
Biblical Illustrator

심화토론

- 다윗과 골리앗의 싸움을 약자가 승리한 이야기로 보지 않는 것이 왜 중요할까요?
- 자신을 겁에 질린 이스라엘 백성이 아닌 다윗과 동일시하게 되면, 복음을 어떻게 왜곡하게 됩니까?

3. 하나님이 세우시는 왕은 주의 백성을 위해 결정적인 승리를 거둡니다(삼상 17:45~51)

*45다윗이 블레셋 사람에게 이르
되 너는 칼과 창과 단창으로 내
게 나아 오거니와 나는 만군의
여호와의 이름 곧 네가 모욕하는
이스라엘 군대의 하나님의 이름
으로 네게 나아가노라 46오늘 여
호와께서 너를 내 손에 넘기시리
니 내가 너를 쳐서 네 목을 베고
블레셋 군대의 시체를 오늘 공중
의 새와 땅의 들짐승에게 주어 온 땅으로 이스라엘에 하나님이 계신 줄 알게 하
겠고 47또 여호와의 구원하심이 칼과 창에 있지 아니함을 이 무리에게 알게 하
리라 전쟁은 여호와께 속한 것인즉 그가 너희를 우리 손에 넘기시리라 48블레
셋 사람이 일어나 다윗에게로 마주 가까이 올 때에 다윗이 블레셋 사람을 향하
여 빨리 달리며 49손을 주머니에 넣어 돌을 가지고 물매로 던져 블레셋 사람의
이마를 치매 돌이 그의 이마에 박히니 땅에 엎드러지니라 50다윗이 이같이 물
매와 돌로 블레셋 사람을 이기고 그를 쳐죽였으나 자기 손에는 칼이 없었더라
51다윗이 달려가서 블레셋 사람을 밟고 그의 칼을 그 칼 집에서 빼내어 그 칼로
그를 죽이고 그의 머리를 베니 블레셋 사람들이 자기 용사의 죽음을 보고 도망
하는지라*

다윗과 골리앗의 이야기는 눈을 떼지 못할 정도로 흥미진진합니다. 그런데 흥미진진한 대결이었다는 것 외에 우리가 골리앗을 이긴 다윗에게서 배울 수 있는 교훈은 무엇입니까?

오늘날 이 이야기는 약자의 비유로 자주 사용됩니다. "자기 자신을 믿기만 하면 어떤 상황도 이겨낼 수 있다"는 메시지로 받아들입니다. 그러나 안타깝게도 이것은 핵심에서 벗어난 것입니다. 하나님은 우리가 이 이야기를 읽고 마음만 먹으면 무엇이든 이룰 수 있다는 확신을 가지고 건방지게 나서기를 바라지 않으십니다. 물론 우리는 다윗이 매우 불리한 상황을 어떻게 이겨 냈는지, 그의 용기를 보고 통찰력을 얻을 수 있습니다. 하지만 그것이 이 이야기의 핵심이 아닙니다.

심화 주석 오늘날 믿는 자들에게 필요한 것은 다윗이 했던 일과 지금 예수님이 우리를 위해 하시는 일 사이에 유사점을 발견하는 것과 관련되어 있습니다. 다윗은 하나님 안에서의 자신감과 하나님과의 관계를 통해 겁먹은 그분의 백성을 대표하는 챔피언이 되었습니다. 마찬가지로 예수님은 겁먹은 그분의 백성을 대표하는 챔피언이 되십니다. 다윗과 예수님 모두 승리하여 자기 백성에게 성과를 안겼습니다.
오늘날 그리스도인은 다윗과 골리앗 이야기를 읽을 때, 자신을 다윗이 아니라 구원이 필요한 백성과 동일시해야 합니다. 진실하며 최종적인 챔피언이신 예수님이 우리를 대신해 승리하셨음을 생각하면, 그분을 향한 더 큰 신뢰로 경배하며 찬양하게 됩니다.[7]

_V. 필립스 롱
Gospel Transformation Bible

"우리의 영적인 다윗이신 예수 그리스도께서 그분의 거룩하신 의로움으로 우리 죄를 제하시고, 그분의 영원한 생명으로 죽음을 멸하셨습니다. … 이것이 즐거운 복음입니다. 성령님은 이 복음으로 회개하는 심령과 고난당하는 심령을 모두 위로해 주십니다."[8]

_더크 필립스

핵심교리 **99** **52. 왕이신 그리스도**

하나님은 하늘에서나 땅에서나 과거 영원에서부터 언제나 자기 왕국을 통치하는 왕이십니다. 그런데 두 영역에서 피조물 가운데 일부가 그분을 거슬러 반역했으며, 그 여파로 세상이 파괴되었습니다. 자신의 무너진 세상을 회복하기 위해 하나님은 자기 백성을 구원하고, 모든 피조물을 회복시킬 왕을 약속하셨습니다. 장차 오실 왕의 약속은 예수 그리스도 안에서 성취되었으며, 예수님이 자신의 신부인 교회를 위해 다시 오실 때 언약이 완전히 성취될 것입니다.

"그리스도를 신뢰하고, 모든 것을 권능의 하나님께 의탁하며, 하나님만이 홀로 높임을 받으셔야 한다고 여기는 것, … 이것이 바로 모든 무기를 이겨 온 믿음입니다."[9]
_놀라의 파울리누스

이야기 속에 나오는 이스라엘 백성과 자신을 동일시해 보십시오. 다윗이 이기기를 바라는 이스라엘 백성의 마음을 이해할 수 있을 것입니다. 이스라엘 백성처럼 우리도 우리 대표가 승리하기를 기도하게 될 것입니다.

> Leader

다윗과 골리앗의 전투 장면은 전쟁의 전형을 보여 주기 위해 기록되었습니다. 다윗이 골리앗을 쓰러뜨린 것은 단지 한 사람이 다른 사람을 이기는 것이 아니었습니다. 이스라엘과 블레셋이 한판 붙는 것이었습니다. 게다가 이스라엘과 블레셋의 전투는 다윗과 골리앗이 서로 도발하며 말한 것처럼 그들이 믿는 신들의 전쟁이기도 했습니다. 그래서 다윗이 이기자 블레셋 사람들이(그리고 그들의 신들이) 이스라엘(유일하신 참 하나님)에게 쫓겨 줄행랑을 친 것입니다.

다윗은 자신 있게 전선에 뛰어들었지만, 스스로 대단한 자격이 있다고 생각해서 나간 것이 아닙니다. 다윗은 이 전쟁을 이스라엘의 하나님과 세상 신들과의 전쟁으로 보았던 것입니다. 그가 이스라엘을 대표해 승리했을 때, 온 이스라엘이 그와 함께 기쁨을 나눴습니다. 실제로 그들이 한 일은 아무것도 없었는데도 말입니다.

Q 다윗이 자기 힘이 아니라 주님의 이름으로 골리앗과 싸웠다는 점이 왜 중요할까요?

우리는 우리를 대표해 악에 맞서 승리할 존재가 필요하다는 점에서 이스라엘 백성과 비슷한 처지에 있습니다. 인본주의의 가장 크고 근본적인 문제는 죄로 인해 인간이 하나님과 단절된다는 점에 있습니다. 이것은 모든 문제 뒤에 숨은 문제이기도 합니다. 이스라엘 백성과 마찬가지로 우리도 그것에 관해 딱히 할 수 있는 일이 없습니다. 사실 뭔가를 하고 싶어도 우리 힘으로 할 수 있는 일이 아무것도 없습니다.

우리는 이스라엘 백성처럼 죄, 죽음, 사탄 같은 위협들을 무시한 채 자기 장막 안에 숨어 있습니다. 이스라엘 백성처럼 우리도 우리 편에서 악에 맞서 싸워 줄 대표자가 필요합니다.

이 이야기는 하나님이 또 다른 전쟁에서 결정적인 승리를 거두실 만왕의 왕 예수 그리스도를 예비하시는 모습을 보여 주기도 합니다. 아무도 그분에게서 승리를 기대하거나 그분을 앞세워 승리하려고 하지 않았지만, 그분은 자기 죽음과 부활을 통해 구원의 능력을 보이실 것입니다. 그리고 언젠가 다시 오셔서 사탄을 처단하고 백성을 죄와 사망에서 건져 주실 것입니다.

다윗과 골리앗 이야기와 그리스도의 사역 사이에는 어떤 유사점이 있습니까?	다윗과 골리앗 이야기와 그리스도의 사역 사이에는 어떤 차이점이 있습니까?

결론

다윗의 삶을 통해 우리는 하나님이 선택하시는 왕은 하나님을 경외하며 그분의 백성을 위해 싸운다는 사실을 배웁니다. 한 발 뒤로 물러나 성경의 큰 그림을 보면, 훗날 하나님이 궁극의 왕을 어떻게 보내실지 알 수 있습니다. 우리 눈으로 그분을 알아채지 못했지만, 하나님은 우리 구원을 위해 그분을 이 땅에 보내셨습니다. 그분은 우리를 위해 결정적인 승리를 거두신 왕이십니다. 여전히 죄에 잡혀 구원을 필요로 하는 모든 사람에게 하나님 나라의 소망을 전하도록 우리에게 보내 주신 왕입니다.

그리스도와의 연결

우리는 다윗에게서 하나님의 능력을 신뢰하는 용기있는 믿음을 볼 수 있습니다. 또한 성경의 큰 그림과 장차 오실 왕의 모습을 어렴풋이 엿볼 수 있습니다. 아무도 그 왕에게서 승리를 기대하거나 그 왕을 앞세워 싸움에서 이기려고 하지 않았지만, 그분은 자기 죽음과 부활을 통해 큰 구원을 이루셨습니다.

하나님의 계획 우리의 사명

선교적 적용 십자가 권세를 통해 죄 사함을 받은 하나님의 백성은 열방의 심판을 바라기보다 은혜의 선포를 통해 세상 사람 모두가 복음을 듣고 하나님의 영광스러운 사랑과 은혜 안으로 밀려들어 오기를 바랍니다.

1. 왕이신 예수님은 세속적인 요구에 영합하는 대신 어떤 식으로 그 요구를 대체하십니까?
2. 십자가를 통한 예수님의 구원은 열방에 복음을 전하는 우리의 사명을 어떻게 고무시킵니까?
3. 소그룹/교회가 주 예수의 이름으로 하나님의 은혜를 나누는 데 적극 나서도록 할 수 있는 방법들을 생각해 봅시다.

금주의 성경 읽기
시 59편; 91편

친구가 되어 주시는 왕

4

Summary and Goal

이 세션에서 우리는 성경에서 우정의 가장 훌륭한 예로 꼽히는 다윗과 요나단의 이야기를 살펴볼 것입니다. 요나단은 친구 다윗의 안녕을 위해 전적으로 헌신하고, 그를 위해 자기 행복을 포기하며, 믿음으로 그의 힘을 북돋워 줌으로써 진실한 친구가 무엇인지 보여 주었습니다. 요나단은 우리의 가장 충실하고 좋은 친구인 예수 그리스도를 가리키는 본보기이기도 합니다. 예수님은 우정의 의미를 새롭게 하시며 우리를 변화시켜서 그리스도 안에 있는 형제자매들의 참된 친구가 되게 하십니다.

- **성경 본문**
  사무엘상 18:1~3
  사무엘상 19:1~7
  사무엘상 23:15~18

- **세션 포인트**
  1. 참된 우정은 언약에 기초합니다(삼상 18:1~3)
  2. 참된 우정은 친구를 위해 자기 행복을 내겁니다(삼상 19:1~7)
  3. 참된 우정은 서로의 믿음을 강건하게 합니다(삼상 23:15~18)

- **신학적 주제**
  하나님의 백성에게는 하나님 안에서 나누는 우정이 필요합니다.

- **그리스도와의 연결**
  다윗과 요나단 이야기는 참된 우정이 무엇인지 보여 주며, 하나님이 베푸시는 언약의 사랑을 그려 냅니다. 예수님의 헌신과 희생적인 사랑과 강건하게 하시는 은혜를 통해 우리는 '하나님의 친구'가 되었습니다.

- **선교적 적용**
  하나님이 우리 친구가 되어 주신 것처럼, 우리도 서로에게 헌신하고 서로를 위해 희생하며 서로를 강건하게 해 주어야 합니다.

Session Plan

도입

페이스북 '친구'를 예로 들어서 진정한 우정에 관해 생각해 볼 수 있도록 인도하십시오.

어린 시절 가장 친했던 친구는 누구입니까? 그 친구와 어떻게 가까워지게 되었습니까?

우정의 두 가지 특징에 관한 팀 켈러의 말을 언급하십시오. 그러고 나서 이 세션을 요약하십시오.

전개

1 참된 우정은 언약에 기초합니다 (삼상 18:1~3)

다윗의 지난 인생을 요약하고, 사무엘상 18장 1~3절의 배경을 설명해 주십시오. 그러고 나서 자원자에게 본문을 읽게 하십시오. 다윗과 요나단의 언약적인 헌신에 주목하십시오.

친구가 오로지 이기적인 이유로 당신과 사귄다고 느낀 적이 있습니까? 어떤 경우였습니까?

친구가 사심 없이 진정으로 당신에게 마음을 쓴다고 느낀 적이 있습니까? 어떤 경우였습니까?

요나단이 자신을 사랑하듯 다윗을 사랑한 것이 훗날 예수님이 명령하신 일의 본보기가 됨을 알려 주십시오.

사심 없이 헌신하는 우정에 방해가 되는 걸림돌은 무엇입니까?

2 참된 우정은 친구를 위해 자기 행복을 내겁니다 (삼상 19:1~7)

부록 3: '다윗의 적'을 참고해 사울 왕이 다윗의 적이 되었음을 지적해 주십시오. 요나단이 친구 다윗을 위해 어떻게 헌신했는지 설명한 후, 사무엘상 19장 1~7절을 읽으십시오. 요나단은 아버지 사울에게서 왕위를 계승 받게 되어 있었지만, 친구 다윗에게 기꺼이 헌신했다는 것을 강조해 주십시오.

친구가 당신을 위해 위험을 무릅쓴 적이 있습니까? 어떤 일이었습니까?

그 친구의 행동은 당신에 대한 헌신과 어떤 연관성이 있을까요?

요나단이 처한 위험의 본질은 그가 다윗을 대신해 사울 왕에게 간청했을 때 드러났다는 것을 지적해 주십시오. 다윗에 대한 요나단의 헌신은 우정을 바라보는 관점을 다시 가지도록 어떻게 도전하고 있는지를 보여주십시오.

요나단이 다윗에게 그랬던 것처럼 당신도 친구에게 사심 없이 한결같은 호의를 베푼 적이 있습니까?

3 참된 우정은 서로의 믿음을 강건하게 합니다 (삼상 23:15~18)

사무엘상 23장 15~18절을 읽으십시오. 요나단이 다윗을 격려하기 위해 그와 만나는 데 수동적이지 않고 적극적이었다는 것을 강조하십시오.

소극적인 우정의 예를 들어 보십시오.

어떻게 하면 더욱 적극적으로 친구의 믿음을 강건하게 할 수 있을까요?

우정에는 적극성뿐 아니라 방향성도 있어야 한다는 것을 알려 주십시오. 하나님께 인도해 주는 사람이야말로 우리에게 꼭 필요한 친구입니다. 요나단이 다윗의 문제에 대한 해답으로 자신이 아닌 하나님의 약속을 제시했다는 것을 강조하십시오.

당신이 겪고 있는 문제를 친구가 나서서 제힘으로 해결하려고 하면 어떤 일이 벌어질까요?

오직 하나님만이 문제를 해결하실 수 있다는 것을 일깨우는 우정이 중요한 이유는 무엇일까요?

요나단의 이야기는 우리가 늘 찾아 헤맸던 친구이자 우리를 위해 자기 전부를 내걸으셨던 유일한 친구가 되시는 예수님을 가리키고 있음을 말해 주십시오.

결론

예수님과의 우정으로 우리가 바라던 친구가 될 수 있는 자유를 얻게 되었음을 전하십시오. 그리고 예수님이 우리를 친구로 여기고 생명을 주신 것처럼 우리도 사랑을 나누어야 한다는 것을 알게 해 주십시오. 이 세션에서 배운 진리를 '하나님의 계획, 우리의 사명'에서 적용해 보십시오.

Session Content

4. 친구가 되어 주시는 왕

"나는 빛 가운데 홀로 있기보다 친구와 함께 어둠 속을 걷는 편을 택하겠습니다."[2]
_헬렌 켈러

심화토론

복음은 역사상 가장 위대한 우정을 보여 주었습니다.

- 복음은 진정한 우정을 위한 동기를 어떻게 부여합니까?

도입

불과 20여 년 전만 해도 누군가가 수백, 수천 명의 '친구'가 있다고 말한다면 과장이 지나치다고 여겼을 것입니다. 그런데 오늘날 페이스북 계정을 가진 사람들을 보면 이것은 지나친 말이 아닙니다. 그러나 사실 그들에게 서로 잘 아는 친구 사이라고 말할 수 있는 관계는 그리 많지 않습니다.

우리 시대의 문제는 주변에 사람이 없다는 것이 아닙니다. 사람들과 늘 마주치니 말입니다. 문제는 진정한 친구가 없다는 것입니다. 우리는 지나칠 정도로 서로 연결되어 있으면서도 그 관계가 놀랄 만큼 피상적입니다. 우정에 관한 개념이 바뀜에 따라 가까운 친구들과의 관계에까지 영향을 미쳐서 피상적인 관계로 만족하게 합니다.

Q 어린 시절 가장 친했던 친구는 누구입니까? 그 친구와 어떻게 가까워지게 되었습니까?

> Leader

팀 켈러 목사는 진정한 우정은 '일관성'과 '투명성'을 가진다고 말했습니다. 그에 따르면 친구란 언제나 당신을 돌아보고 절대 저버리지 않는 사람입니다(설령 친구가 자신을 실망시켜도 그를 저버리지 않습니다).[1]

불행히도 많은 사람이 아무도 자기 인생에 관여하지 못하게 만들어 놓고 인생을 삽니다. 또한 일관성과 투명성을 보여야 하는데 그렇게 하려고 하지 않아서 항상 사람들을 실망시킵니다. 더 나은 방법이 있어야 합니다.

Session Summary

이 세션에서 우리는 성경에서 우정의 가장 훌륭한 예로 꼽히는 다윗과 요나단의 이야기를 살펴볼 것입니다. 요나단은 친구 다윗의 안녕을 위해 전적으로 헌신하고, 그를 위해 자기 행복을 포기하며, 믿음으로 그의 힘을 북돋워 줌으로써 진실한 친구가 무엇인지 보여 주었습니다. 요나단은 우리의 가장 충실하고 좋은 친구인 예수 그리스도를 가리키는 본보기이기도 합니다. 예수님은 우정의 의미를 새롭게 하시며 우리를 변화시켜서 그리스도 안에 있는 형제자매들의 참된 친구가 되게 하십니다.

전개

1. 참된 우정은 언약에 기초합니다(삼상 18:1~3)

> Leader

요나단은 다윗 이야기의 중간쯤에 등장합니다. 세션 3에서 우리는 사무엘이 다윗에게 어떻게 기름을 부었고, 다윗이 땅에서 가장 위대한 전사인 골리앗과 어떻게 싸웠는지를 살펴보았습니다. 다윗은 작은 돌멩이 하나로 거인을 넘어뜨렸습니다. 그 후 수 세기 동안 다윗은 약자가 승리하는 이야기의 대명사가 되었습니다.

이날의 승리로 다윗은 국민 영웅으로 환영받게 되는데, 사울 왕이 염려할 정도로 그 인기가 높았습니다. 사울은 다윗을 왕위를 위협하는 인물로 간주했습니다. 그래서 사울은 "친구를 가까이하되, 적은 더 가까이하라"는 옛 속담처럼 다윗을 늘 지켜볼 수 있는 곳, 즉 왕궁에 두었습니다. 다윗은 '왕궁 연금' 상태에서 사울의 큰 아들 요나단을 만나게 됩니다.

[1]다윗이 사울에게 말하기를 마치매 요나단의 마음이 다윗의 마음과 하나가 되어 요나단이 그를 자기 생명같이 사랑하니라 [2]그날에 사울은 다윗을 머무르게 하고 그의 아버지의 집으로 다시 돌아가기를 허락하지 아니하였고 [3]요나단은 다윗을 자기 생명같이 사랑하여 더불어 언약을 맺었으며

왕족의 계보를 조금만 알면 이들의 우정이 진실하다는 것을 확인할 수 있습니다. 요나단은 사울 왕의 맏아들로 왕위 계승자였습니다. 요나단이 서열 1위이긴 했지만, 다윗은 하나님이 지명하신 차기 왕으로 기름 부음을 받은 사람이었습니다. 그렇다면 요나단과 다윗은 경쟁 관계가 아닙니까? 요나단이 다윗을 위협으로 여기지 않았을까요? 대게는 그럴 테지만, 이들은 친한 친구가 되었습니다. 요나단이 다윗을 자기 생명같이 사랑해 더불어 언약을 맺을 정도로 친해졌습니다.

심화 주석 사울 왕은 다윗을 곁에 두기로 하고, 왕궁에 집을 마련해 주었습니다. 왕위 계승자인 요나단은 다윗이 마음이 맞는 친구인 것을 알아보고, 그와 깊은 우정을 나누기 시작했습니다. 언뜻 보기에는 요나단이 다윗과 언약을 맺은 것이 다윗의 승리에 매료되어 충동적으로 한 것으로 보이지만, 실제로는 두 사람이 합의한 영원한 언약이었습니다.
요나단이 다윗에게 왕족의 옷을 벗어 주고 군복과 무기를 넘겨 준 것은 새로 만난 친구의 필요에 응해 자발적으로 관대함을 베푼 것 이상이었습니다. 그것은 다윗의 가치에 대한 인정이었습니다.
요나단은 자신의 모든 것, 심지어 왕위 계승권까지도 다윗에게 기꺼이 넘겨줄 수 있었습니다. 그가 "다윗을 자기 생명같이 사랑"(삼상 18:3)했기 때문입니다. 권력이 중요한 정치 세계에서 자기가 흠모하는 성품과 거룩한 믿음을 가진 친구를 위해 자기 왕위를 자발적으로 포기할 왕자가 있을까요? 아마도 요나단이 유일무이할 것입니다. 동시대 사람들은 이런 요나단을 어떻게 생각했을까요? 특히 그의 아버지는 어땠을까요? 다윗은 가는 곳마다 눈에 띄게 사랑을 받았습니다. 사울 왕이 그를 군대의 장으로 삼아 요나단 대신 전투에 내보내기로 하니 모두가 합당하게 여겼습니다.[3]

_조이스 G. 볼드윈

"이편을 다 드러내지 않고 받는 사랑은 위안이 될지는 몰라도 피상적일 수밖에 없습니다. 실상이 알려져 사랑받지 못하게 되는 사태는 더없이 두렵기만 합니다. 반면 이편의 실체를 낱낱이 드러내고도 아낌없이 사랑을 받으면 마치 하나님의 사랑을 입는 느낌이 들 것입니다. 우리에게 가장 필요한 것은 이것입니다. 이런 사랑은 허울을 벗겨 주고, 독선을 버리고 겸손하게 하며, 삶이 어떤 어려움을 던져 주든지 꿋꿋이 맞설 용기를 가져다줍니다."[4]
_팀 켈러

> Leader

요즘은 언약을 많이 맺지 않습니다. 개중 계약이 가장 비슷해 보이지만, 둘은 아주 다릅니다. 계약은 제한적입니다. 규정과 일정과 단서 조항이 있습니다. 불신 원칙을 기반으로 피해를 방지하고자 고안된 것입니다. 계약에서는 늘 내가 최우선입니다. 계약에서 '나'를 중심으로 하는 태도는 전혀 문제가 되지 않습니다. 오히려 사업 계약은 사람들이 정직하게 일하며 살도록 돕습니다.

그러나 우리가 계약의 관점에서 '나'를 중심으로 가장 가까운 관계를 바라본다면, 그것은 재앙입니다. 필요를 충족시켜 주는지에 따라 사람을 평가하기 시작할 것입니다. 충족시키지 못하는 사람은 제쳐 버리고, 다른 사람이나 다른 무언가를 취할 것입니다. 나의 배우자나 친구들에게 말입니다.

언약은 피차 필요한 관계에서 맺어집니다. 언약은 자신을 사랑하는 것처럼 다른 누군가를 사랑하는 데서 시작됩니다. 언약에서 가장 중요한 것은 관계입니다. 이것은 관계가 불신이 아닌 신뢰에 기초해야 함을 의미합니다. 그렇지만 언약에서 가장 중요한 점은 당사자들이 서로 책임지도록 언약을 성문화하는 것입니다.

결혼을 생각해 보십시오. 하나님은 결혼을 인간의 필요를 충족하기 위한 중개 수단으로 만드시지 않았습니다. 결혼이란 남편과 아내가 건강할 때나 병들 때나, 부유할 때나 가난할 때나, 더 좋아지거나 더 나빠질 때나 상관없이 서로를 우선하기로 하는 약속입니다.

요나단의 헌신은 조건 없이 맹세한 우정이라는 점에서 언약적이라고 할 수 있습니다. 그는 다윗에게 맹세했습니다. 그가 어떻게든 다윗을 도우려 했다는 사실은 그가 왕좌를 향한 욕망보다 친구와의 관계를 우선시했다는 증거가 됩니다.

Q 친구가 오로지 이기적인 이유로 당신과 사귄다고 느낀 적이 있습니까? 어떤 경우였습니까?

Q 친구가 사심 없이 진정으로 당신에게 마음을 쓴다고 느낀 적이 있습니까? 어떤 경우였습니까?

부모와 자식 간의 헌신을 생각해 보십시오.

> Leader

어머니는 무슨 일이 있어도 자녀를 사랑하고 보살피며, 자신보다 자녀의 필요를 우선시합니다. 특히 자녀가 태어나고 처음 몇 년간은 사심 없이 희생적인 사랑을 합니다. 그러나 자녀에게는 어머니의 사랑에 보답할 능력이 없습니다. 그래도 어머니는 자녀에게 계속 사랑을 쏟아붓습니다.

좋은 부모에게서 찾아볼 수 있는 끝없는 사랑의 자세인 "내가 언제나 너와 함께할게" 식의 사랑이 요나단과 다윗의 우정에서도 보입니다. 요나단은 자신을 사랑하는 것처럼 다윗을 사랑했는데, 그는 훗날 예수님이 명하신 일을 성취한 셈입니다. "무엇이든지 남에게 대접을 받고자 하는 대로 너희도 남을 대접하라"(마 7:12). "네 이웃을 네 자신같이 사랑하라"(마 22:39).

> "'우정'은 철학이나 예술이나 우주처럼 필수불가결한 것은 아닙니다(하나님이 꼭 창조하셔야 했던 것은 아니기 때문입니다). 우정은 그 자체로 존재 가치가 있다기 보다는, 생존에 가치를 부여한다는 데 의미가 있습니다."[5]
> _C. S. 루이스

Q 사심 없이 헌신하는 우정에 방해가 되는 걸림돌은 무엇입니까?

> "친구란 다른 무엇 때문이 아니라 바로 그 사람이어서 마음껏 사랑받아야만 합니다."[6]
> _어거스틴

2. 참된 우정은 친구를 위해 자기 행복을 내겁니다(삼상 19:1~7)

심화토론

• 친구들과의 관계에서 마태복음 7장 12절과 22장 39절의 내용을 구현할 수 있는 구체적인 방법은 무엇일까요?

> Leader

언약은 아름다운 형태의 헌신이지만, 언제나 비싼 대가를 요구합니다. 인간적인 기준에서 보면, 요나단이 다윗과 맺은 언약은 거의 모든 것을 내놓아야 하는 것이었습니다. 이것이야말로 진정한 희생입니다. 즉 가진 것을 포기하고, 대의를 위해 헌신하는 것입니다. 또한 요나단은 친구를 위해 자신의 안녕까지 내놓았습니다.

1사울이 그의 아들 요나단과 그의 모든 신하에게 다윗을 죽이라 말하였더니 사
울의 아들 요나단이 다윗을 심히 좋아하므로 2그가 다윗에게 말하여 이르되 내
아버지 사울이 너를 죽이기를 꾀하시느니라 그러므로 이제 청하노니 아침에 조
심하여 은밀한 곳에 숨어 있으라 3내가 나가서 네가 있는 들에서 내 아버지 곁
에 서서 네 일을 내 아버지와 말하다가 무엇을 보면 네게 알려 주리라 하고 4요
나단이 그의 아버지 사울에게 다윗을 칭찬하여 이르되 원하건대 왕은 신하 다
윗에게 범죄하지 마옵소서 그는 왕께 득죄하지 아니하였고 그가 왕께 행한 일
은 심히 선함이니이다 5그가 자기 생명을 아끼지 아니하고 블레셋 사람을 죽였
고 여호와께서는 온 이스라엘을 위하여 큰 구원을 이루셨으므로 왕이 이를 보
고 기뻐하셨거늘 어찌 까닭 없이 다윗을 죽여 무죄한 피를 흘려 범죄하려 하시
나이까 6사울이 요나단의 말을 듣고 맹세하되 여호와께서 살아 계심을 두고 맹
세하거니와 그가 죽임을 당하지 아니하리라 7요나단이 다윗을 불러 그 모든 일
을 그에게 알리고 요나단이 그를 사울에게로 인도하니 그가 사울 앞에 전과 같
이 있었더라

심화 주석 요나단은 아버지의 말을 듣고, 다윗을 사랑하는 마음과 아버지를 기쁘시게 하려는 열망 사이에서 내적 갈등을 느꼈습니다. … 하지만 자기 목숨과도 같은 젊은 영웅의 생명이 위태롭다는 것을 알자, 다윗의 목숨을 살리기 위해 행동에 나섰습니다.
먼저 다윗에게 사울의 암살 계획과 시간을 알려 경고해 주었습니다(2절). 그런 다음 다윗의 도망 계획을 짰습니다. 마지막으로 왕에게서 더 많은 정보를 얻어 다윗에게 알릴 계획을 세웠습니다. 요나단은 "사울에게 다윗을 칭찬하여"(삼상 19:4) 말하는 것으로 계획상 자기 역할을 완수했습니다. …
요나단의 노력 덕분에 얼마간은 바라던 바를 이룰 수 있게 되었습니다. 사울이 요나단의 말을 들은 것입니다(6절). 사울은 다윗이 "죽임을 당하지 아니하리라"고 결정한 것을 강조하기 위해 "여호와께서 살아 계심을 두고" 엄숙히 맹세했습니다. 화해를 성사시킨 요나단은 즉시 다윗에게 모든 것을 알리고, 그와 함께 왕궁으로 돌아왔습니다. 결과적으로 다윗은 "사울 앞에 전과 같이"(7절) 있게 되었습니다. 다윗은 요나단의 노력 덕분에 적어도 당분간은 살아남게 되었습니다. 요나단은 다윗이 죽으면 얻을 게 가장 많은 인물이었는데 말입니다.[7]

_로버트 D. 베르겐

당시 요나단은 다윗과의 관계에서 얻을 것이 아무것도 없었습니다. 오히려 전부를 잃을 지경이었습니다. 생각해 보십시오. 요나단은 왕이 될 사람이었습니다. 그런 그가 문자 그대로 자기 옷을 벗어서 다윗에게 주었습니다(삼상 18:3~4). 그는 이렇게 말한 셈입니다.

"내가 물려받을 왕좌와 유산과 마땅히 '내 것'인 것들을 모두 네 발 앞에 내려놓고, 네게 헌신을 맹세하겠다."

요나단은 다윗을 위해 희생했습니다. 그는 자신이 언약한 대로 살았습니다. 심지어 상황이 어려워졌을 때조차도 그랬습니다. 다윗이 역경에 처했을 때도 요나단은 함께했습니다. 다윗이 죽음의 문턱에 닿았을 때도 요나단은 함께했습니다. 모든 것이 다윗에게 불리하게 돌아갈 때조차도 요나단은 그와 함께했습니다.

Q 친구가 당신을 위해 위험을 무릅쓴 적이 있습니까? 어떤 일이었습니까?

Q 그 친구의 행동은 당신에 대한 헌신과 어떤 연관성이 있을까요?

요나단이 감수한 위험이 무엇인지는 그가 다윗을 대신해 자기 아버지 사울 왕에게 간청한 것을 보면 알 수 있습니다. 그는 아버지가 그릇된 길로 나가고 있다는 사실을 알고 있었습니다. 요나단은 아버지의 기대를 거스르거나 다윗을 감싸는 말을 함으로써 아버지의 분노를 고스란히 뒤집어써야 했습니다. 실제로 요나단이 다윗을 옹호하자 사울이 분노에 가득 차서 자기 아들, 자신의 후계자를 죽이려고까지 했습니다(삼상 20:32~33). 요나단이 다윗과의 약속을 지키는 내내 아버지와의 관계는 점점 더 악화되었습니다. 하지만 그는 누가 주님 편에 서 있는지를 알고 있었습니다. 그래서 우정의 서약을 계속해서 신실하게 지킬 수 있었습니다.

하나님은 자기 평판이나 안위나 안녕을 기꺼이 던질 수 있는 친구가 우리에게 필요하다는 것을 아십니다. 하지만 그런 친구를 갖는 것과 스스로 그런 친구가 되어 주는 것은 별개의 일입니다.

Q 요나단이 다윗에게 그랬던 것처럼 당신도 친구에게 사심 없이 한결같은 호의를 베푼 적이 있습니까?

3. 참된 우정은 서로의 믿음을 강건하게 합니다(삼상 23:15~18)

> Leader
> 결국 다윗은 사울 왕을 피해 달아나는 신세가 되었습니다. 그는 살아남기 위해 광야로 도망쳐 동굴에서 동굴로 옮겨 다니며 떠돌았습니다. 사울이 다윗을 무섭게 추적하자, 다윗과 요나단의 우정이 주춤한 듯 보입니다. 하지만 성경 저자는 그때 요나단이 어떤 일을 했는지 보여 줍니다. 요나단은 다윗에게 믿음으로 힘을 주고, 그가 살아남을 수 있도록 힘껏 도왔습니다.

15 다윗이 사울이 자기의 생명을 빼앗으려고 나온 것을 보았으므로 그가 십 광
야 수풀에 있었더니 16 사울의 아들 요나단이 일어나 수풀에 들어가서 다윗에게
이르러 그에게 하나님을 힘 있게 의지하게 하였는데 17 곧 요나단이 그에게 이르
기를 두려워하지 말라 내 아버지 사울의 손이 네게 미치지 못할 것이요 너는 이
스라엘 왕이 되고 나는 네 다음이 될 것을 내 아버지 사울도 안다 하니라 18 두
사람이 여호와 앞에서 언약하고 다윗은 수풀에 머물고 요나단은 자기 집으로
돌아가니라

> Leader
> 요나단이 다윗을 만나 "하나님을 의지하게 하고", "그의 손을 힘 있게" 했습니다. 이것은 피상적인 수준을 넘어선 우정입니다. 요나단은 다윗을 힘 있게 할 길을 모색하고 있었습니다.

다윗은 집을 떠나 두려움에 떨며 도망 다녔습니다. 그의 소식을 들은 요나단이 행동에 나섰습니다. 역사가들은 이때 요나단이 걸어서 이동한 거리가 약 48km 정도였다고 말합니다. 친구를 살펴보러 가는 길치고는 엄청난 거리입니다. 그러나 요나단은 사람들이 모두 멀어질 때 오히려 다가가는 사람이야말로 진정한 친구임을 알았습니다. 그래서 그는 걷고 또 걸었습니다.

> Leader
> 세상은 '소극적인 친구들'로 가득합니다. 당신은 그들을 원하지만, 그들은 당신을 원하지 않습니다. 누군가가 당신을 맹비난해도, 그들은 당신을 보호하기 위해 나서지 않습니다. 때로는 소극적인 친구가 원수보다 더 큰 상처를 줄 수 있습니다. 적어도 원수한테는 기대하지 않기 때문입니다. 하지만 소극적인 친구는 몇 번이고 당신을 아프게 할 것입니다.

요나단은 소극적인 친구가 아니었습니다. 그는 시간을 들였고, 에너지를 쏟았으며, 자기 행복까지 던졌습니다. 모두 친구 다윗이 믿음 안에서 강해지기를 바라는 마음에서였습니다.

"하나님의 진리는 '관계' 안에서 가장 효과적으로 배워 나갈 수 있습니다. 우정에는 은혜의 약속이 담겨 있기 때문입니다!"[8]
_R. 켄트 휴스

"사랑이 없어도 줄 수 있지만, 주지 않고는 사랑할 수 없습니다."[9]
_에이미 카마이클

심화 주석 진정한 친구는 친구가 겪고 있는 슬픔이나 어려움을 가볍게 여기지 않습니다. 오히려 하나님 안에서 힘을 얻을 수 있도록 돕습니다. 요나단이 그 상황에서 다윗이 "하나님을 힘 있게 의지하게"(삼상 23:16) 격려한 것은 그에게 큰 도움이 되었습니다. 훗날 다윗이 "그의 하나님 여호와를 힘입고 용기를"(삼상 30:6) 얻었던 것입니다. "친구의 충성된 권고가 이와 같이 아름다우니라"(잠 27:9). 요나단은 다윗을 왕으로 삼으신 하나님의 계획을 상기시킴으로써 그를 격려했습니다(삼상 23:17). 그리스도인의 희망은 얼마나 더 위대합니까? "우리가 이 소망을 가지고 있는 것은 영혼의 닻 같아서 튼튼하고 견고하여 휘장 안에 들어가나니 그리로 앞서 가신 예수께서 멜기세덱의 반차를 따라 영원히 대제사장이 되어 우리를 위하여 들어가셨느니라"(히 6:19~20). 모든 그리스도인을 향한 부르심은 "피차 권면하고 서로 덕을 세우는 것"(살전 5:11)입니다. 그러나 우리가 이렇게 하는 것은 궁극적으로 우리가 예수님 안에서 하나님과 친구가 되었기 때문입니다. 예수님이야말로 위대한 친구, 죄인들의 친구이십니다(눅 7:34). 예수님은 "이제부터는 너희를 종이라 하지 아니하리니 … 너희를 친구라"(요 15:15) 부른다고 말씀하셨습니다.[10]

_V. 필립스 롱
Gospel Transformation Bible

Q 소극적인 우정의 예를 들어 보십시오.

Q 어떻게 하면 더욱 적극적으로 친구의 믿음을 강건하게 할 수 있을까요?

우리에게는 하나님을 가리켜 보이며, 주님의 뜻대로 행하도록 힘을 주는 이들이 필요합니다. 다윗은 "하나님 마음에 맞는 사람"으로 불리긴 했지만, 그조차도 자신을 격려해 줄 누군가가 필요했습니다. 그런데 우리가 그보다 덜 필요하다고 생각할 이유가 있습니까?

하나님을 신뢰함으로써 힘을 주는 친구들은 삶의 문제를 도외시하지 않습니다. 요나단이 찾아갔을 때, 다윗은 계속 도망 중이었습니다. 그에게 두려움은 현실이었습니다. 그런데 요나단이 그에게 두려움을 잠재울 무언가를 선사했습니다. 바로 '희망'입니다. 요나단은 더 큰 약속, 즉 다윗을 왕으로 삼으시겠다는 하나님의 약속을 상기시켰습니다. 다윗은 지난날 그가 하나님 안에서 소망했던 것을 계속해서 소망할 수 있게 되었습니다. 요나단은 다윗의 문제에 해답 대신 하나님의 약속을 제시했습니다.

Q 당신이 겪고 있는 문제를 친구가 나서서 제힘으로 해결하려고 하면 어떤 일이 벌어질까요?

Q 오직 하나님만이 문제를 해결하실 수 있다는 것을 일깨우는 우정이 중요한 이유는 무엇일까요?

요나단의 이야기는 예수님을 떠올리게 합니다. 요나단은 진정한 우정을 보여주는 훌륭한 예지만, 가장 참된 친구 되시는 예수님의 그림자에 불과하기도 합니다. 요나단이 선보인 참된 우정의 면면을 예수님이 완성하실 것입니다.

요나단처럼 예수님도 우리를 위해 스스로 엄청난 대가를 치르실 것입니다. 또한 우리의 필요를 채우기 위해 오실 텐데, 48km에 달하는 거리를 걷는 대신 하늘과 땅 사이를 건너오실 것입니다. 요나단은 왕궁에 다윗을 들여보내기 위해 자기 왕좌를 포기했습니다. 예수님은 천국에 우리 자리를 마련하기 위해 자기 핏값을 치르셨습니다. 오로지 우리를 위해 우리 죄와 슬픔을 가져가시고, 우리에게 영생을 주기 위해 죽음을 삼키셨습니다.

결론

그리스도의 아름답고 진실한 우정은 우리를 자유롭게 하여 하나님의 영광에 이르게 합니다. 많은 사람이 다른 이에게 마음 문 열기를 두려워합니다. 사람들이 떠나갈까 봐 두려운 것입니다. 그러나 예수님의 말씀을 기억해 보십시오. "너희가 나를 택한 것이 아니요 내가 너희를 택하여 세웠나니"(요 15:16)라고 말씀하셨습니다. 우리가 똑똑하고 정의로워서 우리를 친구 삼으신 게 아니라는 것입니다. 자비로우신 주님이 우리를 친구 삼아 주셨습니다. 그것이 전부입니다.

> Leader 예수님의 우정이 어떤 것인지 알게 되면, 하나님이 우리에게서 새로운 죄를 발견해 우리를 거부하시리라는 두려움에서 벗어날 수 있습니다. 주님은 우리가 얼마나 상했는지 이미 아셨지만, 그럼에도 불구하고 우리를 사랑하셨습니다!

이것을 알아야만 스스로 무장 해제할 수 있습니다. 사람들의 비판에 상처받을까 봐 마음 문을 닫을 필요가 없습니다. 어느 누구보다도 훨씬 더 중요한 분께 이미 속속들이 들켜 버렸기 때문입니다. 그분은 우리를 비난하는 대신 씻음과 거룩함과 의롭다 하심을 선포해 주셨습니다(고전 6:11). 그 덕분에 우리는 자기 약점에 솔직해질 수 있게 되었습니다. 자기 약점에 솔직해지면 다른 사람들과 진정으로 통할 수 있게 됩니다. 강점은 사람들의 관심을 끌 수 있지만, 사람들과 연결되는 것은 약점을 통해서만 가능합니다. 오직 복음만이 자기 약함에 만족할 수 있는 능력을 줍니다.

> Leader 진정한 우정은 고된 일입니다. 요나단처럼 도움이 필요한 친구를 위해 48km 거리를 걷고, 위험을 자초하며, 소중한 것을 걸어야 할지도 모릅니다. 또한 배반과 상처를 받을 마음의 준비도 해야 합니다. 누군가에게 마음을 열면 열수록, 이기심이 추악한 머리를 들 때 겪게 될 고통이 더욱 강렬할 것입니다.

그리스도 없이는 친구와 우정을 나누어도 늘 어느 단계에 이르면 한계에 부딪혀 더 깊이 들어가지 못하게 될 것입니다. 하지만 우리는 예수님의 우정을 통해 은혜를 배웁니다. 그 결과 주님이 우리를 용납하신 것처럼 우리도 다른 사람들을 용납할 수 있습니다. 나의 유익을 위해서가 아니라 하나님의 풍성한 은혜에 힘입어서 말입니다. 우리는 예수님과의 우정을 통해 우리가 꿈꾸던 진정한 친구가 될 자유를 얻습니다.

"사람들은 친구 같은 교회를 찾는 것이 아닙니다. 그들은 친구를 찾고 있습니다."[11]
_에드 스테처 & 에릭 가이거

핵심교리 99 **88. 교회의 덕을 세움**

'교회의 덕을 세운다'는 것은 개별적으로나 집단적으로 성장과 성숙을 기하는 것을 의미합니다. 성경은 성장이나 성숙이 일어날 수 있는 여러 방식에 관해 이야기합니다. 예를 들면, 그리스도인의 상호 교제와 같은 것입니다(고전 12:26; 갈 6:2). 또한 교회는 성경 말씀을 선포하고 가르침으로써(엡 4:11) 성도들이 하나님의 온전하신 뜻을 이해하고 받아들일 수 있도록 돕습니다. 결국 '교회의 덕을 세운다'는 것은 성도들이 하나님 나라의 사명을 감당하며 살 수 있도록 준비시킴으로써 그리스도의 몸을 세우는 것입니다.

"하나님이 우리 삶에 허락하시는 모든 경험이나 관계는 오직 그분만이 볼 수 있는 미래를 위한 완벽한 준비입니다."[12]
_코리 텐 붐

그리스도와의 연결

다윗과 요나단 이야기는 참된 우정이 무엇인지 보여 주며, 하나님이 베푸시는 언약의 사랑을 그려 냅니다. 예수님의 헌신과 희생적인 사랑과 강건하게 하시는 은혜를 통해 우리는 '하나님의 친구'가 되었습니다.

하나님의 계획 우리의 사명

선교적 적용 하나님이 우리 친구가 되어 주신 것처럼, 우리도 서로에게 헌신하고 서로를 위해 희생하며 서로를 강건하게 해 주어야 합니다.

1. 어떻게 하면 우리 소그룹/교회가 사심 없이 헌신하는 우정을 나눌 수 있을까요?
2. 희생과 친절을 베푸시는 그리스도를 본받아 우정에 관해 변화된 자세를 가지려면 어떻게 해야 할까요? 심지어 원수도 사랑할 수 있으려면 말입니다.
3. 어떻게 하면 복음을 전하는 사명에 순종하도록 서로의 믿음을 강건하게 할 수 있을까요?

금주의 성경 읽기
시 7편; 27편; 31편; 34편; 52편; 56편; 120편; 140~142편

Summary and Goal

이 세션에서 우리는 하나님이 아브라함에게 하신 언약을 이제 다윗에게 재확인하고 확장하시는 것을 보게 될 것입니다. 하나님은 다윗에게 그의 원수들을 멸하여 평안히 살게 하며, 그의 후손 중 한 명을 통해 영원한 집을 짓겠다고 약속하셨습니다. 하나님의 변함없으신 약속에 다윗은 감사와 겸손으로 응답했습니다. 이것은 모든 믿는 자가 신실하신 하나님께 마땅히 취해야 할 태도입니다.

약속을 이루시는 만왕의 왕

5

- **성경 본문**
  사무엘하 7:8~26

- **세션 포인트**
  1. 하나님은 영원한 안식을 약속하십니다(삼하 7:8~11상)
  2. 하나님은 영원한 집을 세울 것을 약속하십니다(삼하 7:11하~17)
  3. 우리는 하나님의 약속에 감사와 겸손으로 응답해야 합니다(삼하 7:18~26)

- **신학적 주제**
  하나님의 은혜로운 약속은 우리를 겸손하게 하고, 마음에 감사를 불러일으킵니다.

- **그리스도와의 연결**
  하나님은 다윗에게 그에게서 장차 이스라엘의 왕들이 나오고, 그의 나라가 영원할 것이라고 약속하셨습니다. 하나님은 예수님을 다윗의 후손으로 보내심으로써 그 약속을 지키셨습니다. 모든 역사는 다윗의 자손 예수님이 영원한 나라의 왕으로서 인정받으실 날을 향해 달려가고 있습니다.

- **선교적 적용**
  하나님은 우리가 경험한 자비와 은총을 다른 이들에게 전하려면 하나님께 온전히 헌신해야 한다고 말씀하십니다.

Session Plan

도입

'충분히'(enough)라는 단어가 '왜 골칫거리인지'에서부터 시작하십시오. 하나님 나라를 위해 아무것도 한 일이 없다는 죄책감에 짓눌렸던 저자의 이야기를 나누십시오.

믿음의 여정에서 피곤함을 느낀 적이 있습니까? 어떤 때 기진맥진 탈진한 듯 느껴졌습니까?

다윗이 더 많은 것을 하고 싶은 열망으로 하나님께 집을 지어 드리려고 했다는 것을 언급하면서 '충분히'에 관한 토론과 연결하십시오. 하나님의 계획은 다윗이 뭔가 하는 것이 아니라 하나님이 주시는 것을 받아들이는 데 있었습니다. 이것은 세상을 향한 하나님의 마음을 엿보게 합니다. 다윗의 생애에 관한 세션 4를 간단히 언급하십시오. 그러고 나서 다윗에게 주신 하나님의 언약을 다루는 이 세션을 요약하십시오.

전개

1 하나님은 영원한 안식을 약속하십니다 (삼하 7:8~11상)

사무엘하 7장 8~11하절을 소개하고, 자원자에게 성경 구절을 읽게 하십시오. 하나님은 약속을 주시기 전에 그분의 신실하심을 백성에게 상기시키십니다. 성경에서 흔히 쓰이는 이 방식에 주목하십시오.

왜 우리는 위태롭고 고통스러운 삶을 살 때보다 부유하고 성공한 삶을 살 때 하나님을 인정하기가 더 어려울까요?

하나님이 이스라엘의 이웃 나라들에서 보이는 흔한 성전 건축 관행과 합의를 어떻게 거절하고 뒤집으셨는지 언급하십시오. 안식을 주시겠다는 하나님의 약속에서 은혜의 개념이 어떻게 나타나는지 보여 주십시오. 하나님이 세우실 집에는 '다윗이 하나님을 위해 지음'이 아닌 '하나님이 다윗을 위해 지으심'이라는 현판이 걸릴 것입니다.

예수 그리스도의 복음은 믿는 자들에게 어떻게 안식을 보장합니까?

그리스도 안에서 안식을 누릴 줄 모르면, 복음 증거에 어떤 영향을 미칩니까?

2 하나님은 영원한 집을 세울 것을 약속하십니다 (삼하 7:11하~17)

사무엘하 7장 11하~17절을 읽으십시오. 영원한 집을 지으시겠다는 하나님의 약속은 궁극적으로 메시아를 가리키는 것임을 설명해 주십시오. 이 예언의 첫 번째 성취가 다윗의 친아들인 솔로몬이고, 궁극적인 성취는 예수님임을 구별해 알려 주십시오. 솔로몬과 달리 예수님은 자기 죄악으로 징계를 받을 일이 없으셨지만, 우리를 위해 그렇게 하셨다는 것을 강조해 주십시오. 예수님 안에서 하나님이 약속을 어떻게 성취하시는지 알려 주십시오. 부록 2: '왕국에서 예수님 바라보기'에서 이 연결점에 주목하십시오.

하나님이 사람인 다윗을 통해 다스리겠다고 약속하신 것이 왜 중요할까요?

교회는 하나님의 성전으로서의 역할을 어떻게 수행합니까?

3
우리는 하나님의 약속에 감사와 겸손으로 응답해야 합니다
(삼하 7:18~26)

사무엘하 7장 18~26절을 읽으십시오. 구원은 우리가 무엇을 했는가를 아는 데서 시작하는 것이 아니라 하나님이 이미 행하신 것을 아는 데서 시작된다는 점을 강조해 주십시오.

하나님이 일하고 계시는 것이 모든 사람에게 자명했던 어떤 활동에 참여한 적이 있습니까? 그것은 당신 삶에 어떤 영향을 미쳤습니까?

어떤 면에서 그 특별한 활동이 두드러졌습니까?

트로피의 비유를 통해 그리스도인은 역할 모델이 아니라, 하나님의 구원하시는 능력을 증거하는 예술 작품임을 강조하십시오. 그리스도인의 삶에 하나님이 행하신 일이 가득해야 그것이 연료가 되어 불을 일으킵니다. 하나님이 다윗에게 주신 말씀은 우리에게도 똑같이 주어집니다. 자기가 세운 왕국은 무너질 것입니다. 오직 예수님만 영원히 지속될 분이시기에 우리 자신을 위한 집을 짓거나 심지어 하나님을 위한다면서 건물을 짓는 일에 인생을 허비하지 말아야 합니다.

감사할 줄 모르고 자만심에 가득 찬 태도는 우리의 사명을 어떻게 방해합니까?

감사와 겸손이 복음을 전하는 데 필수적인 자질인 이유는 무엇입니까?

결론

하나님은 우리에게 무엇을 바라지 않으시지만, 그래도 우리는 여전히 그분께 돌려드리려는 마음을 가져야만 한다는 것을 기억하자는 말로 마무리하십시오. 하나님 안에서 안식함으로써 의무감이 아니라 자유함으로 하나님을 섬길 수 있습니다. 이 세션에서 배운 진리를 '하나님의 계획, 우리의 사명'에서 적용해 보십시오.

Session Content

5. 약속을 이루시는 만왕의 왕

도입 옵션

왜 그리스도인은 하나님을 위해 충분히 일하지 못했다고 죄책감을 느끼는지에 관한 문제를 제기하십시오. 조를 나누어 '그리스도인과 죄책감'에 대해 토론한 후 발표하게 하십시오.

도입

영어권에서 가장 골치 아픈 단어 중 하나가 '충분히'(enough)입니다. 많은 사람이 '충분히' 잘 지냈는지, '충분히' 열심히 일했는지, '충분히' 가족을 사랑했는지 서로 궁금해합니다. 이제는 하나님과의 관계에까지 이 단어를 덧붙여 씀으로써 상황을 복잡하게 만들고 있습니다. 도대체 얼만큼 해야 하나님께 충분할까요?

> Leader

저의 고백은 목회자에게서 흔히 들을 수 있는 내용이 아닐 것입니다. 저는 그리스도인으로 살아오는 동안, 제가 하나님 나라를 위해 일하고 있지 않다는 죄책감에 압도되는 걸 느끼곤 했습니다. 예수님께 헌신하지 않고, 산 제물로 살지 않고, 하나님 나라를 위해 바쁘게 일하지 않았다는 뜻이 아닙니다. 정말 그렇게 살았습니다. 열심히 일을 끝내도 언제나 해야 할 일이 남아 있었습니다. 열정적으로 사역하는 여름, 죄책감과 피곤함으로 보내는 겨울 사이를 왔다 갔다 하면서 정말 열정적으로 일을 시작하지만 끝날 때쯤엔 무기력해지는 느낌을 받곤 했습니다.

세상에 많은 사람이 가난하게 지내는데, 어떻게 나의 즐거움을 위해 돈을 움켜쥐고 있을 수 있습니까? 커피 한 잔 값으로 인도의 고아 한 명을 일주일간 먹일 수 있다면, 과연 커피를 마시는 게 옳은 걸까요? 왜 뜨거운 물로 샤워해야 합니까? 차가운 물로 샤워하고 한 달에 20달러를 절약해서 난민에게 집을 마련해 주는 것이 옳지 않을까요?

그러나 시간이 흐른 후에 나는 혼자만 이런 생각을 하는 것이 아니라 많은 그리스도인이 같은 생각을 한다는 것을 알았습니다. 저처럼 극단적인 경험은 하지 않더라도 많은 성도가 이렇게 묻습니다. "하나님이 내게 특별히 원하시는 것을 알 수는 없을까요? 충분히 했다는 것을 아는 것이 가능할까요? 어떻게 하면 다시 하나님과 좋은 관계를 맺을 수 있는지, 확실히 알 수 있기는 한 건가요?" 사실 이런 질문은 우리에게 전혀 새롭지 않습니다.

> "역사의 모든 일이 향하여 가고 있는 현실은, 우주의 보좌에 앉아 계신 다윗의 자손입니다."[1]
> _낸시 거스리

Q 믿음의 여정에서 피곤함을 느낀 적이 있습니까? 어떤 때 기진맥진 탈진한 듯 느껴졌습니까?

다윗이 하나님께 집을 지어 드리려고 한 것은 하나님을 위해 좀 더 많은 일을 하고 싶은 그의 열망 때문이었습니다. 하지만 그는 곧 하나님의 생각은 그와 다르다는 것을 알게 되었습니다. 하나님의 계획은 다윗이 무언가를 하는 것이 아니라, 주시는 것을 받아들이는 것이었습니다. 우리는 이를 통해 세상을 향한 하나님의 마음을 엿볼 수 있습니다.

Session Summary

> Leader

세션 4에서 다윗은 기름 부음을 받긴 했지만, 아직 왕위에 오르지는 못했습니다. 그는 사울 왕을 피해 도망 다니는 중에도 여러 차례 군사적인 승리를 거두어 왕국에서 큰 인기를 얻었습니다. 이제 사울과 그의 아들 요나단(다윗의 절친한 친구)이 죽고, 마침내 다윗이 왕이 되었습니다.

이 세션에서 우리는 하나님이 아브라함에게 하신 언약을 이제 다윗에게 재확인하고 확장하시는 것을 보게 될 것입니다. 하나님은 다윗에게 그의 원수들을 멸하여 평안히 살게 하며, 그의 후손 중 한 명을 통해 영원한 집을 짓겠다고 약속하셨습니다. 하나님의 변함없으신 약속에 다윗은 감사와 겸손으로 응답했습니다. 이것은 모든 믿는 자가 신실하신 하나님께 마땅히 취해야 할 태도입니다.

전개

1. 하나님은 영원한 안식을 약속하십니다(삼하 7:8~11상)

사무엘하 7장에서 우리는 다윗이 이스라엘의 왕으로 자리를 잡고 부하게 사는 모습을 보게 됩니다. 다윗은 궁전 발코니에서 하나님을 모시는 성막을 내려다보다가 헤지고 낡은 것을 발견하고 하나님께 아름다운 새집을 지어 드리기로 결심합니다.

그러나 하나님은 언뜻 관대해 보이는 그의 결심을 뒤집는 것으로 응답하셨습니다. 다윗의 계획을 받아들이는 대신 하나님이 자기 계획을 말씀하신 것입니다.

8그러므로 이제 내 종 다윗에게 이와 같이 말하라 만군의 여호와께서 이와 같
이 말씀하시기를 내가 너를 목장 곧 양을 따르는 데에서 데려다가 내 백성 이스
라엘의 주권자로 삼고 9네가 가는 모든 곳에서 내가 너와 함께 있어 네 모든 원
수를 네 앞에서 멸하였은즉 땅에서 위대한 자들의 이름같이 네 이름을 위대하
게 만들어 주리라 10내가 또 내 백성 이스라엘을 위하여 한 곳을 정하여 그를 심
고 그를 거주하게 하고 다시 옮기지 못하게 하며 악한 종류로 전과 같이 그들을
해하지 못하게 하여 11상전에 내가 사사에게 명령하여 내 백성 이스라엘을 다스
리던 때와 같지 아니하게 하고 너를 모든 원수에게서 벗어나 편히 쉬게 하리라
여호와가 또 네게 이르노니 여호와가 너를 위하여 집을 짓고

> Leader

하나님은 구약성경에서 가장 주목할 만한 약속 중 하나를 다윗에게 일러 주시기 전에 과거를 돌아보며 다윗이 어떻게 그 자리에 있게 되었는지를 일깨우셨습니다. 다윗이 아니라 하나님이 해 주신 것입니다. 하나님이 다윗에게 일깨우신 내용을 보십시오.

- "내가 너를 양을 따르는 데서 데려왔다."
- "내가 너와 함께 있었다."
- "내가 네 모든 원수를 네 앞에서 멸하였다."

하나님은 초원에서부터 왕궁에 이르기까지 모든 날 동안 다윗의 발걸음을 인도해 오셨음을 일깨우셨습니다. 성경에서 많이 쓰이는 방식대로 하나님은 그에게 약속을 주시기 전에 먼저 자신의 신실하심을 일깨워 주셨습니다.

여기서 우리는 자신에게 질문해 봐야 합니다. "나도 다윗처럼 스스로 결정하고 제힘으로 살 수 있다고 성급하게 생각하지는 않는가? 하나님이 오늘 이 자리까지 나를 이끌어 주셨다는 사실을 잊지는 않았는가?" 우리는 사는 데 여유가 생기면 어려울 때보다 하나님의 자비에 덜 기대게 됩니다.

Q 왜 우리는 위태롭고 고통스러운 삶을 살 때보다 부유하고 성공한 삶을 살 때 하나님을 인정하기가 더 어려울까요?

> Leader

하나님의 집을 지으려는 다윗의 열망이 오늘날 독자들에게는 이상하게 보일 수 있지만, 이것은 고대 세계에서는 관행이었습니다. 예컨대, 고대 이집트의 투탕카

심화 주석 "내 종 다윗"(삼하 7:8)은 명예로운 호칭입니다. 그러나 동시에 이 호칭이 다윗에게 상기시키는 사실은 그가 자신을 섬기는 사람들에게 둘러싸인 왕이지만 하나님과의 관계에서는 종의 역할을 가지고 있다는 것입니다. 구약에서 예수님의 역할이 가장 깊이 있게 예시된 것이 바로 '종'의 이미지임을 숙고해 볼 필요가 있습니다. "내가 붙드는 나의 종, 내 마음에 기뻐하는 자 곧 내가 택한 사람을 보라"(사 42:1). "내가 택한 종 곧 내 마음에 기뻐하는 바"(마 12:18. 참조, 마 3:17). 다윗에게 위대함을 보는 눈이 있었다면, 그 위대함이 주님께 대한 순종과 섬김으로 시작된다는 것을 알았을 것입니다. …
"네 이름을 위대하게"(9절)란 다윗의 시대를 훨씬 뛰어넘어 미래를 내다보는 약속으로, 다윗보다 더 크신 이가 오시어 다윗이 왕으로 나타냈던 모든 일에 새로운 의미를 부여하실 것이며, '다윗'이란 이름이 만방에 알려지게 하실 것이라는 뜻입니다.
"내 백성 이스라엘을 위하여 한 곳"(10절)은 이미 지도상에 마련되어 있는데, 이 약속도 먼 미래를 내다본 것으로 고난의 때에 희망과 위안을 주고(예, 렘 32:37), 미래에 도래할 안전('평안', 참조, 1절)에 대한 비전을 주는 것입니다(시 89:22~24).
마지막으로 "집"(11절)이라는 단어에서 상황이 역전되어 하나님이 다윗을 위해 '왕조'라는 의미에서 '집'을 지어 주겠다고 하십니다.[2]
_조이스 G. 볼드윈

멘은 아몬 신을 위해 신전을 지었습니다. 아몬 신이 그 대가로 투탕카멘에게 온 세상을 다스리고, 수백만 년 동안 왕국을 다스리게 해 주겠다고 약속했다고 전해집니다(실제로는 영토가 몇천 킬로미터에 불과하게 줄었고, 역사도 그보다 짧아졌지만 말입니다).

다음 순서에 주목하십시오. 1) 왕이 신을 위해 신전을 짓는다. 2) 신전이 신을 유명하게 만든다. 3) 신이 왕국에 복을 줌으로써 왕에게 고마움을 표시한다. 이것이 세계 모든 종교의 공식입니다. "네가 나를 위해 애썼으니 내가 너를 위해 일하겠다"는 것입니다. 그러나 하나님은 이와 같은 생각을 거부하고 뒤집으셨습니다.

사실 하나님은 다윗에게 이렇게 말씀하신 셈입니다. "내 권능으로 너를 세웠으니 너는 내게 언제나 채무자다. 평생 내게 감사하며 살아야 할 것이다." 하나님이 세우실 집에는 '다윗이 하나님을 위해 지음'이 아닌 '하나님이 다윗을 위해 지으심'이라는 현판이 걸릴 것입니다.

'은혜'란 단순히 말하면 선물입니다. 주는 사람이 값을 치르고, 받는 사람은 값없이 받는 것입니다. 그런데 많은 사람이 이 지점에서 넘어지곤 합니다. 이렇게 묻는 데 익숙하기 때문입니다. "얼마면 충분할까요? 교회에 얼마나 자주 출석하면 되겠습니까? 헌금은 얼마나 내면 되겠습니까?" 이런 질문으로는 복음을 절대로 이해할 수 없습니다. 복음은 하나님의 엄청난 선물에서 비롯되었기 때문입니다. 바로 예수님의 보혈입니다. 보혈만이 죄로 피폐해진 우리 영혼을 구원하기에 충분합니다.

기독교는 누구든 착하게 살다가 죽어서 하나님께 인정받으라고 가르치지 않습니다. 이 땅에서 완전한 인간으로 살아 내신 후에 우리에게 그 삶을 선물로 주신 예수님에 관해 가르칩니다. 그분은 우리가 마땅히 살아야 할 삶을 사셨고, 우리가 마땅히 치러야 할 죽음을 맞이하셨습니다. 그분의 삶이 곧 우리의 삶입니다. 그러나 이것은 우리가 그 사실을 받아들일 때만 가능합니다. 하나님이 다윗 왕의 결심을 뒤집고, 그에게 언약을 주시는 이야기는 영광스러운 복음의 장을 마련합니다.

하나님은 다윗의 관점을 바꾸고, 그에게 약속을 주셨습니다. 처음 세 가지는 이스라엘에 평화가 올 것이라는 하나님의 선언입니다. 여러 해 동안 전쟁과 전투를 치러 온 이스라엘에는 반가운 소식이었습니다. 누구에게나 쉴 곳이 필요합니다. 비극적이거나 나쁜 일이 일어나지는 않을까 노심초사할 일이 없는 안전한 곳 말입니다.

그리스도인은 예수 그리스도 안에서 안식을 누립니다. 예수님은 "나의 사랑 안에 거하라"(요 15:9)고 말씀하셨습니다. 예수님 안에 집을 지으라

"시편 기자들은 다윗의 보좌 뒤에 여호와의 보좌가 서 있는 것을 보았습니다. … 이스라엘 왕에 관한 하나님의 목적과 그들을 통해 이루실 목적은 이스라엘을 위한 목적과 같았습니다. 즉 그들은 열방을 향한 그분의 뜻을 이루기 위한 통로가 될 것입니다."[3]
_크리스토퍼 J. H. 라이트

심화토론

그리스도 안에서 '안식함'은 하나님의 신실하심을 어떻게 증거합니까?

는 뜻입니다. 그분의 이름과 그분의 임재가 바로 우리가 찾아 헤매던 '안식'입니다. 신실하신 예수님이 쉼'을 주겠다고 약속하셨습니다(마 11:28). 우리가 주님 안에 처소를 마련하면, 주님이 우리를 통해 자기 영광을 세상에 나타내실 것입니다.

Q 예수 그리스도의 복음은 믿는 자들에게 어떻게 안식을 보장합니까?

Q 그리스도 안에서 안식을 누릴 줄 모르면, 복음 증거에 어떤 영향을 미칩니까?

2. 하나님은 영원한 집을 세울 것을 약속하십니다(삼하 7:11하~17)

> Leader

하나님이 다윗의 눈을 열어 놀라운 것을 보게 하셨습니다. 다윗은 하나님을 위해 집을 지어 드리려고 했는데, 오히려 하나님이 그에게 약속해 주셨습니다. 그것은 다윗이 감히 청하고자 마음먹어 본 적도 없는 것이었습니다. 하나님이 그에게 약속하신 내용을 보십시오.

11하여호와가 또 네게 이르노니 여호와가 너를 위하여 집을 짓고 12네 수한이 차
서 네 조상들과 함께 누울 때에 내가 네 몸에서 날 네 씨를 네 뒤에 세워 그의 나
라를 견고하게 하리라 13그는 내 이름을 위하여 집을 건축할 것이요 나는 그의
나라 왕위를 영원히 견고하게 하리라 14나는 그에게 아버지가 되고 그는 내게
아들이 되리니 그가 만일 죄를 범하면 내가 사람의 매와 인생의 채찍으로 징계
하려니와 15내가 네 앞에서 물러나게 한 사울에게서 내 은총을 빼앗은 것처럼
그에게서 빼앗지는 아니하리라 16네 집과 네 나라가 내 앞에서 영원히 보전되고
네 왕위가 영원히 견고하리라 하셨다 하라 17나단이 이 모든 말씀들과 이 모든
계시대로 다윗에게 말하니라

하나님이 다윗에게 영원한 집을 지어 주겠다고 약속하십니다. 이것은 궁극적으로 메시아를 가리키신 약속입니다. 그분이 장차 오셔서 영원히 다스리실 것입니다. 그런데 본문에서 많은 독자에게 의구심을 불러일으킬 만한 구절이 한 군데 있습니다. "그가 만일 죄를 범하면…"(14절). 예수님에 관한 이야기라면서 이게 무슨 뜻일까요? 예수님은 죄를 모르시는 분이 아닙니까?

성경의 예언은 대부분 중의적입니다. 직접적인 의미가 있는가 하면

심화 주석 하나님은 창세기 12장에서 아브라함에게 하셨던 언약을 강조하신 후(삼하 7:9~11), 다윗보다 훨씬 위대한 미래의 왕을 예언하십니다(창 12:11~16). 언약의 미래가 이 미래의 왕에게 달렸음이 분명해집니다. 하나님은 그분의 아들이기도 한 다윗의 위대한 자손을 통해 그분의 약속을 성취하실 것입니다. …
한 가지 약속이 다른 약속들과 어울리지 않는 것처럼 보입니다. 다른 약속들과 달리 "만일 그가 죄를 범하면 … 징계하려니와"(삼하 7:14)라는 약속은 한 인간을 염두에 둔 말씀이기 때문입니다. 다른 약속들은 더 위대한 누군가를 가리키고 있습니다. 어떻게 이 두 가지가 함께 담길 수 있습니까?
답은 이것입니다. 구약의 많은 예언처럼 이 예언도 여러 단계로 성취된다는 것입니다. 곧 보게 될 테지만, 이것은 성전을 지은 위대한 왕 솔로몬에게서 일부 성취됩니다. 하지만 최종적으로는 "다윗의 위대한 자손"인 주 예수님을 통해서 성취됩니다. 그분의 통치는 솔로몬의 통치보다 더 클 것입니다(참조, 눅 11:31). 성경에서 사무엘하 7장 이후는 다윗의 자손이자 하나님의 아들이신 분이 왕으로 오시기를 기다리는 내용입니다.[4]

_보건 로버츠

궁극적인 의미도 있습니다. 물론 두 가지 의미를 분별해서 보는 것은 어려운 일이지만, 그것들은 엄연히 별개의 것입니다. 멀리서 산맥을 바라본다고 생각해 보십시오. 처음에는 두 개의 봉우리가 붙어 있는 것처럼 보이지만, 가까이 다가갈수록 그 둘 사이가 수십 킬로미터나 떨어져 있음을 알게 될 것입니다.

이 예언의 즉각적인 성취는 다윗의 아들 '솔로몬'입니다. '안식'이란 뜻의 이름을 가진 솔로몬은 여러 면에서 약속의 성취로 볼 수 있습니다. 그의 통치로 이스라엘 전역에 안식이 찾아오고, 성전도 지어질 것입니다(이 이야기는 세션 9에서 다룰 것입니다). 그러나 그는 몇 가지 아주 어리석은 일을 저지르게 됩니다. 본문에서 하나님이 언급하신 사울에 버금가는 어리석은 행동들입니다. 예를 들어 그는 후궁을 700명이나 두고, 우상을 숭배하게 될 것입니다(이 이야기는 세션 10에서 다룰 것입니다). 그럼에도 불구하고 하나님은 약속을 지키시는 분이므로 그에게서 왕국을 완전히 빼앗지는 않으실 것입니다.

그러나 이 예언이 궁극적으로 가리키는 것은 솔로몬 너머에 있는 다른 왕입니다. 바로 '예수님'입니다. 예수님은 영원히 견고할 다윗 왕국의 후손이십니다. 또한 참된 성전을 세우실 후손이십니다. 인간의 손으로 짓는 건물이 아닌 자기 몸으로 세우시는 성전입니다. 승천하신 후에는 그분의 성령을 보내어 주의 백성인 우리로 하여금 하나님의 성전이 되게 하실 것입니다.

솔로몬과 달리 예수님은 사람의 매와 인생의 채찍으로 징계받으실 필요가 없는 분입니다. 그러나 우리의 죄악 때문에 채찍에 맞으시고, 그로 인해 우리가 나음을 받게 될 것입니다(사 53:5). 다윗의 참된 후손 되시는 주님이 하나님의 참된 성전을 세우시고, 하나님이 자기 백성과 더불어 영원토록 거하시게 할 것입니다. 또한 그분은 단지 다윗의 자손만이 아니십니다. 하나님의 아들이신 그분이 이 땅의 하나님 백성을 위해 홀로 구원을 완성하실 것입니다.

이것을 꼭 기억하십시오. 하나님이 친히 자기 집을 지으시되, 스스로 그 약속하신 집이 되실 것입니다. 예수님 안에서, 하나님이 마침내 약속을 성취하실 것입니다.

Q 하나님이 사람인 다윗을 통해 다스리겠다고 약속하신 것이 왜 중요할까요?

Q 교회는 하나님의 성전으로서의 역할을 어떻게 수행합니까?

핵심교리 **99** **16. 신실하신 하나님**

하나님의 신실하심은 하나님이 스스로 말씀을 지키시며, 언제나 약속을 성취하심을 의미합니다(고전 1:9; 딤후 2:13; 벧전 4:19). 아브라함과 이삭과 야곱에게 하셨던 약속을 성취하신 데서 하나님의 신실하심을 볼 수 있습니다. 사도 바울은 '신실하심'(미쁘심)이라는 속성을 하나님이 자신의 말씀을 성취하시는 것과 연결하면서 "너희를 부르시는 이는 미쁘시니 그가 또한 이루시리라"(살전 5:24)라고 말합니다. 우리가 하나님과 사람들에게 한 약속을 지킬 때, 우리를 통해 하나님의 성품이 드러나게 됩니다.

"하나님이 택하여 장구한 왕국을 약속해 주신 왕에게 결점이 있었고, 때로는 신성한 겸손이 필요하기도 했습니다. 하나님은 결점이 없는 왕을 친히 보내셔야 했습니다."[5]
_마이클 윌리엄스

3. 우리는 하나님의 약속에 감사와 겸손으로 응답해야 합니다

(삼하 7:18~26)

> Leader

메시아의 약속이 사실 너무 놀라워서 다윗의 반응은 빼놓아도 되지 않나 생각할 수 있습니다. 하지만 여기서 이야기는 다시 원점으로 돌아갑니다. 다윗이 하나님을 위해 집을 짓고 싶어 한 것에서 시작된 이 이야기는 다윗이 모든 영광을 받으실 만한 왕을 높이는 것으로 끝을 맺습니다.

*18다윗 왕이 여호와 앞에 들어가 앉아서 이르되 주 여호와여 나는 누구이오며
내 집은 무엇이기에 나를 여기까지 이르게 하셨나이까 19주 여호와여 주께서 이
것을 오히려 적게 여기시고 또 종의 집에 있을 먼 장래의 일까지도 말씀하셨나
이다 주 여호와여 이것이 사람의 법이니이다 20주 여호와는 주의 종을 아시오니
다윗이 다시 주께 무슨 말씀을 하오리이까 21주의 말씀으로 말미암아 주의 뜻대
로 이 모든 큰 일을 행하사 주의 종에게 알게 하셨나이다 22그런즉 주 여호와여
이러므로 주는 위대하시니 이는 우리 귀로 들은 대로는 주와 같은 이가 없고 주
외에는 신이 없음이니이다 23땅의 어느 한 나라가 주의 백성 이스라엘과 같으
리이까 하나님이 가서 구속하사 자기 백성으로 삼아 주의 명성을 내시며 그들
을 위하여 큰 일을, 주의 땅을 위하여 두려운 일을 애굽과 많은 나라들과 그의
신들에게서 구속하신 백성 앞에서 행하셨사오며 24주께서 주의 백성 이스라엘
을 세우사 영원히 주의 백성으로 삼으셨사오니 여호와여 주께서 그들의 하나님
이 되셨나이다 25여호와 하나님이여 이제 주의 종과 종의 집에 대하여 말씀하신
것을 영원히 세우셨사오며 말씀하신 대로 행하사 26사람이 영원히 주의 이름을
크게 높여 이르기를 만군의 여호와는 이스라엘의 하나님이라 하게 하옵시며
주의 종 다윗의 집이 주 앞에 견고하게 하옵소서*

이것이 구원의 열쇠입니다. "하나님께 얼마나 드리면 충분할까요?" 하고 묻는 것은 잘못된 출발입니다. 우리는 구원이란 하나님이 이미 행하신 일을 아는 데서부터 시작된다는 것을 알아야 합니다. 그것을 알면 하나님을 경외할 수밖에 없을 것입니다. 그렇습니다. 그리스도께서 하신 일을 알고 믿으면, 하나님을 위해서 일하고 싶어질 것입니다. 그러나 무슨 일을 하든지 하나님이 우리를 위해 하신 일에 오로지 감사하는 마음으로 해야 합니다.

우리는 세상 사람들이 그리스도인들을 보며 "이 사람들이 대단한 일

심화 주석 "나는 누구이오며 내 집은 무엇이기에"(삼하 7:18)라는 다윗의 질문은 자신과 자기 가문을 향한 하나님의 은혜에 대한 놀라움을 드러냅니다. 시편 8편을 쓰면서 다윗은 인류에 관한 일반 쟁점들을 곰곰이 생각했습니다. 다윗은 "주 하나님"이 지금까지 해 오셨던 일이 그분의 능력에 벅차지 않으며, 다윗의 자손을 통해 이루실 일의 시작일 뿐임을 확인했습니다.

"이것이 사람의 법이니이다"(19절)라는 다윗의 말은 "이것이 사람을 위한 가르침입니다" 혹은 "이것이 사람의 가르침입니다"로도 옮길 수 있습니다. 이는 다윗이 그에게 행하신 하나님의 역사가 온 인류를 위한 본보기가 될 수 있다고 생각했음을 보여 줍니다. 주님은 순종하는 마음을 통해 기꺼이 역사하셨습니다. 다윗은 그의 삶에 부어진 하나님의 은혜를 알았고, 주님이 약속하신 "이 모든 큰 일"(21절)은 하나님의 "말씀"과 "뜻"(문자적으로 '마음')에 비추어서만 일어나리라고 단언했습니다.

다윗은 무엇보다도 하나님의 "이름"이 다윗의 집을 위해 행하신 모든 일을 통해 "영원히 높여지기"를 원했습니다. "만군의 여호와"께서 합당한 영광을 받으시길 바라는 마음이 다윗에게 오래도록 있어 왔습니다(삼상 17:26, 36, 45~47). 다니엘처럼(단 9:2~5) 다윗도 하나님의 약속을 당연하게 여기지 않고, 인류의 무가치함에도 불구하고 은혜롭게 성취해 가시는 하나님께 기도했습니다.[6]

_브라이언 E. 바이엘
HCSB Study Bible

을 해냈군! 하나님을 정말로 사랑하는 모양이야"라고 말해 주기를 기대합니다. 그러나 본문이 우리에게 가르쳐 주듯이, 세상 사람들이 우리의 증거를 듣거나 보고 이렇게 말할 수 있게 해야 합니다

"와, 하나님이 인간을 위해 이렇게 대단한 일을 하셨단 말이야?"

Q 하나님이 일하고 계시는 것이 모든 사람에게 자명했던 어떤 활동에 참여한 적이 있습니까? 그것은 당신 삶에 어떤 영향을 미쳤습니까?

Q 어떤 면에서 그 특별한 활동이 두드러졌습니까?

> Leader

그리스도인은 역할 모델이 아닙니다. 하나님의 구원의 능력을 드러내는 예술 작품인 트로피입니다. 훌륭한 일을 했다고 해서 트로피를 경배하는 사람은 없습니다. 트로피란 위대한 일을 한 누군가를 나타내는 것임을 알기 때문입니다. 우리 삶은 하나님의 기적적인 위대함의 증거들과 함께 밝게 빛날 것입니다. 그리고 그리스도의 완성된 사역에 몰두하면 할수록 그분의 영이 우리 안에서 더욱 일어나시는 것을 알게 될 것입니다. 그리스도인의 삶에 하나님이 행하신 일이 가득해야 그것이 연료가 되어 불을 일으킵니다.

이것은 하나님의 집, 하나님의 왕국, 그리고 하나님이 펼쳐 가시는 놀라운 일들에 관한 이야기입니다. 경이로운 사실은 그 이야기를 나누도록 우리가 초대되었다는 것입니다. 하나님은 우리에게 경이로움으로 주님을 먼저 바라보고 나서 세상에 나가 복음을 전하라고 명령하십니다.

하나님이 다윗에게 하신 말씀은 우리에게도 똑같이 적용됩니다. 내 손으로 세운 왕국은 무너질 것입니다. 내 힘으로 하는 일은 실패할 것입니다. 나의 야망 또한 이루지 못할 것입니다. 예수님만이 유일하게 영원하실 것입니다. 우리 삶의 가장 큰 특권은 예수님과 동행할 곳을 보여 달라고 하나님께 간구할 수 있다는 것입니다. 하나님은 우리에게 무엇을 바라지 않으실 것이지만 영원한 가치를 위해 우리를 사용하실 것입니다. 우리의 아주 소소한 삶을 아름답고 소중하며 영원한 것으로 만들어 주실 것입니다. 삶을 하찮은 것으로 여기는 사람이 꽤 많습니다. 하지만 우리는 하나님을 인격적으로 도우시는 분으로, 곤경에서 벗어나게 해 주시는 분으로 여깁니다. 하나님이 우리에게 원하시는 것은 우리가 생각하는 것보다 훨씬 더 크고 풍부하고 심오합니다.

위대한 역사는 겸손에서 시작됩니다. 우리는 기독교 신앙에서도 이러한 사실을 배울 수 있습니다. 만일 스스로 위대해지고자 한다면, 하나님

"사람들의 마음속에는 올바른 통치자를 따르기만 하면, 온 세상이 모든 상처에서 치유받을 것이라는 손에 잡히지 않는 불분명한 신념이 있습니다. 우주 만물은 머리가 없는 채로 필사적으로 머리를 찾고 있습니다."[7]

_리처드 러블레이스

심화 주석 하나님은 인류를 구속하는 목적을 이루시기 위해 다윗과 언약을 맺으셨습니다. 이 언약은 하나님이 다윗의 집, 즉 그의 왕국을 세우시고, 그의 보좌를 영원하게 하실 것이라는 것입니다(삼하 7:16). 하나님이 언약을 성취하시더라도 다윗의 자손들은 다윗이 했던 것처럼 하나님의 길로 행해야 합니다(왕상 9:4~5). 그러나 솔로몬은 다른 신들을 따랐습니다. 이 때문에 주님은 솔로몬의 아들 르호보암 시대에 왕국을 나누어 다윗의 자손에게 유다만 다스리게 하셨습니다(왕상 11:1~13, 12:19).

언약은 예수 그리스도(메시아)의 오심으로 더욱 성취되는데, 그분은 다윗의 아들이었고(이며) 동시에 다윗의 주님이십니다(시 110:1; 마 1:1~17, 22:41~45). 그분은 유다만 다스리시는 게 아니라 "영원히 야곱의 집을 왕으로 다스리실 것이며 그 나라가 무궁"(눅 1:33)할 것입니다. 메시아의 완성된 사역으로, 그분의 왕국은 이스라엘의 구속된 이들만이 아니라 "각 족속과 방언과 백성과 나라 가운데에서"(계 5:9) 구속된 이들도 포함하게 될 것입니다.[8]

_존 트레일러
Biblical Illustrator

"이 집에서 하나님의 백성이 영원히 그들의 하나님과 함께 거하고, 하나님이 자기 백성과 함께 그리고 자기 백성 안에 거하시며 자기 백성을 채우셔서 그들이 하나님으로 충만하여, 하나님이 전투 속에서 백성의 능력이 되신 것처럼 평화 속에서 그들의 상이 되실 것입니다."[9]
_어거스틴

이 허락하지 않으실 것입니다. 그러나 하나님을 높여 드리기를 열망한다면, 하나님이 우리 삶에 영원한 가치와 기적적인 능력을 부어 주실 것입니다. 내 집을 짓느라 허송세월하지 마십시오. 하나님을 위한 집을 짓느라 시간을 낭비하지도 마십시오. 오히려 하나님의 충만하신 사역 안에서 안식하고, 주님이 부르실 때 응답하십시오.

Q 감사할 줄 모르고 자만심에 가득 찬 태도는 우리의 사명을 어떻게 방해합니까?

Q 감사와 겸손이 복음을 전하는 데 필수적인 자질인 이유는 무엇입니까?

결론

우리는 하나님께 어떻게 감사를 표현해야 할까요? 하나님을 공경하고, 가진 것을 아낌없이 드린다는 것은 어떤 것일까요?

첫째, 하나님은 우리에게 어떤 도움을 바라지 않으신다는 점을 기억하십시오. 하나님은 세상을 구원하는 데 필요한 '도우미'를 찾으신 적이 없습니다. 그렇다고 해서 하나님이 우리의 헌신을 요구하지 않으신다는 뜻은 아닙니다. 다만 우리에게서 무언가를 공급받지는 않으신다는 것입니다. 하나님은 돈이든 재능이든 시간이든 부족한 게 없으십니다. 우리에게 "나를 위해 세상을 구하러 가라"고 명령하시지도 않습니다. 오히려 우리를 통해 세상을 구원하시는 주님을 따르라고 부르십니다.

둘째, 하나님의 은혜에 보답하겠다는 마음이 있어야 합니다. '하나님은 우리에게 어떤 도움을 바라지 않으신다'와 '하나님은 우리의 반응을 원하신다'는 진리 사이에서 균형을 잡을 줄 알아야 합니다. 다윗이 책망받은 것은 태도 때문이 아니었습니다. 오히려 하나님은 그를 칭찬하셨습니다. "네가 내 이름을 위하여 성전을 건축할 마음이 있으니 이 마음이 네게 있는 것이 좋도다"(대하 6:8). 다윗은 하나님을 매수하려고 하지 않았습니다. 그는 단지 자신을 향한 하나님의 위대하신 사랑에 보답하는 일을 하고 싶었을 뿐입니다. '하나님이 우리에게 도움을 바라지 않으신다'고 해서 모든 시간과 돈을 자기 마음대로 쓸 수 있다고 생각한다면, 하나님을 제대로 만난 적이 없다는 것을 증명하는 것입니다.

> 다윗은 자신에게 너무 많은 것을 베풀어 주신 하나님께 보답해 드리길 원했고, 그의 마음은 그런 정서로 흘러넘쳤습니다. 이것이 바로 우리가 복음에 반응해야

하는 방식입니다. 하나님이 우리에게 이토록 많은 것을 부어 주셨는데, 어떻게 다른 사람들에게 그것을 나누어 주고 싶지 않을 수 있겠습니까? 복음에 감화된 마음은 복음처럼 되어 은혜로 흘러넘치게 될 것입니다.

셋째, 하나님께 헌신하며 그분이 명령하신 것을 행해야 합니다. 자신의 능력과 결정에 따라 세상의 무게를 짊어져야 한다면, 곧 무기력해질 것입니다. 그러나 하나님께 우리 자신을 헌신한다면, 주님이 시키시는 일을 감당할 수 있으며, 그 안에서 안식할 수 있습니다. 성령이 우리를 인도하시도록 하면, 모든 일을 해내지 못한다는 죄의식의 압박을 피할 수 있습니다. 그리고 세상일로 갈가리 찢기지 않고 주님이 인도하시는 하나님의 일에 몸을 던질 수 있습니다.

> Leader

위대한 옛 성도들은 하나님을 매수하려고 하지 않았고, 자기 힘으로 세상을 구원하려고 하지도 않았습니다. 그들은 자신들이 섬기는 분이 부족함이 없으신 하나님이라는 것을 알았습니다. 그러한 관점은 하나님을 위해 위대한 일을 꿈꾸고, 그분을 위해 위대한 일을 시도할 용기를 주었습니다. 주의 이름의 영광을 찬양하고자 하오니, 우리 약속의 왕이신 하나님을 믿도록 도와주소서!

그리스도와의 연결

하나님은 다윗에게 그에게서 장차 이스라엘의 왕들이 나오고, 그의 나라가 영원할 것이라고 약속하셨습니다. 하나님은 예수님을 다윗의 후손으로 보내심으로써 그 약속을 지키셨습니다. 모든 역사는 다윗의 자손 예수님이 영원한 나라의 왕으로서 인정받으실 날을 향해 달려가고 있습니다.

하나님의 계획 우리의 사명

선교적 적용 하나님은 우리가 경험한 자비와 은총을 다른 이들에게 전하려면 하나님께 온전히 헌신해야 한다고 말씀하십니다.

1. '그리스도 안에서 영원한 안식을 누리라'라는 메시지는 세상 사람들에게 어떤 울림을 줄까요?
2. 성전 되시는 예수님을 생각할 때 오늘날 교회 건축과 관련해서 우리는 어떤 점을 회개하고 어떤 방향으로 나아가야 할까요?
3. 예수님이 하신 일을 생각할 때, 복음의 지역 사회 전파에 대해 어떤 마음이 생겨납니까?

금주의 성경 읽기
삼상 25~27장;
시 17편; 73편; 35편;
54편; 63편; 18편

왕에게도 구원자가 필요하다

6

Summary and Goal

이 세션에서 우리는 다윗 왕이 죄에 빠져서 추악한 결과를 맞게 되는 과정을 보게 될 것입니다. 다윗의 이야기를 통해 죄에는 우리를 노예로 만들어 죄를 은폐하도록 조종하는 능력이 있음을 알게 될 것입니다. 또한 우리는 고백을 통해 새로워질 수 있는 가능성도 보게 될 것입니다. 그리스도인은 모든 죄가 하나님을 거스르는 일임을 알고, 하나님의 아들이 우리의 회복을 위해 희생함으로써 주신 구원에 의지해야 합니다.

- **성경 본문**
  사무엘하 11:1~17, 26~27
  시편 51:1~13

- **세션 포인트**
  1. 죄에 사로잡힌 왕(삼하 11:1~5)
  2. 죄를 숨기려는 왕(삼하 11:6~17, 26~27)
  3. 죄를 자백하는 왕(시 51:1~13)

- **신학적 주제**
  모든 죄는 궁극적으로 하나님을 거스르는 것입니다.

- **그리스도와의 연결**
  이스라엘의 가장 위대한 왕이요, 하나님 마음에 맞는 사람이었던 다윗조차 구원이 필요한 죄인에 불과했습니다. 다윗의 이야기를 통해 우리는 모두 완전하신 왕의 희생을 통해 주어진 죄 사함이 필요하다는 사실을 깨닫습니다. 그분은 처벌받아 마땅한 우리의 죄를 홀로 감당하셨습니다.

- **선교적 적용**
  하나님은 우리에게 죄를 숨기지 말고 회개하며 살라고 부르십니다. 이로써 다른 이들이 예수 그리스도를 통한 죄 사함의 소망이 있음을 알게 될 것입니다.

Session Plan

도입

"죄는 재미있는 게 아닙니다!" 예화로 세션을 시작하십시오. 처음에는 죄가 즐거울 수 있지만, 그 끝은 언제나 절망으로 향하게 된다는 점을 상기시켜 주십시오.

누군가에게 성질을 부리며 막말을 퍼부었던 때를 떠올려 보십시오. 그때 죄가 어떻게 유혹했기에 그러한 행동을 하게 되었나요?

다윗의 죄와 하나님의 아들을 통한 회복이 어떻게 가능한지를 다루는 이 세션을 요약하십시오. 부록 3: '다윗의 적'을 참고해 다윗이 자기 정욕에 굴복함으로써 자기 자신의 대적이 되었다는 것을 강조해 주십시오.

전개

1

죄에 사로잡힌 왕

(삼하 11:1~5)

자원자에게 사무엘하 11장 1~5절을 읽게 하십시오. 다윗 왕이 하나님께 복을 받은 후에 죄에 빠졌음을 지적해 주십시오.

하나님이 주신 복 가운데 자칫하면 하나님을 의지하는 법을 잊게 할 만한 것이 있습니까?

다윗이 자신의 직무에서 마음을 뗀 것을 언급하고, 지루함이 어떻게 우리를 유혹에 빠뜨릴 수 있는지를 이야기해 주십시오. 그러고 나서 다윗이 유혹받을 만한 자리에 있었음을 지적해 주십시오.

사람들은 보통 언제 어디서 유혹을 받기 쉬울까요?

다윗이 죄에 빠져드는 과정을 자세히 설명하고, 성경 저자가 왜 밧세바에 관한 내용을 세세하게 기록했는지에 주목하십시오.

2

죄를 숨기려는 왕

(삼하 11:6~17, 26~27)

사무엘하 11장 6~17, 26~27절을 읽고, 그중에 다윗이 가장 사악했던 부분을 강조해 주십시오.

자신의 잘못을 숨겨야 했던 때가 있었습니까? 어떻게 해서 그 일이 드러나게 되었습니까?

다윗의 인생이 엉키기 시작한 상황을 요약해 주십시오. 죄는 언제나 용서받을 수 있지만, 그로 인해 야기된 피해는 언제나 되돌릴 수 있는 것이 아님을 강조해 주십시오.

당신이 지은 죄로 인해 당신이 겪어야 했던 일은 무엇입니까?

당신이 지은 죄로 인해 다른 사람이 겪어야 했던 일은 무엇입니까?

3 죄를 자백하는 왕 (시 51:1~13)

왜 '죄를 지었는가'보다 '죄지은 후에 무엇을 했는가'가 더 심각한 문제인지를 설명해 주십시오. 하나님은 은혜로우셔서 다윗이 은폐했던 것을 드러내셨다는 것을 말해 주십시오. 그러고 나서 시편 51편 1~13절을 읽으십시오.

시편 51편에서 발견할 수 있는 고백의 필수 요소는 무엇입니까?

시편 51편에서 다윗이 자기 죄를 제하려면 '주의 의'가 필요하다고 인정한 구절을 찾아 읽게 하십시오.

첫째, 복음에 기초한 회개가 의지하는 것은 하나님의 자비뿐입니다.
둘째, 복음에 기초한 회개는 우리에게 죄성이 있다는 진리를 내포합니다.

우리는 어떻게 회개를 약화시킵니까?

진실한 회개는 '물 탄' 회개와 어떻게 다릅니까?

셋째, 복음에 기초한 회개는 가장 먼저 하나님께 향합니다.

하나님을 거스르는 반역의 심각성을 간과하면 어떤 일이 벌어집니까?

결론

복음의 아름다움을 강조하는 것으로 마무리하십시오. 죄는 우리가 줄 수 있는 것보다 더 큰 값을 치르라고 요구하는데, 하나님이 그리스도 안에서 우리가 낼 수 없는 것을 지불해 주십니다. 하나님이 깨끗하게 하실 수 없을 만큼 가증스러운 죄는 없습니다. 이 세션에서 배운 진리를 '하나님의 계획, 우리의 사명'에서 적용해 보십시오.

Session Content

6. 왕에게도 구원자가 필요하다

"우리의 신체 기관들에는 갑작스럽고 격렬한 욕망을 향해서는 기능을 하지 않고 잠자는 성향이 있습니다. 욕망이 저항할 수 없는 힘으로 육신을 장악합니다. 은밀하게 연기만 피우고 있던 불이 갑자기 타오릅니다. 육신이 불타고, 화염에 휩싸입니다. … 이 순간 하나님이 아주 비현실적으로 느껴집니다. … 이때 사탄은 우리에게 하나님에 대한 증오를 심어 주는 것이 아니라, 하나님을 잊어버리게 합니다. … 이처럼 정욕은 심연에 있는 인간의 마음과 의지를 뒤덮어 버립니다."[1]
_디트리히 본회퍼

심화토론

- 바쁠 때와 한가할 때 중 언제 더 많은 유혹에 직면하게 됩니까?
- 유혹에 빠지는 것을 방지하는 데 도움이 되는 생활 습관에는 어떤 것들이 있을까요?

도입

학창 시절, 청소년 집회에서 죄의 위험성에 대해 경고해 주던 한 유명 설교자가 생각납니다. 그는 우리에게 이렇게 말했습니다. "죄는 재미있는 게 아닙니다!" 그의 말을 듣고 속으로 이런 생각을 했습니다. '음, 죄가 재미있지 않다고요? 제대로 안 해 봐서 잘 모르시는군요!'

우리 한번 솔직해져 봅시다. 사실 죄를 저지르는 것은 재미있을 수도 있습니다. 우리가 왜 죄를 향해 달려가겠습니까? 고통을 맛보기 위해서가 아니라, 무언가 짜릿한 느낌이 들기 때문입니다. 죄는 전율과 함께 시작됩니다. 하지만 굉장한 전율로 시작된 죄라도 그 끝은 항상 같습니다. 망가져서 고통에 휩싸이며 실망하고 절망하는 것입니다.

Q 누군가에게 성질을 부리며 막말을 퍼부었던 때를 떠올려 보십시오. 그때 죄가 어떻게 유혹했기에 그러한 행동을 하게 되었나요?

> Leader
성적인 죄는 너무나 강력하고 파괴적이며, 접근하기가 매우 쉬워서 믿음이 강한 사람들도 완전히 무너뜨릴 수 있습니다. 이것이 "하나님 마음에 맞는 사람"이라 불린 다윗에게 일어났던 일입니다.

Session Summary

이 세션에서 우리는 다윗 왕이 죄에 빠져서 추악한 결과를 맞게 되는 과정을 보게 될 것입니다. 다윗의 이야기를 통해 죄에는 우리를 노예로 만들어 죄를 은폐하도록 조종하는 능력이 있음을 알게 될 것입니다. 또한 우리는 고백을 통해 새로워질 가능성도 보게 될 것입니다. 그리스도인은 모든 죄가 하나님을 거스르는 일임을 알고, 하나님의 아들이 우리의 회복을 위해 희생함으로써 주신 구원에 의지해야 합니다.

전개

1. 죄에 사로잡힌 왕(삼하 11:1~5)

> Leader

죄는 진공 상태로 존재하지 않습니다. 특정한 시간에 특정한 방식으로 저질러집니다. 우리는 다윗이 받은 유혹과 그의 죄를 살펴봄으로써 어떻게 하면 죄의 유혹에 사로잡히게 되는지에 대한 통찰력을 얻을 수 있습니다.

*1 그 해가 돌아와 왕들이 출전할 때가 되매 다윗이 요압과 그에게 있는 그의 부하
들과 온 이스라엘 군대를 보내니 그들이 암몬 자손을 멸하고 랍바를 에워쌌고
다윗은 예루살렘에 그대로 있더라 2 저녁 때에 다윗이 그의 침상에서 일어나 왕
궁 옥상에서 거닐다가 그곳에서 보니 한 여인이 목욕을 하는데 심히 아름다워
보이는지라 3 다윗이 사람을 보내 그 여인을 알아보게 하였더니 그가 아뢰되 그는
엘리암의 딸이요 헷 사람 우리아의 아내 밧세바가 아니니이까 하니 4 다윗이 전령
을 보내어 그 여자를 자기에게로 데려오게 하고 그 여자가 그 부정함을 깨끗하게
하였으므로 더불어 동침하매 그 여자가 자기 집으로 돌아가니라 5 그 여인이 임
신하매 사람을 보내 다윗에게 말하여 이르되 내가 임신하였나이다 하니라*

다윗 왕이 어떻게 해서 죄의 유혹에 사로잡히게 되었는가를 살펴보려면, 세 가지 사실에 주목해야 합니다.

첫째, 하나님께 복을 받은 후에 죄의 유혹이 찾아왔다는 것입니다. 이때는 이스라엘 왕국이 확고히 자리 잡은 때였습니다. 다윗 왕의 인기는 절정에 올라 있었습니다. 본문 앞의 내용에서 다윗은 여러 전투에서 이긴 승리자로 묘사되었습니다.

다윗이 큰 복을 받은 후에 죄를 저질렀다는 사실이 놀랍지 않습니까? 우리는 대개 역경 때문에 죄를 저지른다고 생각합니다. 마치 죄가 현실로부터의 도피라도 되는 듯이 말입니다. 하지만 때로는 복도 위험할 수 있습니다. 우리가 하나님을 얼마나 의지하며 살아가는지 잊게 되기 때문입니다.

심화 주석 다윗은 "여자가 매우 아름답다"는 걸 알자 욕망이 일었습니다. … 밧세바가 "그에게 왔는데" 어쩌면 순진해서거나, 강력한 왕의 요구에 저항할 수 없어서거나, 아니면 남편에게 성실하고 싶지 않아서였을지도 모릅니다. 성경 저자가 밧세바의 행동 저변에 있는 구체적인 동기를 생략한 것은 이 이야기가 밧세바가 아닌 다윗에게 죄를 묻고 있기 때문입니다. … 다윗과 밧세바의 죄 된 동침은 "그녀가 부정함에서 정하게 된 후에"(참조, 레 15:19) 이루어졌습니다. 즉 생리가 있지 않을 때라 임신하기가 더 쉬웠는데, 실제로 그렇게 됐습니다. 밧세바는 임신에 따른 몸의 변화를 눈치채고, 사람을 보내 다윗에게 자기 상태를 알렸습니다.[2]

_로버트 D. 베르겐

"보지 말아야 할 것을 계속 보고 즐기면 부도덕한 행위로 끝을 맺을 것입니다."[3]
_조니 헌트

> Leader

우리는 삶에 좋은 일이 계속되면, 자기 덕분이라고 생각하기 쉽습니다. 그래서 하나님을 변방으로 내몰게 됩니다. 이것이 잠언 30장의 저자가 하나님께 기도한 이유입니다.

"나를 가난하게도 마옵시고 부하게도 마옵시고 오직 필요한 양식으로 나를 먹이시옵소서 혹 내가 배불러서 하나님을 모른다 여호와가 누구냐 할까 하오며" (잠 30:8~9).

풍족하다고 느끼면 느낄수록 재앙에 점점 더 가까워지는 셈입니다. 사도 바울은 이렇게 말했습니다.

"그런즉 선 줄로 생각하는 자는 넘어질까 조심하라"(고전 10:12).

Q 하나님이 주신 복 가운데 자칫하면 하나님을 의지하는 법을 잊게 할 만한 것이 있습니까?

둘째, 다윗이 유혹에 빠졌을 때 그가 자기 일에서 한발 물러나 있었다는 것입니다. 왕은 요압과 군대를 출정시켰지만, 자신은 뒤에 남았습니다. 한때 전사였던 왕이 휴양객이 된 것입니다. 일에 공백이 생기자, 그는 싸구려 전율에 민감해졌습니다.

> Leader

많은 사람이 자신의 삶을 공허하고, 무의미하다고 느낍니다. 그런데 성적인 죄가 주는 흥분은 그들이 필사적으로 갈구하는 성취감을 약속해 줍니다. 죄가 엄청나게 매혹적인 경우가 늘 있는 일이 아닌 반면, 우리가 믿을 수 없을 정도로 지루해지는 일은 흔하게 있는 일입니다.

우리는 자신의 삶에 방관자로 살도록 디자인되지 않았습니다. 하나님은 우리가 열심과 용기로 그분의 사명을 좇도록 창조하셨습니다. 하나님이 우리를 위해 복음 안에서 행하신 일의 비전, 그분이 우리 안에서 하고자 하시는 일에 대한 비전만이 목적의식을 심어주어 죄로 이끄는 지루함을 능히 벗어나게 해 줄 것입니다.

셋째, 다윗이 유혹받을 만한 자리에 있었다는 것입니다. 죄에 맞서는 것보다 유혹을 피하는 편이 훨씬 더 쉽습니다. 그러나 이 말을 오해하지는 마십시오. 죄에 맞서는 것은 대단히 중요합니다. 우리는 유혹을 피하고 죄에 맞서는 습관을 길러야 합니다. 세상은 이미 우리 앞에 수많은 유혹을 던지고 있습니다.

Q 사람들은 보통 언제 어디서 유혹을 받기 쉬울까요?

> "부도덕한 죄는 우리가 싸울 상대가 아닙니다. 하나님은 그것에서 도망치라고 말씀하셨습니다. 낮 뜨거운 상황을 피하십시오. 당신의 부재로 그 자리를 채우십시오."[4]
> _아드리안 로저스

다윗의 어두운 역사가 계속됩니다. 그의 타락이 즉각적으로 이루어진 것은 아닙니다. 이것은 그에게 죄에서 돌이킬 기회가 있었음을 말해 줍니다. 누군가 다윗에게 물었습니다. "저 여인은 엘리암의 딸이요, 우리아의 아내가 아닙니까?" 왜 이렇게까지 세세하게 말했을까요? 이를 통해 성경 저자가 지적하는 것은 다윗이 눈치를 채지 못했을지라도 밧세바는 누군가의 아내이자 누군가의 딸이었다는 사실입니다.

> Leader
> 다윗에게 대답한 무명씨는 이렇게 말한 셈입니다.
> "다윗, 당신이 어떤 생각을 하는지 알아요. 그런데 그로 인해 누군가는 다치고 말 거예요."

죄는 사람에게 상처를 입힙니다. 누군가의 부모, 누군가의 아들딸에게 영향을 끼치게 마련인데, 그 누군가가 당신이 될 수도 있습니다. 우리가 기억해야 할 것은 하나님의 법은 절대 독단적이지 않다는 것입니다. 그것은 서로 주고받아야 할 가장 생명력 있는 방식을 보여 주려고 우리를 위해 주어진 것입니다. 하나님이 우리로 하여금 죄짓지 않게 하시는 것은 우리의 즐거움을 망치기 위해서가 아니라, 그것이 우리를 얼마나 깊이 상처 입히는지를 아시기 때문입니다. 죄는 산산조각을 내고, 상처를 입힙니다. 언제나, 예외 없이 말입니다.

2. 죄를 숨기려는 왕(삼하 11:6~17, 26~27)

*6 다윗이 요압에게 기별하여 헷 사람 우리아를 내게 보내라 하매 요압이 우리아
를 다윗에게로 보내니 7 우리아가 다윗에게 이르매 다윗이 요압의 안부와 군사
의 안부와 싸움이 어떠했는지를 묻고 8 그가 또 우리아에게 이르되 네 집으로
내려가서 발을 씻으라 하니 우리아가 왕궁에서 나가매 왕의 음식물이 뒤따라
가니라 9 그러나 우리아는 집으로 내려가지 아니하고 왕궁 문에서 그의 주의 모
든 부하들과 더불어 잔지라 10 어떤 사람이 다윗에게 아뢰되 우리아가 그의 집
으로 내려가지 아니하였나이다 다윗이 우리아에게 이르되 네가 길 갔다가 돌아
온 것이 아니냐 어찌하여 네 집으로 내려가지 아니하였느냐 하니 11 우리아가 다
윗에게 아뢰되 언약궤와 이스라엘과 유다가 야영 중에 있고 내 주 요압과 내 왕
의 부하들이 바깥 들에 진 치고 있거늘 내가 어찌 내 집으로 가서 먹고 마시고
내 처와 같이 자리이까 내가 이 일을 행하지 아니하기로 왕의 살아 계심과 왕의
혼의 살아 계심을 두고 맹세하나이다 하니라 12 다윗이 우리아에게 이르되 오늘*

심화 주석 다윗이 하나님의 마음에 맞는 사람이었음에도 불구하고, 그리고 그가 통탄할 죄에서 깨어나 진실로 회개할 줄 알았다는 사실에도 불구하고(시편 51편), 다윗은 하나님의 백성을 구원할 수 없었습니다. 그는 너무 연약했고, 결국 실패했습니다. 그러나 다윗의 후손으로 오실 이는 실패하지 않으실 것입니다. 예수 그리스도께서 다윗의 후계자로 오셨습니다.[5]

_V. 필립스 롱
Gospel Transformation Bible

*도 여기 있으라 내일은 내가 너를 보내리라 우리아가 그날에 예루살렘에 머무니
라 이튿날 13다윗이 그를 불러서 그로 그 앞에서 먹고 마시고 취하게 하니 저녁
때에 그가 나가서 그의 주의 부하들과 더불어 침상에 눕고 그의 집으로 내려가
지 아니하니라 14아침이 되매 다윗이 편지를 써서 우리아의 손에 들려 요압에게
보내니 15그 편지에 써서 이르기를 너희가 우리아를 맹렬한 싸움에 앞세워 두고
너희는 뒤로 물러가서 그로 맞아 죽게 하라 하였더라 16요압이 그 성을 살펴 용
사들이 있는 것을 아는 그곳에 우리아를 두니 17그 성 사람들이 나와서 요압과
더불어 싸울 때에 다윗의 부하 중 몇 사람이 엎드러지고 헷 사람 우리아도 죽으
니라 … 26우리아의 아내는 그 남편 우리아가 죽었음을 듣고 그의 남편을 위하
여 소리내어 우니라 27그 장례를 마치매 다윗이 사람을 보내 그를 왕궁으로 데
려오니 그가 그의 아내가 되어 그에게 아들을 낳으니라 다윗이 행한 그 일이 여
호와 보시기에 악하였더라*

이야기가 계속됨에 따라, 우리는 다윗의 사악한 면을 보게 됩니다. 그는 자기 죄를 숨기기 위해 계획을 세우고, 실행에 옮겼습니다.

> Leader

제1안은 확실하기는 하지만, 성사시키기가 까다로운 방법이었습니다. 다윗은 우리아를 속여서 자신의 아기를 그의 아기로 여기게 할 속셈이었습니다. 그런데 우리아는 수십 킬로미터 떨어진 곳에서 다윗의 전투를 하고 있었습니다. 그래서 다윗은 '순간을 창조할' 필요가 있었습니다. 그는 전투에 나가 있는 우리아를 불러들여 전쟁에 관한 보고를 하게 한 후 집으로 보냈습니다. 다윗은 그것으로 자신의 죄가 감추어졌다고 생각했습니다.

그러나 그것은 오산이었습니다. 고귀한 우리아는 자신처럼 자기 침대에서 아내와 함께 눕는 기쁨을 누리지 못하고 전쟁터에서 야영하고 있는 전우들이 눈에 밟혔습니다. 그래서 그는 밤새 궁전 병사들 틈에서 야영을 했습니다. 이것이 다윗에게는 얼마나 유감이었을지 상상해 보십시오.

그러나 다윗은 포기하지 않았습니다. 다윗은 제1안을 업그레이드해서 제2안을 계획했습니다. 고귀한 우리아가 이번에는 다윗의 작전에 걸려들어 술에 취하고 말았습니다. 하지만 그는 자기 집에 들어가지 않고, 다윗의 부하들 틈에서 잠을 잤습니다. 두 번째 계획도 실패하고 만 것입니다.

제1안과 제2안은 우리아가 다윗의 아기를 자기 아기로 여기도록 속이는 것이었는데, 모두 실패하고 말았습니다. 그래서 다윗은 제3안에 돌입합니다. 요압에게 편지를 보내 우리아를 최전선에 세운 뒤 버리고 오라고 지시한 것입니다. 심지어 우리아가 자신에게 내려진 사형선고를 그의 손으로

직접 요압에게 전달하게 했습니다. 마침내 다윗의 작전이 성공했습니다. 우리아는 전투에서 자연스럽게 죽은 것처럼 보였습니다.

그런데 본문의 마지막 절이 섬뜩하게 끝납니다. "다윗이 행한 그 일이 여호와 보시기에 악하였더라"(삼하 11:27). 내막을 아는 사람은 아무도 없었습니다. 다윗은 아무도 모를 거라고 확신했을 것입니다. 그러나 하나님이 지켜보고 계셨습니다. 언제나 그렇듯이 말입니다.

"자기의 죄를 숨기는 자는 형통하지 못하나 죄를 자복하고 버리는 자는 불쌍히 여김을 받으리라"(잠 28:13).

Q 자신의 잘못을 숨겨야 했던 때가 있었습니까? 어떻게 해서 그 일이 드러나게 되었습니까?

이 시점부터 다윗의 삶이 무너지기 시작했습니다. 가족이 흩어지고, 밧세바가 낳은 아들이 죽고, 장성한 자녀들이 그에게 반역을 꾀했습니다. 죄가 지닌 엄청난 파괴력과 함께 이 사건이 우리에게 보여 주는 것은 무엇입니까?

죄는 언제나 용서받을 수 있습니다. 곧 보게 되겠지만, 다윗은 하나님께 나아가 그가 저지른 죄를 회개했습니다. 하지만 거침없이 죄에 빠져드느라 입은 상처는 돌이킬 수가 없습니다. 죄는 전염병과도 같습니다. 본질상 파괴적이기 때문입니다. 즐거움을 약속하는 죄의 속삭임은 거짓이며, 그 길의 끝은 재앙입니다.

Q 당신이 지은 죄로 인해 당신이 겪어야 했던 일은 무엇입니까?

Q 당신이 지은 죄로 인해 다른 사람이 겪어야 했던 일은 무엇입니까?

3. 죄를 자백하는 왕(시 51:1~13)

> Leader

다윗은 간통죄와 살인죄라는 가증한 죄를 지었습니다. 다윗처럼은 아닐지라도 우리는 모두 죄를 짓습니다. 누구라도 다윗처럼 가증한 죄를 저지를 수 있습니다. 밧세바의 임신을 알게 된 다윗처럼, 우리도 죄의 결과에 직면하면 그것을 숨기고 합리화하고 책임을 전가할 수 있습니다. 잠깐은 통할 수 있습니다. 그러나 죄의 진정한 해결책은 오직 '회개'뿐입니다. 물어야 할 것은 "죄를 지었는가?"가 아니라 "죄지은 후에 무엇을 했는가?"입니다. 이 질문에 대한 답이 삶과 죽음을 가르게 됩니다.

심화 주석 시편 51편 5절은 다양한 해석을 낳았습니다.
어떤 해석은 결혼과 출산을 저주라고 합니다. 하지만 이것은 성경의 나머지 부분을 볼 때, 지지할 수 없는 견해입니다(시 127:3; 히 13:4). 또 다른 해석은 이것이 특별한 죄, 아마도 다윗의 어머니가 저지른 간통을 암시한다고 보는데, 이것을 입증해 줄 성경 본문은 없습니다. 어떤 해석은 이 구절을 출산의 제의적 부정함과 연결하지만(레 12:2, 5, 15:18), 그것이 죄와 동격일 수는 없습니다. 또 다른 해석은 다윗이 자기 죄를 묘사하는 데 지나친 수사적 진술을 사용했다고 보았습니다. 기독교 역사에서 가장 보편적인 해석 중 하나는 이 구절이 원죄 교리를 가르친다는 것입니다. 인간의 죄성의 기원을 생물학적인 관점에서 엄격히 확인하는 것을 목표로 하지는 않지만, 다윗은 죄가 인류 존재의 시작부터 보편적인 조건으로 충만했음을 인식했습니다. 죄는 어디서나 누구에게도 있는 것으로, 다윗은 날 때부터 죄인이었음을 고백했습니다. 하지만 그는 변명의 토대를 다지는 대신(예컨대 '내가 이런 식으로 태어났는데, 왜 내 죄 때문에 비난받아야 하는가?'), "순전하신"(시 51:4) 하나님의 길과 태초부터 악한 인간의 길을 대조합니다.[6]

_케빈 R. 워슬러 & 셰리 L. 클라우다
HCSB Study Bible

하나님은 다윗이 은폐한 것을 들추기로 하셨습니다. 다윗에게는 잘된 일이었습니다. 선지자 나단을 보내 그는 잘 처리했다고 믿고 있겠지만 하나님은 거기서 끝내지 않으실 것이라고 경고하셨습니다. 깊이 겸손해지는 과정을 통해 결국 다윗은 정결해졌습니다. 성경에서 가장 아름답고 교훈적인 시로 손꼽히는 시편 51편이 바로 그 결과입니다. 여기서 다윗은 복음에 기초한 회개와 고백을 할 수 있는 단초를 제공합니다.

*[1]하나님이여 주의 인자를 따라 내게 은혜를 베푸시며 주의 많은 긍휼을 따라
내 죄악을 지워 주소서 [2]나의 죄악을 말갛게 씻으시며 나의 죄를 깨끗이 제하소
서 [3]무릇 나는 내 죄과를 아오니 내 죄가 항상 내 앞에 있나이다 [4]내가 주께만
범죄하여 주의 목전에 악을 행하였사오니 주께서 말씀하실 때에 의로우시다 하
고 주께서 심판하실 때에 순전하시다 하리이다 [5]내가 죄악 중에서 출생하였음
이여 어머니가 죄 중에서 나를 잉태하였나이다 [6]보소서 주께서는 중심이 진실
함을 원하시오니 내게 지혜를 은밀히 가르치시리이다 [7]우슬초로 나를 정결하게
하소서 내가 정하리이다 나의 죄를 씻어 주소서 내가 눈보다 희리이다 [8]내게 즐
겁고 기쁜 소리를 들려 주시사 주께서 꺾으신 뼈들도 즐거워하게 하소서 [9]주의
얼굴을 내 죄에서 돌이키시고 내 모든 죄악을 지워 주소서 [10]하나님이여 내 속
에 정한 마음을 창조하시고 내 안에 정직한 영을 새롭게 하소서 [11]나를 주 앞에
서 쫓아내지 마시며 주의 성령을 내게서 거두지 마소서 [12]주의 구원의 즐거움을
내게 회복시켜 주시고 자원하는 심령을 주사 나를 붙드소서 [13]그리하면 내가
범죄자에게 주의 도를 가르치리니 죄인들이 주께 돌아오리이다*

Q 시편 51편에서 발견할 수 있는 고백의 필수 요소는 무엇입니까?

첫째, 복음에 기초한 회개가 의지하는 것은 하나님의 자비뿐입니다.

다윗은 하나님의 은혜에 집중하며 "주의 인자를 따라" 그리고 "주의 많은 긍휼을 따라" 기도했습니다. 사실 이것은 상당히 위험한 방식입니다. 하나님이 자비를 베풀지 않기로 하시면 어떻게 합니까? 먼저 하나님을 설득해야 하지 않겠습니까? 많은 사람이 바로 이 설득하는 방식으로 하나님께 접근합니다. 하지만 그것은 회개가 아닙니다. 회개는 책임 전가, 협상, 합리화가 끝나는 지점에서 시작됩니다.

> Leader 여기서 다윗이 하나님과 협상하기 위해 나아갔다는 암시는 찾아볼 수 없습니다. 그는 자신의 형량을 줄이기 위해 하나님과 협상하지 않았습니다. 하나님께 자기

가 했던 모든 위대한 일들을 상기시켜 드리지도 않았습니다(골리앗을 기억하시나요?). 자기 죄를 설명하려고 하지도 않았습니다. 앞으로는 절대 그런 일이 없으리라고 맹세하지도 않았습니다. 다윗은 다만 무너지지 않을 유일한 토대인 하나님의 은혜를 근거로 하나님께 호소했습니다.

둘째, 복음에 기초한 회개는 우리에게 죄성이 있다는 진리를 내포합니다.

죄에 걸려들면 우리는 자연스럽게 이렇게 변명하곤 합니다. "내가 그렇게 나쁜 사람은 아니야. 순간적으로 나약해져서 그랬던 거야." 그런데 다윗은 정반대로 말했습니다. "나는 내 죄과를 압니다. 단순한 실수가 아닙니다. 내 죄가 항상 내 앞에 있습니다." 그는 여기서 더 깊이 들어갔습니다. "내가 죄악 중에서 출생하였음이여 어머니가 죄 중에서 나를 잉태하였나이다"(5절). 다른 말로 하면 이런 뜻입니다. "나는 아주 나쁜 사람입니다. 그러나 이 정도는 내 죄의 절반밖에 안 됩니다. 난 아예 죄를 타고났습니다." 우리는 모두 권위에 맞서는 반항아로 태어나는데, 특히 하나님의 권위에 맞서곤 합니다.

Q 우리는 어떻게 회개를 약화시킵니까?

Q 진실한 회개는 '물 탄' 회개와 어떻게 다릅니까?

셋째, 복음에 기초한 회개는 가장 먼저 하나님께 향합니다.

다윗은 "내가 주께만 범죄하여"라고 고백했습니다(4절). 정말 그렇습니까? 밧세바나 심지어 우리아에게도 죄를 짓지 않았다는 것입니까? 언뜻 보기에는 말이 안 되는 듯한데, 사실 이것이 다윗이 드린 기도의 핵심입니다.

> Leader

다윗은 자신의 죄가 하나님을 거스르는 죄로 시작되었음을 깨달았습니다. 그가 원했던 밧세바는 어떻습니까? 권력을 느껴 보고 싶었던 걸까요? 육체적 쾌락의 순간을 원했던 걸까요?

궁극적으로 다윗은 무언가 특별한 것을 원했기 때문에 멸망한 것이 아닙니다. 다윗이 밧세바의 아름다움에 유혹된 것은 그가 하나님의 아름다움에 더는 사로잡히지 않았기 때문입니다.

모든 죄는 하나님과의 관계가 무너지는 데서부터 시작됩니다. 하나님이 주신 것에 불만을 느끼기 시작해서 우리를 향한 하나님의 인자하심을 의심하게 됩니다. 그래서 하나님이 그으신 선을 생명선으로 보기보다 제한

"그리스도인과 비그리스도인의 차이는 죄를 짓지 않는 데 있지 않습니다. 죄지을 때, 죄를 고백하고 다시 죄에 맞서 싸우는 데 있습니다. 그리스도인은 하나님을 거스르는 죄가 아니라, 죄를 거스르시는 하나님을 선택합니다."[7]
_조나단 리먼

핵심교리 99 **37. 죄 - 반역**

성경은 사람을 책임적 존재, 즉 하나님의 계시에 믿음과 순종으로 반응하도록 부름받은 존재로 봅니다. 그렇기 때문에 성경은 종종 죄를 왕이신 하나님에 대한 거역과 반역이라는 용어로 묘사합니다. 대표적인 예인 이사야 1장 2절은 이렇게 말합니다. "내가 자식을 양육하였거늘 그들이 나를 거역하였도다." 이 관점에서 보자면 죄는 인격적이며 의지적인 불순종이고, 우리를 만드신 분을 향해 반기를 드는 것이라고 말할 수 있습니다.

"승리하는 그리스도인의 삶이란 무죄한 삶이 아니라 회개하는 삶입니다."[8]
_트레빈 왁스

심화 주석 성경에서 '우슬초'는 두 가지 중요한 명령과 관련해 언급됩니다. 출애굽기에서 히브리인들은 우슬초를 어린양의 피에 담갔다가 그 피를 문설주에 뿌려야 한다는 명령을 받았습니다(출 12:22). 또 우슬초는 나병에서 치유된 사람의 정결 의식에 사용되는 도구로 묘사되기도 했습니다(레 14:1~7).
시편 51편에서 다윗이 언급한 우슬초의 의미를 유대인 독자들은 분명히 이해했을 것입니다. 다윗은 그를 죄의 노예(애굽의 노예와 같은)에서 벗어나게 해 주고, 자신을 죄의 질병(나병 같은)에서 고쳐 줄 무언가가 필요하다고 말하고 있는 것입니다. 그러나 문자적인 우슬초만으로는 충분하지 않습니다. 다윗이 부르짖은 것은 복음의 소망으로, 하나님이 친히 죄로부터의 내적 정결과 회복을 주시길 바란 것입니다.

선으로 받아들이기 시작합니다. 그런 점에서 우리 삶의 죄를 다루는 방식은 단순히 죄를 억압하는 것이어서는 안 됩니다. 하나님을 더 기뻐하면, 죄를 사랑하기보다 하나님을 더 사랑하게 되는 것입니다.

> Leader

또한 다윗은 하나님이야말로 가장 중요한 분임을 깨달았습니다. 그가 밧세바에게 한 일은 부끄러운 일이었습니다. 우리아에게 한 일은 비열한 일이었습니다. 그러나 하나님께 한 일은 최고로 가증스러운 일이었습니다. 하나님은 목동 다윗을 키워 왕의 자리에 앉히신 분이며, 그의 인생에서 가장 좋은 것들을 주신 분입니다. 다윗이 자기 죄를 돌아보며, 자신을 향한 하나님의 선하심에 비추어 할 수 있는 말이라곤 이것이 전부였을 것입니다.

"하나님, 제가 정말로 당신에게 이런 짓을 했습니까? 당신이 저를 위해 하신 그 모든 일에 대한 제 대답이 이것이었단 말입니까?"

하나님이 얼마나 크고 위대하신지 아직 깨닫지 못한 사람이 많습니다. 그러나 생각해 보십시오. 십자가 보혈로 우리 죗값을 치러 주셨습니다. 예수님은 우리가 서로에게 한 일 때문에 죽으신 것이 아니라, 우리가 하나님께 한 일 때문에 죽으셨습니다. 나와 당신을 대적 앞에서 취하시고, 우리를 친구라 부르며 가까이 다가오셨습니다. 이로 보건대 우리가 생각해 오던 개념과는 달리 하나님께 거스르는 죄는 단지 위대하신 왕께 대한 반역만이 아니라 절친한 친구의 신뢰를 저버리는 일이 되는 것입니다. 이제 죄가 우리를 화나게 하는 것은 죄의 결과 때문이 아니라 하나님께 저지른 죄 때문이어야 합니다. 그렇지 않으면, 우리의 회개는 위장에 지나지 않을 것입니다.

Q 하나님을 거스르는 반역의 심각성을 간과하면 어떤 일이 벌어집니까?

결론

> Leader

시편 51편 내내 다윗은 회개란 가슴에서 흘러나와야 함을 지적했습니다. 그런데 문제가 있습니다. 우리 마음이 악하다는 것입니다. 우리는 스스로 마음을 바꿀 수 없는데, 다윗도 그것을 잘 알았습니다. 그래서 그는 하나님께 자신을 정결케 해 달라고 부르짖었습니다. "우슬초로 나를 정결하게 하소서 내가 정하리이다 나의 죄를 씻어 주소서 내가 눈보다 희리이다"(7절).

다윗은 하나님께 부르짖으며 자신을 정결하게 씻어 주십사 간구했습니다. 그러면서도 그는 자신의 죄가 얼마나 깊은지 알았습니다. 진실로 죄를 씻고 깨끗해지기 위해서는 그가 저지른 죄보다 훨씬 더 많은 값을 치러야 할 것입니다. 그의 죄에 대한 형벌은 죽음이었습니다. 이것은 우리에게도 마찬가지입니다.

그러나 복음은 하나님이 그리스도로 하여금 우리 죄의 형벌을 십자가에서 홀로 치르게 하셨다고 말합니다. 십자가는 하나님이 우리에게 주시는 약속입니다. 하나님이 깨끗하게 하실 수 없는 극악무도한 죄나 사악한 마음은 없다는 것입니다. 그리고 부활 또한 하나님의 약속입니다. 하나님이 새롭게 하고 회복시키실 수 없는 죽음이란 없습니다.

그리스도와의 연결

이스라엘의 가장 위대한 왕이요, 하나님 마음에 맞는 사람이었던 다윗조차 구원이 필요한 죄인에 불과했습니다. 다윗의 이야기를 통해 우리는 모두 완전하신 왕의 희생을 통해 주어진 죄 사함이 필요하다는 사실을 깨닫습니다. 그분은 처벌받아 마땅한 우리의 죄를 홀로 감당하셨습니다.

하나님의 계획 우리의 사명

선교적 적용 하나님은 우리에게 죄를 숨기지 말고 회개하며 살라고 부르십니다. 이로써 다른 이들이 예수 그리스도를 통한 죄 사함의 소망이 있음을 알게 될 것입니다.

1. 당신은 어떤 방법으로 유혹의 자리를 피합니까?
2. 회개의 삶은 복음을 어떻게 알리며, 그리스도에 관한 대화의 문을 어떻게 열게 합니까?
3. '모든 죄는 궁극적으로 하나님을 거스르는 것'이라는 진리는 사람들을 회개로 이끌고 예수님을 믿게 하는 우리의 사명에 어떤 영향을 미칩니까?

금주의 성경 읽기
삼상 28~31장; 대상 10장; 시 121편; 123~125편; 128~130편

하나님께 지혜를 구하는 왕

7

Summary and Goal

이 세션에서 우리는 지혜를 구하는 솔로몬의 기도와 그에 대한 응답으로 주시는 하나님의 놀라운 복을 살펴볼 것입니다. 그가 하나님의 지혜를 어떻게 구했으며, 받은 지혜로 어떻게 나라를 다스렸고, 그 지혜가 어떤 복을 가져왔는지 볼 것입니다. 나아가 오늘날에도 하나님의 백성에게는 지혜와 통찰력이 절실히 필요하다는 사실을 알게 될 텐데, 이것들은 하나님과 동행해야만 얻을 수 있습니다.

- **성경 본문**
  열왕기상 3:5~28
  열왕기상 4:29~34

- **세션 포인트**
  1. 솔로몬이 지혜를 구했습니다(왕상 3:5~15)
  2. 솔로몬이 지혜롭게 통치했습니다(왕상 3:16~28)
  3. 지혜는 선한 열매를 맺습니다(왕상 4:29~34)

- **신학적 주제**
  주의 백성을 열방의 빛으로 삼으시겠다는 하나님의 약속이 솔로몬 왕 시대에 이루어지기 시작했습니다. 솔로몬은 하나님께 지혜를 얻은 왕이었습니다.

- **그리스도와의 연결**
  솔로몬은 위대한 지혜와 혜안으로 통치했으며, 더 위대하신 왕 예수님이 오실 것을 보여 주었습니다. 예수님 안에는 "지혜와 지식의 모든 보화"가 감추어져 있습니다(골 2:3).

- **선교적 적용**
  하나님은 우리에게 주님께 의지해 위로부터 오는 지혜를 얻고, 전능하신 하나님을 사람들에게 증거하며 지혜롭게 살라고 말씀하십니다.

Session Plan

도입

다니엘 골먼이 말하는 "감성 지능"의 개념을 성경의 지혜와 연결해 생각하는 것으로 시작하십시오.

역사상 위대한 리더들에 관해 이야기를 나눠 보십시오. 무엇이 그들을 훌륭한 리더로 만들었을까요?

그리스도인은 지혜가 하나님이 주신 것임을 믿고 세상의 관점을 뛰어넘어야 함을 지적해 주십시오. 솔로몬은 이스라엘 역사상 다른 어떤 지도자보다 뛰어난 지혜를 과시했음을 언급하십시오. 그러고 나서 솔로몬이 지혜를 구하는 내용을 다루는 이 세션을 요약하십시오.

전개

1 솔로몬이 지혜를 구했습니다 (왕상 3:5~15)

하나님이 솔로몬의 꿈에 나타나 통치자로서 필요한 것을 구하게 하셨다는 것을 강조해 주십시오.

하나님이 필요한 것을 무엇이든 말해 보라고 말씀하신다면, 당신은 무엇을 가장 먼저 구하겠습니까?

열왕기상 3장 5~15절을 읽고, 솔로몬이 많은 것 가운데 특히 지혜를 구했던 것을 강조하십시오. 그가 기도할 때 자신을 어떻게 바라보았는지, 기도에 임하는 그의 자세에 주목하십시오. 자기 자신의 진면모를 알면, 하나님께 지혜를 청할 수밖에 없게 됨을 설명해 주십시오.

삶의 어떤 영역에서 자신의 힘으로 살아가고 있다고 느낍니까?

삶의 어떤 영역에서 하나님의 지혜를 구하는 대신 자기 생각에 의지해 살아가기 쉽습니까?

솔로몬이 하나님의 지혜를 구한 목적이 이타심에 있었다는 것과 하나님이 왜 그런 요청을 기뻐하시는지를 가르쳐 주십시오.

지금 당신의 삶에서 하나님의 지혜가 필요한 인간관계는 무엇입니까? 그 이유는 무엇인가요?

열왕기상 3장 16~28절을 읽고, 솔로몬의 기도에 하나님이 어떻게 응답하셨는지를 보여 준다는 것을 알려 주십시오.

누군가에게 조언하거나 어떤 결정을 내릴 때, 주님이 지혜를 주시는 것을 느낀 적이 있습니까? 어떤 상황이었는지 설명해 주십시오.

하나님께 지혜를 구하는 것과 자녀가 부모에게 도움을 청하는 것을 비교하십시오. 인생에는 해결책이 분명하지 않아서 하나님께 지혜를 구할 필요가 있는 문제들이 있음을 설명해 주십시오.

하나님께 지혜를 구하면 기꺼이 주시리라는 기대를 가로막는 것은 무엇입니까?

2 솔로몬이 지혜롭게 통치했습니다 (왕상 3:16~28)

자원자에게 열왕기상 4장 29~34절을 읽게 하십시오. 잠언 3장 13~18절을 언급하고, 하나님의 지혜로 행하는 것이 최선임을 알려 주십시오.

지혜는 돈이나 권력이나 인정 그 이상으로 필요한 것임을 알려 주십시오. 특히 지혜가 필요한 분야는 '선교 영역'입니다. 하나님은 우리가 세상에 복음을 더 잘 전할 수 있도록 지혜를 주십니다. 세상에서 빛과 소금이 되려면, 주변의 비그리스도인들과 관계를 제대로 맺는 지혜가 필요함을 말해 주십시오.

어떻게 하면 삶 가운데서 하나님의 지혜를 널리 알릴 수 있을까요?

부나 권력이나 인정보다 지혜가 더 가치 있다는 것을 어떻게 설명할 수 있을까요?

3 지혜는 선한 열매를 맺습니다 (왕상 4:29~34)

결론

솔로몬 이야기가 많은 본보기를 보여 주고 있음을 지적하십시오. 더 중요한 것은 솔로몬의 삶이 무한한 지혜로 다스리고 통치하시는 완전하며 진정하신 왕, 예수 그리스도를 갈망하게 한다는 점을 강조하십시오. 바울이 골로새서 2장 3절에서 그리스도 안에서 발견되는 모든 지혜에 관해 한 말을 언급하십시오. 이 세션에서 배운 진리를 '하나님의 계획, 우리의 사명'에서 적용해 보십시오.

Session Content

7. 하나님께 지혜를 구하는 왕

도입

무엇이 위대한 리더를 만들까요? 높은 지능, 일류 교육, 카리스마 있는 성격, 비전을 제시하는 능력, 업적 등 많은 것을 열거할 수 있을 것입니다. 이러한 자질들은 훌륭한 리더를 만들 수는 있지만, 위대한 리더십을 보장하지는 못합니다.

다니엘 골먼은 자신의 저서 《감성 지능》(*Emotional Intelligence*)에서 높은 지능 지수나 탁월한 성적이 위대한 리더를 만드는 것은 아니라고 주장했습니다. 그의 주장에 따르면, 감성 지능이 높은 사람이 훌륭한 리더가 된다고 합니다. 감성 지능이란 '자기감정 인식', '자기감정 조절', '자기동기 부여', '공감능력', '대인관계 기술' 등 다섯 가지 능력의 총합입니다.[1]

골먼이 분석의 근거 표시를 종종 놓치긴 했지만, 감성 지능의 다섯 가지 능력을 열거하고 있는데, 그것은 성경에서 지혜라고 불리는 것들입니다. 지혜는 옳고 그름을 분별하는 능력입니다. 달리 말하면 사람들이 어찌할 바를 몰라 할 때, 무엇을 해야 하는지 아는 것입니다. 지혜로운 리더가 좋은 리더입니다. 좋은 리더는 자기 관리를 할 줄 알고, 사람들과 잘 어울리며, 선악을 분별할 줄 알아야 합니다. 한마디로 거친 바다에서도 항해할 줄 알아야 합니다.

Q 역사상 위대한 리더들에 관해 이야기를 나눠 보십시오. 무엇이 그들을 훌륭한 리더로 만들었을까요?

그리스도인은 지혜가 세상의 관점보다 우월하다고 믿습니다. 전능하신 하나님에게서 지혜가 나온다고 믿기 때문입니다. 하나님은 관계 맺음의 일부로 지혜를 주기 원하십니다. 하나님은 우리가 믿음으로 주님을 따를 때,

주님을 기쁘시게 하는 삶을 사는 데 필요한 지혜를 아낌없이 주십니다.

> Leader

'지혜' 하면 우리는 이스라엘 왕 중에 가장 지혜로웠던 솔로몬의 이야기를 떠올립니다. 하나님이 이스라엘 백성을 애굽의 노예 생활에서 해방시키셨을 때부터 그들은 주변 다른 모든 열방에 빛이 되어야 했습니다. 그들은 제사장 나라가 되며 거룩한 백성이 되어야 했습니다.

"너희가 내게 대하여 제사장 나라가 되며 거룩한 백성이 되리라 너는 이 말을 이스라엘 자손에게 전할지니라"(출 19:6).

그러나 이것은 주님을 경외하고, 그분의 길로 행하는 사람들이 인도하지 않으면 불가능한 사명입니다.

열왕기상 3장에서 솔로몬은 하나님이 바라시는 왕이 되는 데 꼭 필요한 것을 청합니다. 바로 '지혜'입니다. 솔로몬은 하나님이 이스라엘을 위해 바라시는 왕의 자질은 부나 권력이나 카리스마가 아닌 '지혜'라는 사실을 누구보다도 잘 증명해 냈습니다.

"네가 네 하나님 여호와께서 네게 주시는 땅에 이르러 그 땅을 차지하고 거주할 때에 만일 우리도 우리 주위의 모든 민족들 같이 우리 위에 왕을 세워야겠다는 생각이 나거든 반드시 네 하나님 여호와께서 택하신 자를 네 위에 왕으로 세울 것이며 … 그가 왕위에 오르거든 이 율법서의 등사본을 레위 사람 제사장 앞에서 책에 기록하여 평생에 자기 옆에 두고 읽어 그의 하나님 여호와 경외하기를 배우며 이 율법의 모든 말과 이 규례를 지켜 행할 것이라 그리하면 그의 마음이 그의 형제 위에 교만하지 아니하고 이 명령에서 떠나 좌로나 우로나 치우치지 아니하리니 이스라엘 중에서 그와 그의 자손이 왕위에 있는 날이 장구하리라"(신 17:14~20).

"지혜를 지적인 재능이나 철학적인 통찰력과 동일시해서는 안 됩니다. 지혜는 삶으로 드러나기 때문입니다. 인간이 하늘에 올라갈 수 있다면 모를까 스스로는 지혜를 얻을 능력이 없습니다. 그러므로 지혜로운 사람은 하나님이 계시하시는 말씀을 신뢰합니다."[2]
_토머스 슈라이너

Session Summary

이 세션에서 우리는 지혜를 구하는 솔로몬의 기도와 그에 대한 응답으로 주시는 하나님의 놀라운 복을 살펴볼 것입니다. 그가 하나님의 지혜를 어떻게 구했으며, 받은 지혜로 어떻게 나라를 다스렸고, 그 지혜가 어떤 복을 가져왔는지 볼 것입니다. 나아가 오늘날에도 하나님의 백성에게는 지혜와 통찰력이 절실히 필요하다는 사실을 알게 될 텐데, 이것들은 하나님과 동행해야만 얻을 수 있습니다.

심화 주석 하나님의 말씀을 듣고 순종하려는 마음과 정신의 태도는 모든 참 지혜의 근본입니다(잠 9:10). 이 지혜는 곧 "듣는 기술을 갖춘 마음"(NEB 성경, 히브리어로 "듣는 마음", NIV 성경은 "분별하는 마음")으로서 옳고 그름을 판단하고 결정해 "다스리게"(AV 성경은 "재판하게") 하는 마음입니다. "마음"(히브리어로 '레브')은 정신과 의지를 포함하지만, 감정의 자리는 아닙니다. 왜냐하면 히브리식 사고에서 연민이란 '창자'에서 뿜어져 나오는 것이기 때문입니다.[3]

_도널드 J. 와이즈먼

전개

1. 솔로몬이 지혜를 구했습니다(왕상 3:5~15)

구약성경에서 가장 주목할 만한 이야기 가운데 하나가 시작됩니다. 하나님이 솔로몬의 꿈에 나타나 말씀하셨습니다. "내가 네게 무엇을 줄꼬 너는 구하라"(5절). 하나님이 나타나셔서 이렇게 물어봐 주신다면 얼마나 좋을까요!

Q **하나님이 필요한 것을 무엇이든 말해 보라고 말씀하신다면, 당신은 무엇을 가장 먼저 구하겠습니까?**

솔로몬은 무엇이든지 구할 수 있었지만, 지혜를 청하기로 했습니다. 본문에 나타난 솔로몬의 기도의 두 가지 측면, 즉 '자세'와 '목적'에 관해 자세히 살펴보겠습니다.

5 기브온에서 밤에 여호와께서 솔로몬의 꿈에 나타나시니라 하나님이 이르시되
내가 네게 무엇을 줄꼬 너는 구하라 6 솔로몬이 이르되 주의 종 내 아버지 다윗
이 성실과 공의와 정직한 마음으로 주와 함께 주 앞에서 행하므로 주께서 그에
게 큰 은혜를 베푸셨고 주께서 또 그를 위하여 이 큰 은혜를 항상 주사 오늘과
같이 그의 자리에 앉을 아들을 그에게 주셨나이다 7 나의 하나님 여호와여 주께
서 종으로 종의 아버지 다윗을 대신하여 왕이 되게 하셨사오나 종은 작은 아이
라 출입할 줄을 알지 못하고 8 주께서 택하신 백성 가운데 있나이다 그들은 큰
백성이라 수효가 많아서 셀 수도 없고 기록할 수도 없사오니 9 누가 주의 이 많
은 백성을 재판할 수 있사오리이까 듣는 마음을 종에게 주사 주의 백성을 재판
하여 선악을 분별하게 하옵소서 10 솔로몬이 이것을 구하매 그 말씀이 주의 마
음에 든지라 11 이에 하나님이 그에게 이르시되 네가 이것을 구하도다 자기를 위
하여 장수하기를 구하지 아니하며 부도 구하지 아니하며 자기 원수의 생명을 멸
하기도 구하지 아니하고 오직 송사를 듣고 분별하는 지혜를 구하였으니 12 내가
네 말대로 하여 네게 지혜롭고 총명한 마음을 주노니 네 앞에도 너와 같은 자가
없었거니와 네 뒤에도 너와 같은 자가 일어남이 없으리라 13 내가 또 네가 구하지
아니한 부귀와 영광도 네게 주노니 네 평생에 왕들 중에 너와 같은 자가 없을 것
이라 14 네가 만일 네 아버지 다윗이 행함같이 내 길로 행하며 내 법도와 명령을

지키면 내가 또 네 날을 길게 하리라 [15]*솔로몬이 깨어 보니 꿈이더라 이에 예루살렘에 이르러 여호와의 언약궤 앞에 서서 번제와 감사의 제물을 드리고 모든 신하들을 위하여 잔치하였더라*

첫째, 기도에 임하는 솔로몬의 자세를 살펴봅시다.

기도할 때, 그가 자신을 어떻게 바라봤는지에 주목하십시오. 솔로몬은 큰 백성의 왕이 될 자격이 없음을 스스로 인정했습니다. 게다가 하나님의 약속 덕분에 그 자리에 있음을 인식하고 있었습니다(7절). 하나님이 그를 세우셨고, 그것은 하나님의 은혜였습니다. 자기 분수를 알고, 자신의 연약함을 아는 솔로몬은 자신에게 꼭 필요한 것이 무엇인지도 알았습니다. 그것은 바로 '하나님의 지혜'였습니다.

> Leader
> 솔로몬은 자신이 실행하던 삶을 수년 후에 글로 남겼습니다.
> "너는 마음을 다하여 여호와를 신뢰하고 네 명철을 의지하지 말라 너는 범사에 그를 인정하라 그리하면 네 길을 지도하시리라 스스로 지혜롭게 여기지 말지어다 여호와를 경외하며 악을 떠날지어다"(잠 3:5~7).

자신의 진면모를 알면, 하나님의 지혜를 구하지 않을 수 없을 것입니다. 자기 삶에 베푸신 하나님의 은혜를 깨닫고 직면한 과제를 제힘으로 감당할 수 없음을 인정한다면, 자신을 겸손히 낮추고 하나님의 지혜에 닿고자 노력할 것입니다. 그러나 자신을 과대평가한다면, 자기 지혜와 자기 힘으로 살아가는 위험에 처하게 될 것입니다.

> Leader
> 예수님이 제자들에게 말씀하셨습니다.
> "나는 포도나무요 너희는 가지라 그가 내 안에, 내가 그 안에 거하면 사람이 열매를 많이 맺나니 나를 떠나서는 너희가 아무것도 할 수 없음이라 사람이 내 안에 거하지 아니하면 가지처럼 밖에 버려져 마르나니 사람들이 그것을 모아다가 불에 던져 사르느니라"(요 15:5~6).
> 정말로 좋은 가르침입니다. 많은 사람이 이것을 인정하는 데 어려움을 겪지만, 우리는 그분 없이는 정말 아무것도 아닙니다. 하나님 앞에서 이렇듯 자신을 낮추는 것이 언제나 최선임을 믿어야 합니다. 하나님을 온전히 의지하고, 그분께 모든 관심과 염려를 맡겨 드린다면, 절대로 후회하지 않을 것입니다.

Q 삶의 어떤 영역에서 자신의 힘으로 살아가고 있다고 느낍니까?

Q 삶의 어떤 영역에서 하나님의 지혜를 구하는 대신 자기 생각에 의지해 살아가기 쉽습니까?

"우리는 스스로 이렇게 말합니다. '믿음이 강한 그리스도인은 기도를 많이 하지. 나도 믿음이 강하면, 좀 더 많이 기도하련만.' 믿음이 강한 그리스도인이 기도를 더 많이 하긴 합니다만, 사실은 그들 자신이 얼마나 연약한지 깨달았기 때문입니다. 그들은 이 사실을 숨기려 하지 않습니다. 연약함은 은혜로 향하는 통로이기 때문입니다." [4]

_폴 밀러

"우리는 하나님이 우리보다 더 강하시다는 것을 기꺼이 인정하는 데는 익숙하지만, 하나님이 우리보다 지혜로우시다는 데는 그렇지 못합니다. 틀림없이 그분이 더 지혜롭다고 말하겠지만, 막판에 가서는 그 말대로 행동하지 않습니다." [5]

_마르틴 루터

심화토론

- 하나님께 지혜를 구하는 것과 자녀가 부모에게 도움을 청하는 것 사이에는 어떤 유사점이 있습니까?
- 하나님께 지혜를 구하는 것과 자녀가 부모에게 도움을 청하는 것 사이에는 어떤 차이점이 있습니까?

둘째, 솔로몬이 기도한 목적이 무엇인지 살펴봅시다.

그는 하나님의 백성을 잘 인도하기 위해 하나님의 지혜를 구했습니다. 자신을 위한 요청이기는 했지만, 정의와 공평으로 이스라엘 백성을 지혜롭게 인도하기 위한 것이었습니다. 다시 말해서 지혜를 청한 동기가 이타심에 있었던 것입니다. 주님은 이것을 기쁘게 여기셨습니다.

하나님은 우리에게 지혜를 주시어 주변 사람들과 관계를 제대로 맺을 수 있게 하십니다. 경건한 친구, 남편, 아내, 부모, 상사가 되려면 지혜가 필요한 법입니다.

> Leader

예수님의 동생 야고보는 자기 자신만을 위해서 구하는 것을 경고하기 위해 이렇게 썼습니다.

"너희는 욕심을 내어도 얻지 못하여 살인하며 시기하여도 능히 취하지 못하므로 다투고 싸우는도다 너희가 얻지 못함은 구하지 아니하기 때문이요 구하여도 받지 못함은 정욕으로 쓰려고 잘못 구하기 때문이라"(약 4:2~3).

어떤 물건이 우리에게 뭔가를 해 줄 것처럼 하나님께 그것을 달라고 요구한다면, 마음 중심에는 우리 자신에 대한 안락과 쾌락이 있는 것입니다. 하지만 솔로몬은 다른 사람들을 축복하고 인도하려는 경건한 소망으로 하나님께 지혜를 구했던 것입니다.

Q 지금 당신의 삶에서 하나님의 지혜가 필요한 인간관계는 무엇입니까? 그 이유는 무엇인가요?

2. 솔로몬이 지혜롭게 통치했습니다(왕상 3:16~28)

> Leader

지혜를 구하는 기도를 한 후 솔로몬은 하나님이 그에게 주신 지혜의 깊이를 시험하는 상황에 처하게 됩니다. 두 명의 창기가 찾아와서 문제 해결을 요구한 것입니다. 본문을 통해 솔로몬이 어떻게 대응했는지 살펴보겠습니다.

16그때에 창기 두 여자가 왕에게 와서 그 앞에 서며 17한 여자는 말하되 내 주여 나
와 이 여자가 한집에서 사는데 내가 그와 함께 집에 있으며 해산하였더니 18내가
해산한 지 사흘 만에 이 여자도 해산하고 우리가 함께 있었고 우리 둘 외에는 집에
다른 사람이 없었나이다 19그런데 밤에 저 여자가 그의 아들 위에 누우므로 그의
아들이 죽으니 20그가 밤중에 일어나서 이 여종 내가 잠든 사이에 내 아들을 내 곁

심화 주석 솔로몬은 많은 면에서 '지혜'(호크마)를 보여 주었던, 이상적인 '지혜로운' 왕으로 묘사됩니다. 지혜는 인간의 모든 경험을 다룹니다. 여기에는 '명철'(비나), '통찰력'(테부나), '지성' 등이 포함됩니다. 지혜가 올바로 쓰이면, '성공'과 '형통'(사칼)을 가져옵니다. 지혜의 동의어들은 '지식'(야다)과 함께 다윗(삼상 18:14)과 메시아(렘 23:5; 고전 1:24)에게서 보이는 리더십에 필요한 자질들입니다.
참 지혜는 하나님이 주시는 창조적인 은사로, 하나님의 속성이기도 합니다(욥 12:13; 잠 3:19). 지혜는 현실의 올바른 이해이자, 도덕적이며 윤리적인 삶의 기초입니다(욥 11:6; 잠 2:6). 그리고 주요 원천이자 목적(욥 28:28; 잠 1:7 등)이 되는 하나님을 두려워하는 삶의 행위(숭배, 경외)로 표현됩니다. 또한 지혜는 마음이나 정신의 태도에서 나오며(왕상 3:7, 12), 세속적인 일들에서 신중하게 표현됩니다. 기술적인 능력이나 장인정신으로 나타나기도 합니다(출 25:3; 31:3, 6). 옳고 그름을 판단하는 능력으로 드러나기도 하며(왕상 3장; 4:28), 선한 일에 적용되기도 합니다(왕상 10:4, 24. 참조, 요셉, 시 105:16~22; 행 7:10).[6]

_도널드 J. 와이즈먼

에서 가져다가 자기의 품에 누이고 자기의 죽은 아들을 내 품에 뉘었나이다 [21]아침
에 내가 내 아들을 젖 먹이려고 일어나 본즉 죽었기로 내가 아침에 자세히 보니 내
가 낳은 아들이 아니더이다 하매 [22]다른 여자는 이르되 아니라 산 것은 내 아들이
요 죽은 것은 네 아들이라 하고 이 여자는 이르되 아니라 죽은 것이 네 아들이요
산 것이 내 아들이라 하며 왕 앞에서 그와 같이 쟁론하는지라 [23]왕이 이르되 이 여
자는 말하기를 산 것은 내 아들이요 죽은 것은 네 아들이라 하고 저 여자는 말하
기를 아니라 죽은 것이 네 아들이요 산 것이 내 아들이라 하는도다 하고 [24]또 이르
되 칼을 내게로 가져오라 하니 칼을 왕 앞으로 가져온지라 [25]왕이 이르되 산 아이
를 둘로 나누어 반은 이 여자에게 주고 반은 저 여자에게 주라 [26]그 산 아들의 어머
니 되는 여자가 그 아들을 위하여 마음이 불붙는 것 같아서 왕께 아뢰어 청하건대
내 주여 산 아이를 그에게 주시고 아무쪼록 죽이지 마옵소서 하되 다른 여자는 말
하기를 내 것도 되게 말고 네 것도 되게 말고 나누게 하라 하는지라 [27]왕이 대답하
여 이르되 산 아이를 저 여자에게 주고 결코 죽이지 말라 저가 그의 어머니이니라
하매 [28]온 이스라엘이 왕이 심리하여 판결함을 듣고 왕을 두려워하였으니 이는 하
나님의 지혜가 그의 속에 있어 판결함을 봄이더라

하나님이 솔로몬의 기도에 응답해 주셨습니다. 이스라엘 백성은 그들의 왕이 하나님이 주신 지혜와 분별력으로 통치한다는 것을 알았습니다. 이것이 하나님이 솔로몬에게 지혜를 주겠다고 약속하실 뿐 아니라 그 약속을 이루시는 데도 헌신하셨다는 증거입니다. 우리가 섬기는 하나님은 바로 이런 분입니다. 약속한 것을 행하시는 분입니다.

> Leader

이 이야기는 하나님께 지혜를 요청만 할 게 아니라, 기대도 해야 한다는 사실을 보여 줍니다. 야고보는 이를 상기시키기 위해 다음과 같이 썼습니다.

"너희 중에 누구든지 지혜가 부족하거든 모든 사람에게 후히 주시고 꾸짖지 아니하시는 하나님께 구하라 그리하면 주시리라 오직 믿음으로 구하고 조금도 의심하지 말라 의심하는 자는 마치 바람에 밀려 요동하는 바다 물결 같으니" (약 1:5~6).

하나님의 지혜는 이런 식으로 역사합니다. 우리가 믿음으로 구하면, 그분이 아낌없이 주실 것입니다.

Q 누군가에게 조언하거나 어떤 결정을 내릴 때, 주님이 지혜를 주시는 것을 느낀 적이 있습니까? 어떤 상황이었는지 설명해 주십시오.

"세상의 모든 다정한 아버지의 모든 연민이 하나의 창자로 몰려들지라도 '우리 하나님의 다정하신 자비'에 비하면, 햇빛 앞에 촛불이나 바다 앞에 물 한 방울에 지나지 않을 것입니다. 하나님은 육신의 아버지보다 더 많은 것을, 더 기꺼이 자기 자녀에게 내어 줄 준비가 되어 있으십니다. 왜냐하면 그분은 우리 영의 아버지요, 영원히 사랑하시고 영원히 살아계신 아버지이기 때문입니다."[7]

_매튜 헨리

심화 주석 열왕기상 3장에서 하나님은 솔로몬에게 왕직을 수행하는 데 필요한 것은 무엇이든지 청하라고 하셨습니다. 솔로몬은 하나님께 "주의 백성을 재판하고, 선악을 분별하도록 듣는 마음"(왕상 3:9)을 요청했습니다. 하나님은 그의 요청을 분명히 들어주셨습니다. 열왕기상 4장 29~30절은 솔로몬이 다른 누구보다 더 위대한 '지혜'(호크마)를 갖게 되었다고 말하고 있습니다.

사실상 솔로몬은 하나님께 도덕적 사안을 결정하는 지혜를 요청했습니다. 근본적으로 옳고 그름은 단순히 도덕적인 선악을 넘어선 하나님의 목적과 관련이 있습니다. 그런데 흥미롭게도 … '지혜'를 뜻하는 히브리어를 동일 의미의 헬라어 두 단어와 비교한 연구를 보면, 하나님이 솔로몬이 구했던 것보다 훨씬 더 넓은 범주의 지혜를 주셨다는 것을 알 수 있습니다.[8]

_ *L. 매닝 가레트 3세*
Biblical Illustrator

심화 주석 이스라엘은 열방의 지혜에 호의적으로 다가갔습니다. 그렇다고 그들이 그곳에서 발견하는 지혜마다 무비판적으로 받아들인 것은 아닙니다 … 하나님은 민족들마다 어느 정도의 지혜를 주셨지만, 이스라엘에게는 유일하게 토라를 주셨습니다(시 147:19~20). … 따라서 다른 문화들에 선교적으로 접근하는 경우 무엇이든 긍정할 만한 것은 모두 찾아내려 하겠지만, 또한 문화들을 오염시키는 죄의 표식들, 즉 이기적이고 우상 숭배적인 것들도 함께 파악해 내야 합니다.[9]

_크리스토퍼 J. H. 라이트

> Leader

부모라면 무언가를 요청하는 것의 중요성을 잘 알 것입니다. 아이들이 부모의 도움을 필요로 하면서도, 부모가 허락하지 않을까 봐 두려운 나머지 요청하지 않는다면 얼마나 슬프겠습니까? 우리 하나님은 기도에 응답하시는 분입니다. 지혜를 구하는 부르짖음에 응답하십니다. 그것은 하나님이 주고 싶어 하시는 것이기 때문입니다.

예수님은 이렇게 말씀하셨습니다.

"너희 중에 누가 아들이 떡을 달라 하는데 돌을 주며 생선을 달라 하는데 뱀을 줄 사람이 있겠느냐 너희가 악한 자라도 좋은 것으로 자식에게 줄 줄 알거든 하물며 하늘에 계신 너희 아버지께서 구하는 자에게 좋은 것으로 주시지 않겠느냐"(마 7:9~11).

하나님은 자기 백성이 지혜롭게 행하기를 열망하십니다. 그래서 우리가 주님께 구하기만 하면 기꺼이 주십니다.

솔로몬과 같은 상황에 놓일 일은 거의 없겠지만(그러지 않기를 바랍니다!), 어떻게 해결해야 할지 모르는 문제들에 부딪히는 일은 분명히 있을 것입니다. 예를 들면, 인생을 바꿀 만한 사업 기회가 찾아왔는데 가족과 함께 아주 먼 곳으로 이사를 해야 한다면, 어떻게 하겠습니까? 혹은 어느 날 자녀가 같은 반 친구는 왜 엄마가 둘인지 묻는다면, 어떻게 답해 주겠습니까?

지혜가 필요한 상황은 무수히 많습니다. 다행히도 우리 하나님은 전지전능하십니다. 모든 지혜와 지식을 홀로 가지고 계십니다. 주님이 우리 기도에 응답해 주실 것을 기대하십시오.

Q 하나님께 지혜를 구하면 기꺼이 주시리라는 기대를 가로막는 것은 무엇입니까?

3. 지혜는 선한 열매를 맺습니다(왕상 4:29~34)

> Leader

지금까지 우리는 솔로몬이 하나님께 지혜를 구했으며, 하나님이 그에게 지혜를 주셔서 이스라엘을 공의로 다스리도록 하신 것을 보았습니다. 이제 그의 지혜가 어떻게 해서 이스라엘의 명성을 세상에 전파했는지 볼 것입니다. 솔로몬의 명성은 주변 모든 열방으로 퍼져 나갔고, 세상에 관한 그의 지식은 한계가 없는 듯 보였습니다. 여기서 우리는 하나님께 자신을 겸손히 내어 드리고, 하나님이 주시는 지혜와 동행하는 자에게 놀라운 복이 주어짐을 보게 됩니다.

[29]하나님이 솔로몬에게 지혜와 총명을 심히 많이 주시고 또 넓은 마음을 주시되
바닷가의 모래같이 하시니 [30]솔로몬의 지혜가 동쪽 모든 사람의 지혜와 애굽의
모든 지혜보다 뛰어난지라 [31]그는 모든 사람보다 지혜로워서 예스라 사람 에단과
마홀의 아들 헤만과 갈골과 다르다보다 나으므로 그의 이름이 사방 모든 나라에
들렸더라 [32]그가 잠언 삼천 가지를 말하였고 그의 노래는 천다섯 편이며 [33]그가
또 초목에 대하여 말하되 레바논의 백향목으로부터 담에 나는 우슬초까지 하고
그가 또 짐승과 새와 기어다니는 것과 물고기에 대하여 말한지라 [34]사람들이 솔
로몬의 지혜를 들으러 왔으니 이는 그의 지혜의 소문을 들은 천하 모든 왕들이
보낸 자들이더라

> *"오, 그러니 떠나지 말라. 지혜의 문에서 계속 기다리고 있으라. 모든 길이 즐거워지며, 모든 길이 평안할 것이다. 그러면 주 예수를 기다릴 가치가 있음을 알게 될 것이다. 그대 안에 성령을 받아들이면, 사람이나 마귀의 어떤 능력도 당신을 주 예수 그리스도의 길에서 떠나게 할 수 없으리라."[10]*
> _조지 화이트필드

> Leader

하나님의 지혜로 행할 때, 최선의 상태로 살 수 있습니다. 우리는 잠언을 3,000개나 짓지는 못할지라도 이웃에게 복음에 관해 이야기할 때 지혜를 주실 하나님을 신뢰할 수 있습니다. 어려운 시기를 헤쳐 나가는 배우자에게 현명한 조언을 해줄 수도 있습니다. 하나님이 주시는 지혜를 받아야 삶의 험난한 지형을 탐색할 수 있습니다.

그래서 솔로몬은 지혜를 추구하는 것에 관해 다음과 같이 썼습니다.

"지혜를 얻은 자와 명철을 얻은 자는 복이 있나니 이는 지혜를 얻는 것이 은을 얻는 것보다 낫고 그 이익이 정금보다 나음이니라 지혜는 진주보다 귀하니 네가 사모하는 모든 것으로도 이에 비교할 수 없도다 그의 오른손에는 장수가 있고 그의 왼손에는 부귀가 있나니 그 길은 즐거운 길이요 그의 지름길은 다 평강이니라 지혜는 그 얻은 자에게 생명나무라 지혜를 가진 자는 복되도다"(잠 3:13~18).

우리에게는 무엇보다도 지혜가 필요합니다. 임금 인상보다 더 필요합니다. 이 사실을 죽을힘을 다해 믿어야 합니다. 우리에게 가장 필요한 것은 돈이나 권력이나 인정이라고 생각하기 쉽습니다. 그러나 솔로몬의 삶은 어려운 때에 가장 큰 힘이 되는 것은 결국 하나님의 지혜임을 증거합니다.

선교 사역은 지혜가 특별히 더 필요한 영역입니다. 하나님은 우리가 세상에 복음을 좀 더 잘 전할 수 있도록 지혜를 주십니다. 즉 지혜는 선교를 위한 것입니다.

세상에서 빛과 소금이 되려면 지혜가 있어야 합니다. 주변의 비그리스도인들과 관계를 잘 맺기 위해서도 지혜가 필요합니다. 인생에서 돈이나 권력이나 쾌락이 가장 중요한 것이 아니라는 사실을 보여 주기 위해서도 지혜가 필요합니다. 기독교에 회의적이거나 심지어 적대적인 사람들과 소

핵심교리 99

18. 진실하신 하나님

성경은 하나님 안에는 거짓이 없다고 분명하게 말합니다(딛 1:2; 히 6:18). 하나님은 모든 것을 있는 그대로 드러내십니다. 우리에게 주신 모든 말씀의 진실성을 하나님이 보증하시므로 하나님의 모든 말씀은 신뢰할 만합니다. 사람에게 정직하고 거짓 증언하지 말라는 말씀은 우리를 창조하신 분의 완전한 진실성에 근거한 말씀입니다. 진실을 말하는 것이야말로 우리가 하나님의 형상을 지닐 수 있는 유일한 방법입니다. 하나님의 아들은 곧 "길이요 진리요 생명"이십니다(요 14:6).

통하는 데도 필요합니다. 그래서 바울은 이렇게 말했습니다. "외인에게 대해서는 지혜로 행하여 세월을 아끼라"(골 4:5). 사방에서 사람들이 솔로몬의 말을 들으러 찾아온 것은 그에게 하나님이 주신 지혜가 있었기 때문입니다(왕상 4:34).

지혜는 우리를 주변 사람들에게 매력적이고 멋진 사람으로 만들어 줍니다. 우리는 하나님이 주신 지혜를 세상에 보여 주어야 합니다. 그리스도인이 돈 문제, 양육 문제, 고통 문제에 관해 어떻게 현명하게 행동하는지 보여 줄 필요가 있습니다. 복음이 우리를 온전히 준비시키고, 세상에서 의롭고 올바르게 살아갈 힘을 준다는 것을 보여 주어야 합니다(딛 2:11~13).

> Leader

"모든 사람에게 구원을 주시는 하나님의 은혜가 나타나 우리를 양육하시되 경건하지 않은 것과 이 세상 정욕을 다 버리고 신중함과 의로움과 경건함으로 이 세상에 살고 복스러운 소망과 우리의 크신 하나님 구주 예수 그리스도의 영광이 나타나심을 기다리게 하셨으니"(딛 2:11~13).

이웃에 관해 생각해 봅니다. 우리는 주님을 모르는 사람들, 알고자 하는 의사가 없는 듯한 사람들에 둘러싸여 있습니다. 저의 경우 그들과 대화하고, 그들과 더불어 살아가는 법을 배우기 위해 지혜가 필요합니다. 아내와 아이들과 함께할 때나 세상에 관해 이야기할 때, 하나님이 제게 주신 지혜를 세상에 보여 줄 필요가 있습니다.

주변 사람들을 섬기고 축복하며 사랑하려면 지혜가 필요합니다.

Q 어떻게 하면 삶 가운데서 하나님의 지혜를 널리 알릴 수 있을까요?

Q 부나 권력이나 인정보다 지혜가 더 가치 있다는 것을 어떻게 설명할 수 있을까요?

결론

솔로몬의 이야기를 살펴볼수록, 그가 여러 가지 면에서 제대로 갖춘 왕이었다는 것을 알게 됩니다. 하나님은 그를 놀라운 방식으로 사용하셨습니다. 그의 이야기에는 우리가 본받을 것이 많습니다.

그러나 무엇보다도 솔로몬의 삶은 진정한 왕을 갈망하는 우리의 마음을 뒤흔듭니다. 우리는 완전한 지혜와 신실함으로 우리를 다스려 줄 분을 고대합니다. 솔로몬이 우리에게 완전하신 왕을 가리켜 보입니다. 그분은 지혜로 통치하며 하나님을 신뢰하는 데 전혀 거리낌이 없으신 분입니다. 그가 가리키는 것은 무한한 지혜로 다스리고 통치하시는 진정한 왕, 예수 그리스도이십니다. 실제로 바울은 "그(그리스도) 안에는 지혜와 지식의 모든 보화가 감추어져 있느니라"(골 2:3)라고 말했습니다.

솔로몬과 같은 왕, 그러나 그보다 더 위대하신 왕이 계십니다. 우리는 그분이 누구인지 알 수 있으며, 그분의 통치와 주권 아래 들어갈 수 있습니다. 지혜로운 사람은 예수님을 바라보고, 모든 면에서 그분께 온전히 순종하는 자입니다. 지혜를 보고 싶습니까? 그러면 솔로몬을 한 번 보고 나서 예수님께 시선을 고정해 보십시오. 진정한 왕을 위해 살고, 세상에 그분의 왕권을 선포하는 삶을 살기를 바랍니다.

그리스도와의 연결

솔로몬은 위대한 지혜와 혜안으로 통치했으며, 더 위대하신 왕 예수님이 오실 것을 보여 주었습니다. 예수님 안에는 "지혜와 지식의 모든 보화"가 감추어져 있습니다 (골 2:3).

하나님의 계획 우리의 사명

선교적 적용 하나님은 우리에게 주님께 의지해 위로부터 오는 지혜를 얻고, 전능하신 하나님을 사람들에게 증거하며 지혜롭게 살라고 말씀하십니다.

1. 하나님을 기쁘시게 하는 이타적인 마음으로 하나님께 지혜를 구하는 기도문을 써 보십시오.
2. 어떻게 하면 소그룹/교회가 '위로부터 내려온 지혜'를 드러내고, '땅 위의 지혜'를 거부하며 세상의 빛과 소금이 될 수 있을까요?
3. 예수님이 삶의 지혜이심을 어떻게 설명할 수 있을까요? 또한 이것을 누구에게 전하겠습니까?

금주의 성경 읽기
삼하 1~4장; 시 6편; 9편; 10편; 14편; 16편; 21편

지혜는 하나님의 백성을 위한 것이다

8

Summary and Goal

이 세션에서 우리는 잠언을 통해 하나님이 우리에게 주신 지혜롭게 행하는 법에 관한 말씀을 살펴볼 것입니다. 지혜가 어떻게 주님을 경외하는 것에서 비롯되는지, 어떻게 우리를 하나님을 향한 믿음으로 이끄는지, 그리고 일상생활에서 실제로 어떤 도움을 주는지를 배울 것입니다. 아울러 지혜가 우리를 예수 그리스도께로 인도하며, 그리스도인의 삶에서 나타난 지혜를 통해 사람들이 주님께로 인도된다는 것을 알게 될 것입니다.

- **성경 본문**
  잠언 1:1~7
  잠언 3:1~12
  잠언 22:1~10

- **세션 포인트**
  1. 지혜의 근본은 하나님을 경외함입니다(잠 1:1~7)
  2. 지혜는 하나님을 믿는 믿음으로 인도합니다(잠 3:1~12)
  3. 지혜는 하나님이 만드신 세상에서 살아가는 법을 가르쳐 줍니다(잠 22:1~10)

- **신학적 주제**
  성경에는 하나님이 지으신 세상에서 신실하게 살아가는 지혜가 담겨 있습니다.

- **그리스도와의 연결**
  지혜는 하나님이 만드신 세상에서 신실하게 살아가는 데 유용한 기술이지만, 우리는 모두 죄를 지었습니다. 지혜는 살아가는 법을 가르쳐 주지만, 구원을 줄 수는 없습니다. 이 때문에 하나님이 '예수님'이라는 지혜를 우리에게 보내 주셨습니다(고전 1:30). 예수님의 죽음과 부활을 통해 우리는 구원을 받습니다. 모든 것이 하나님의 지혜로운 계획이었습니다.

- **선교적 적용**
  하나님은 우리에게 지혜로운 자의 길을 따라 살며, 잠언의 지혜처럼 다른 사람들을 예수님을 통한 신실하고 지혜로운 삶으로 이끌라고 말씀하십니다.

Session Plan

도입

“지혜란 무엇인가?”라는 질문으로 시작하십시오. 잠언 6장 6~8절과 30장 24~25절이 개미를 사용해서 지혜를 어떻게 묘사하고 있는지 보여 주십시오.

‘지혜’ 하면 떠오르는 것은 무엇입니까?

지금 당신에게 지혜가 필요한 문제는 무엇입니까?

부록 4: ‘지혜 문학’의 잠언 정보를 필요한 만큼 활용하십시오. 하나님이 잠언을 통해 지혜롭게 행하는 법을 가르치신 내용을 다루는 이 세션을 요약해 주십시오.

전개

1 지혜의 근본은 하나님을 경외함입니다 (잠 1:1~7)

지혜가 하나님과의 관계에서 비롯된다는 것을 말해 주십시오. 그러고 나서 자원자에게 잠언 1장 1~7절을 읽게 하십시오. 지혜는 하나님이 주신 은사임을 강조하며, 지혜와 관련된 것들을 지적해 주십시오.

가르침을 배우는 데 있어서 그리스도인과 비그리스도인은 어떻게 다릅니까?

지혜는 하나님을 향한 경외심을 포함하므로 단순한 정보 이상임을 지적해 주십시오. 세상의 지혜와 성경의 지혜에는 차이가 있음을 가르쳐 주십시오.

왜 주님을 경외하는 것이 지혜의 근본입니까?

왜 하나님을 경외하지 않거나 그분의 길로 행하지 않으면 참 지혜를 얻을 수 없습니까?

2 지혜는 하나님을 믿는 믿음으로 인도합니다 (잠 3:1~12)

자기 자신을 믿으라고 종용하는 대중문화와 성경의 지혜를 대비시키십시오. 그러고 나서 잠언 3장 1~12절을 읽으십시오. 하나님을 믿는 믿음은 독립독행(獨立獨行)의 자세를 버리는 것임을 가르쳐 주십시오.

삶의 어떤 영역에서 자신을 믿으라는 유혹을 받습니까? 어떻게 하면 자신을 믿는 데서 하나님을 믿는 믿음으로 나아갈 수 있을까요?

9~10절에서 솔로몬은 하나님을 믿는 믿음은 주님께 재정 관리를 맡겨 드리는 것을 의미한다고 말합니다. 그리스도인으로서 우리는 자기 재정으로 하나님을 얼마나 어떻게 공경해야 하는지 설명해 주십시오.

재정 문제에서 어리석음은 무엇이며, 지혜는 무엇입니까?

또한 하나님을 믿는 믿음은 고통을 잘 견뎌 내는 것임을 설명해 주십시오. 우리를 향한 하나님의 사랑에는 징계도 포함되어 있음을 강조해 주십시오. 하나님이 우리에게 손해를 끼치시는 것처럼 느껴질지라도 사실은 치유해 주시는 것임을 알게 해 주십시오.

하나님을 믿는 것과 관련해서 부딪히게 되는 장애물에는 어떤 것들이 있습니까?

어떻게 하면 우리 앞에 닥친 어려움을 장애물이 아닌 하나님을 신뢰할 기회로 볼 수 있을까요?

3

지혜는 하나님이 만드신 세상에서 살아가는 법을 가르쳐 줍니다

(잠 22:1~10)

잠언 22장 1~10절을 읽으십시오. 야고보서 1장 22절을 근거로 하나님의 말씀을 듣기만 하고, 행하지 않는 것의 위험성에 관해 이야기해 주십시오.

잠언 22장 1~10절은 우리에게 어떻게 살아가라고 가르쳐 줍니까?

두세 명씩 조를 나누어 학습자용 교재의 표를 채우게 하십시오. 인도자용 교재에 실린 답과 비교하며 이야기를 나누십시오.

우리는 더 지혜로운 방법을 알면서도 종종 어리석은 실수를 저지르곤 합니다. 복음은 이 어리석음을 다루는 데 어떤 도움을 줍니까?

결론

예수님 안에서 발견하는 지혜는 단순한 정보가 아님을 지적한 후, 고린도전서 1장 30절로 마무리하십시오. 지혜는 바로 '예수님'입니다(참조, 부록 2: '왕국에서 예수님 바라보기'). 예수님께 믿음을 드리면, 주님이 우리를 지혜로운 사람으로 만들어 주십니다. 이 세션에서 배운 진리를 '하나님의 계획, 우리의 사명'에서 적용해 보십시오.

Session Content

8. 지혜는 하나님의 백성을 위한 것이다

도입 옵션

칠판 혹은 큰 종이를 반으로 나누어 한쪽에는 '하나님과의 관계', 다른 한 쪽에는 '다른 사람들과의 관계'라고 적은 후, 그 관계에 해당하는 영역을 가르쳐 주십시오. 그리고 다음과 같이 질문하십시오.

- 지혜는 하나님과의 관계에 관한 것입니까? 아니면 다른 사람들과의 관계에 관한 것입니까?"

각주 1 제이 아담스의 글을 읽고, 다음 질문을 하십시오.

- 왜 지혜는 하나님과의 관계와 사람들과의 관계를 모두 포함해야 합니까?

도입

지혜란 무엇입니까? 어떤 사람들은 지식과 정보라고 말합니다. 또 어떤 사람들은 인생 경험쯤으로 생각합니다. 행운의 쿠키 속에 든 한 줄짜리 경구를 떠올리는 사람도 있습니다. 그런데 성경은 지혜에 관해 어떻게 말합니까?

> Leader

우리에게는 개미만큼의 안목만 있으면 됩니다. 예, 개미 말입니다! 개미를 무언가의 전형으로 삼는 일은 매우 드뭅니다. 그런데 솔로몬은 개미를 지혜의 모범으로 삼고, 이렇게 지적했습니다.

"게으른 자여 개미에게 가서 그가 하는 것을 보고 지혜를 얻으라 개미는 두령도 없고 감독자도 없고 통치자도 없으되 먹을 것을 여름 동안에 예비하며 추수 때에 양식을 모으느니라"(잠 6:6~8).

"땅에 작고도 가장 지혜로운 것 넷이 있나니 곧 힘이 없는 종류로되 먹을 것을 여름에 준비하는 개미와"(잠 30:24~25).

여기서 초점은 개미의 지식이나 경험이나 지성이 아닙니다. 요점은 개미는 어떻게 살아야 하는지를 안다는 것입니다. 개미는 마땅히 해야 할 일을 알고 있습니다. 삶의 단계를 탐색하는 법도 압니다. 지혜와 통찰력과 분별력을 가졌을 것 같지 않은 작은 개미인데 말입니다!

지혜는 지식 못지않게 중요합니다. 오히려 지식 이상으로 중요합니다. 지혜는 무엇을 아는가보다 어떻게 해야 할지를 아는 것입니다. 지혜로운 사람은 세상에서 신실하게 살아가는 법을 알고 있습니다. 그들은 혀를 길들이고, 만족을 유보하며, 탐욕을 통제하고, 고난을 잘 견뎌 내는 법을 압니다. 우리는 그리스도인으로서 지혜가 필요한 상황에 끊임없이 부닥칩니다.

> 그리스도인은 지혜가 필요한 상황에 끊임없이 던져집니다. 예를 들어 저희 집에

는 아들이 셋 있는데, 성격이 제각각입니다. 한 아들은 극단적으로 내향적이고, 또 한 아들은 극단적으로 외향적입니다. 그리고 다른 한 아들은 중간쯤 됩니다. 세 명 모두 같은 것을 같은 방식으로 원하지 않습니다. 훈육에도 다르게 반응합니다. 한 명은 울고, 또 한 명은 대들고, 다른 한 명은 완전히 무시합니다. 저는 부모로서 지혜가 필요하고, 당신도 어떤 상황에 부닥쳐 있든지 역시나 지혜가 필요하리라 믿습니다.

"시편이 하나님과의 관계에 초점을 맞추고 있다면, 잠언은 사람과의 관계에 초점을 맞추고 있습니다. 그러나 다른 사람들과 맺는 관계는 언제나 하나님과의 관계에 바탕을 두고 있으며, 하나님과의 관계는 모든 면에 영향을 미칩니다."[1]
_제이 아담스

Q '지혜' 하면 떠오르는 것은 무엇입니까?

Q 지금 당신에게 지혜가 필요한 문제는 무엇입니까?

Session Summary

이 세션에서 우리는 잠언을 통해 하나님이 우리에게 주신 지혜롭게 행하는 법에 관한 말씀을 살펴볼 것입니다. 지혜가 어떻게 주님을 경외하는 것에서 비롯되는지, 어떻게 우리를 하나님을 향한 믿음으로 이끄는지, 그리고 일상생활에서 실제로 어떤 도움을 주는지를 배울 것입니다. 아울러 지혜가 우리를 예수 그리스도께로 인도하며, 그리스도인의 삶에서 나타난 지혜를 통해 사람들이 주님께로 인도된다는 것을 알게 될 것입니다.

전개

1. 지혜의 근본은 하나님을 경외함입니다(잠 1:1~7)

> Leader

지혜는 하나님과의 관계에서 시작됩니다. 그분은 모든 지혜와 통찰력과 지식의 원천이십니다. 오직 어리석은 자만이 하나님 없이 살려고 애씁니다. 이것이 솔로몬이 잠언을 시작하며 주장하는 내용입니다.

*1다윗의 아들 이스라엘 왕 솔로몬의 잠언이라 2이는 지혜와 훈계를 알게 하며
명철의 말씀을 깨닫게 하며 3지혜롭게, 공의롭게, 정의롭게, 정직하게 행할 일에
대하여 훈계를 받게 하며 4어리석은 자를 슬기롭게 하며 젊은 자에게 지식과 근
신함을 주기 위한 것이니 5지혜 있는 자는 듣고 학식이 더할 것이요 명철한 자는
지략을 얻을 것이라 6잠언과 비유와 지혜 있는 자의 말과 그 오묘한 말을 깨달*

으리라 7 여호와를 경외하는 것이 지식의 근본이거늘 미련한 자는 지혜와 훈계를 멸시하느니라

먼저 지혜로움이 정보 습득과 어떤 관련이 있는지 주목하십시오. 지혜는 지식, 학식, 가르침, 이해력, 통찰력 있는 격언 등과 관련이 있습니다. 하지만 앞서 언급했듯이 지혜는 정보 그 이상입니다. 사상과 말씀과 가르침을 배워야 어떻게 살아갈지 알 수 있습니다.

그러므로 지혜란 특별한 직관처럼 그저 '나에게 오는 것'이 아닙니다. 지혜는 하나님이 (잠언 31장 전체를 포함한) 말씀을 통해 주시는 선물입니다. 하나님은 우리가 듣고 배우고 순종하기를 원하십니다. 그리고 지식과 통찰력으로 자기 백성을 가르치고 인도하며 권면하십니다.

> Leader
> 이것은 그리스도인이 주변 지식과 정보를 쓸모 있게 만들어야 한다는 것을 의미합니다. 부지런히 읽고, 배우고, 공부하며 성장해야 합니다.

Q 가르침을 배우는 데 있어서 그리스도인과 비그리스도인은 어떻게 다릅니까?

> Leader
> 지혜에는 정보가 포함됩니다. 하지만 정보를 많이 가지고 있다고 해서 지혜로운 것은 아닙니다. 솔로몬은 주님을 경외하는 것이 지혜의 근거라고 말합니다(7절). 모든 지혜와 지식을 홀로 가지신 하나님으로부터 시작해야 합니다.
> 잠시 생각해 봅시다. 하나님은 말 그대로 모든 것에 대해서 모든 것을 알고 계십니다. 배우실 게 없습니다. 새로운 생각을 하지도 않으십니다. 새로운 정보에 놀라는 법도 없으십니다. 모든 정보를 하나도 빠뜨리지 않고 완전히 다 알고 계시기 때문입니다. 모든 분야의 전문가이십니다. 알지 못하는 정보가 하나도 없으십니다. 그러니 주님을 경외하지 않는 것은 어리석은 일입니다(7절). 하나님은 참 지혜로 나아가는 여러 통로 중에 한 가지 선택지가 아닙니다. 유일한 길입니다!

성경적인 관점에서 보면, 주님을 경외하지 않거나 그분의 길로 행하지 않는 사람은 지혜를 얻을 수 없습니다. 다시 말해서 하나님께 온전히 순종하지 않으면 지혜를 얻기 어렵다는 것입니다. 다른 식으로는 얻을 수 없습니다. 먼저 주님께 나아가며 주님을 갈망해야 합니다. 그럴 때 하나님이 우리에게 지혜를 부어 주십니다.

하나님을 경외해야 합니다. 두려움에 벌벌 떨라는 것이 아니라 주님을 경배하며 만물 위에 주님을 높이는 법을 배우라는 것입니다. 주님보다 더 소중한 이가 없고, 주님보다 더 귀한 것이 없습니다.

심화 주석 '지혜'는 지식이란 주제에 통달해 있습니다. 훈육과 지식과 신중함과 다른 미덕들이 이에 포함됩니다. 이것은 삶의 문제를 극복하기 위해 지식을 적용할 수 있는 능력입니다. 성경의 '지혜'란 하나님이 주신 선물(잠 2:6)로, 하나님의 지식과 도덕성이 포함됩니다.
'훈육'은 잘못된 행동의 결과에 대한 경고 또는 그런 경고에 주의하지 않은 사람들에 대한 사랑의 교정과 관련 있습니다. 여기에 체벌도 포함될 수 있습니다. 훈육으로 번역된 히브리어 단어는 종종 '훈계'(3절)로 번역되기도 하는데, 그 목적이 언제나 교화나 교육이지 단순히 처벌만은 아니기 때문입니다. '명철'은 행동을 이끄는 내면화된 지식을 의미합니다. '오묘한 말들'이란 진리를 계시하는 것들입니다. '훈계'는 문자적으로 '신중한 … 규율'입니다. '신중함'이란 기술이나 명석함으로, 통찰력과 관찰력과 조사력을 위한 재능이며, 형통함으로 이끄는 실용적인 지혜입니다.
'지혜로운/지혜로운 자/지혜'로 번역된 단어(3절; 14:35; 16:23; 17:2; 21:11, 16)는 '신중한'(10:5), '분별 있는'(15:24), '이해하는'(16:20), '형통한'(17:8), '슬기로운'(19:14), '헤아리는'(21:12) 등을 뜻합니다. 이 명석함은 도덕적으로 '의'(하나님의 명령에 동의함), '정의'(바른 것의 회복), '온전함'(곧고 바르고 정당한 것)에 의해 인도됩니다."[2]

_데이비드 K. 스텝나우
HCSB Study Bible

> Leader

여기서 솔로몬이 '주님'(히브리어로 여호와)이라는 단어를 사용한 것에 주목해야 합니다. 이것은 단순한 호칭이 아니라 하나님의 이름입니다. 솔로몬은 주님을 경외하는 한 인물을 마음속에 그렸으며, 그 인물이 바로 이스라엘을 애굽에서 구해 내어 자기 백성으로 세우신 분이라고 믿었습니다. 하나님만이 경외와 존경을 받으실 분입니다. 그리고 그렇게 함으로써 우리는 현명해집니다. 지혜에 관한 다른 정의는 충분치 않습니다.

세상의 지혜와 성경의 지혜에는 차이가 있습니다. 세상에도 어느 정도 지혜로운 사람이 있습니다만, 그것은 세상 기준에 따른 것입니다. 솔로몬이라면 세상의 지혜와 하나님이 주신 참 지혜를 구별할 것입니다. 성경의 지혜는 주님을 경외하는 데서 비롯됩니다. 이것이 잠언 및 성경 전체의 중심 주제입니다. "여호와를 경외하는 것이 지혜의 근본이요 거룩하신 자를 아는 것이 명철이니라"(잠 9:10; 참조, 시 111:10). 지혜의 뿌리는 주님을 향한 경외감에 있습니다.

Q 왜 주님을 경외하는 것이 지혜의 근본입니까?

Q 왜 하나님을 경외하지 않거나 그분의 길로 행하지 않으면 참 지혜를 얻을 수 없습니까?

2. 지혜는 하나님을 믿는 믿음으로 인도합니다(잠 3:1~12)

우리 시대는 "자기 자신을 믿으라"고 말합니다. 어떤 의미에서 어느 정도 자신감을 갖는 것은 건강하고 좋은 일입니다. 그러나 '자기 자신 믿기'를 삶의 방식으로 삼는 것은 어리석은 일입니다. 참 지혜는 자신이 아닌 하나님을 믿도록 인도하기 때문입니다.

> Leader

우리는 어리석은 자가 지혜와 훈계를 멸시한다는 것을 알고 있습니다. 이것은 달리 말하면, 어리석은 자가 주님을 경외하지 않아서 주님을 멸시하는 것입니다. 이 세션에서는 지혜가 어떻게 주님을 경외하게 하고, 그분을 신뢰하고 의지하게 하며 삶의 중심에 모시게끔 하는지 보게 될 것입니다.

[1]내 아들아 나의 법을 잊어버리지 말고 네 마음으로 나의 명령을 지키라 [2]그리하면 그것이 네가 장수하여 많은 해를 누리게 하며 평강을 더하게 하리라 [3]인자와 진리가 네게서 떠나지 말게 하고 그것을 네 목에 매며 네 마음판에 새기라 [4]그리

심화토론

- 믿지 않는 사람에게 '주님을 경외함'이라는 개념을 어떻게 설명할 수 있을까요?
- 하나님을 향한 경외는 하나님을 향한 사랑과 어떤 관계가 있습니까?

심화 주석 '근본'(단계의 처음이라기보다 최초이자 지배적인 원리. 참조, 전 12:13)이란 올바른 사고방식일 뿐 아니라 올바른 관계, 즉 이름('주님', 즉 여호와. 출 3:13~15)으로 자신을 계시하신 언약의 하나님을 경배하는 복종('경외')입니다.
그리고 지식은 엄밀히 말해서 관계입니다. 즉 계시에 의존하며, 연단('지혜와 훈계', 잠 1:7하)과 떼어놓을 수 없습니다.
특별한 연구를 위해 한계를 그어 지식의 영역을 제한시킬 때는 포함시키지 않은 다른 영역이 있다는 것을 반드시 기억해야 합니다. 그렇지 않으면 우리가 다 알았다고 하는 것들은 타락 때와 마찬가지로 조급하게 얻었거나 왜곡된 지식일 수 있고, 결국에 우리는 더 어리석어지고 마는 것입니다(참조, 잠 3:7; 롬 1:21, 22).[3]

_데릭 키드너

"사람은 주님을 경외하지 않고는 죄를 포기할 수 없습니다."[4]

_암브로시우스

하면 네가 하나님과 사람 앞에서 은총과 귀중히 여김을 받으리라 [5]*너는 마음을*
다하여 여호와를 신뢰하고 네 명철을 의지하지 말라 [6]*너는 범사에 그를 인정하*
라 그리하면 네 길을 지도하시리라 [7]*스스로 지혜롭게 여기지 말지어다 여호와를*
경외하며 악을 떠날지어다 [8]*이것이 네 몸에 양약이 되어 네 골수를 윤택하게 하*
리라 [9]*네 재물과 네 소산물의 처음 익은 열매로 여호와를 공경하라* [10]*그리하면*
네 창고가 가득히 차고 네 포도즙 틀에 새 포도즙이 넘치리라 [11]*내 아들아 여호*
와의 징계를 경히 여기지 말라 그 꾸지람을 싫어하지 말라 [12]*대저 여호와께서 그*
사랑하시는 자를 징계하시기를 마치 아비가 그 기뻐하는 아들을 징계함같이 하
시느니라

심화 주석 "신뢰하다"로 번역된 히브리어 동사는 아랍어 동사와 어근이 같은데 온몸을 던져 납작 엎드린다는 의미로, 할 수 있는 한 생생하게 그려 보자면, 날개를 편 독수리 같이 전적으로 의지해 엎드린 것을 말합니다. 즉 죄와 허물과 경외심을 안고 엎드린 자세로 하나님께 온몸을 던지는 것입니다. 우리는 하나님의 복음의 약속에 모든 것을 걸었습니다. 하나님이 회복시켜 주신다면, 우리는 영원히 구원받습니다. 진정한 신뢰는 직설적이며 대담하고 단순합니다.[5]

_레이먼드 C. 오틀런드 주니어

본문에서 솔로몬이 말한 요점은 "너 자신을 믿지 말고, 주님을 믿어라"입니다. 지혜는 주님을 경외하는 마음에서 비롯됩니다. 경외하는 마음은 바위처럼 단단한 믿음으로 나타나야 합니다. 그렇다면 하나님을 믿는다는 것은 무엇입니까?

믿음은 독립독행의 자세를 버리는 것을 의미합니다(5~8절).

> Leader

어리석은 자들만이 자신이 어딘가에 도달했다고 생각합니다. 사실은 세상 지혜가 허용하는 한계 너머로 더 나아갈 수 없기 때문에 도달한 것입니다! 이것이 바로 솔로몬이 자기 아들에게 전심으로 주님을 신뢰하라고 당부했던 이유입니다. 나아가 이것은 솔로몬이 자기 지혜와 이해력을 신뢰하지 않았고, 자기 기준에 따라 스스로 현명하게 여기지도 않았다는 뜻입니다.

우리는 지혜의 표준이 아닙니다. 자신을 믿어서도 안 되며, 스스로 인생에 통달했다고 여겨서도 안 됩니다. 사실 자신을 신뢰하는 동시에 주님을 신뢰한다는 것은 불가능합니다. 반드시 하나가 다른 하나를 몰아내게 되어 있습니다.

"미련한 자는 자기 행위를 바른 줄로 여기나 지혜로운 자는 권고를 듣느니라"(잠 12:15).

우리는 스스로 경험하고 깨달은 만큼만 자신을 믿을 수 있습니다. 그러나 자기 경험과 통찰력에 의지하다 보면, 주님을 신뢰하는 능력이나 간절함은 축소될 수밖에 없습니다. 반면에 주님을 신뢰하면 할수록 자신은 신뢰하지 않게 될 것입니다. 주님을 신뢰하면, 주님이 우리 길을 인도하시고, 우리에게 기쁨과 평화를 허락하심을 알게 될 것입니다.

Q 삶의 어떤 영역에서 자신을 믿으라는 유혹을 받습니까? 어떻게 하면 자신을 믿는 데서 하나님을 믿는 믿음으로 나아갈 수 있을까요?

믿음은 주님께 재정 관리를 맡겨 드리는 것을 의미합니다(9~10절).

> Leader
결국 '돈'이라는 주제를 빠뜨리고는 하나님을 믿는 것에 관해 말하기 어렵습니다. 예수님은 하나님과 재물을 겸하여 섬길 수 없다고 말씀하셨습니다(마 6:24). 잠시 생각해 보십시오. 예수님은 하나님과 권세를 겸하여 섬길 수 없다고 말씀하지 않으셨습니다. 하나님과 인기를 겸하여 섬길 수 없다고도 하지 않으셨습니다. 둘 다 사실이지만, '돈'을 말씀하신 이유는 돈이 신과 같은 권세를 가지고 있다는 것을 아셨기 때문입니다. 돈은 우리에게 권세와 지위와 칭송과 안전을 줄 수 있습니다.

솔로몬은 믿음은 가진 것을 드리는 것으로 드러나야 한다고 말했습니다. 우리는 수입의 첫 결실을 드림으로써 하나님을 찬미해야 합니다. 우리는 그리스도인이 얼마의 돈을 드려야 하는지, 하나님은 몇 퍼센트를 기대하고 계시는지, 나가고 들어오는 것 등을 곰곰이 생각해 볼 수 있습니다. 그러나 중요한 것은 돈과 헌금을 십자가의 관점에서 바라봐야 한다는 것입니다. 솔로몬은 십자가 앞에서 자기 부로 하나님을 공경하는 것에 관해 말하고 있습니다. 예수님의 죽음과 부활을 통해 드러난 하나님의 은혜를 목격하고 경험한 백성으로서 우리는 얼마나 많은 재물로 하나님을 공경해야 하겠습니까?

"우리 주 예수 그리스도의 은혜를 너희가 알거니와 부요하신 이로서 너희를 위하여 가난하게 되심은 그의 가난함으로 말미암아 너희를 부요하게 하려 하심이라"(고후 8:9).

> Leader
하나님은 우리에게 모든 것을 주셨습니다. 우리가 가진 모든 부와 소유물은 주님으로부터 온 것이라는 뜻입니다. 분명히 말하지만, 돈으로 그분을 신뢰하지 못한다면 믿음을 가졌다고 말할 수 없습니다.

Q 재정 문제에서 어리석음은 무엇이며, 지혜는 무엇입니까?

믿음은 고통을 잘 견뎌 내는 것을 의미합니다(11~12절).

하나님은 우리를 사랑하시기에 훈련시키십니다. 우리가 성장하고 성숙하며 거룩해지기를 원하시기에 우리 앞에 시련과 역경을 보내십니다. 이것을 솔로몬은 아들을 기뻐하는 아버지에 비유했습니다. 아버지는 아들을 진심으로 기뻐하기에 아들을 징계합니다. 아들이 엇나가는 것을 알고도 아이를 훈육하지 않을 아버지가 있을까요?

하나님은 완전한 아버지이십니다. 우리를 어떻게 훈련하고, 어떻게

심화 주석 "마음을 다하여" 하나님을 신뢰하라는 명령은 마음과 의지를 강조하긴 하지만, 전 인격이 하나님의 돌보심에 헌신되어야 한다는 의미입니다. 자기 명철이나 지적 자부심(잠 3:5하, 7상)에 의지하지 말라는 금지의 속 뜻은 지혜의 '세속적인' 추구를 거부하고 이 책의 주제를 되돌아보라는 것입니다(잠 1:7).[6]

_두에인 A. 가레트

핵심교리 99 **9. 전지하신 하나님**

성경은 하나님이 모든 것을 알고 계신다고 가르칩니다. 하나님은 "완전한 지식"(욥 37:16)을 가지신 분이며 이 지식은 과거, 현재, 그리고 자유의지를 부여받은 피조물들이 앞으로 내릴 결정들을 포함한 미래의 모든 것에 미칩니다. 하나님의 지식은 완전하며, 하나님은 시간을 넘어서서 존재하시는 분이므로 앞으로 일어날 모든 일을 알고 계십니다. 모든 것을 알고 계시는 하나님의 지식 앞에서 우리는 인간의 지식은 유한하다는 것과 하나님의 결정들은 지혜롭고 선하다는 것을 인정해야 합니다.

"하나님께 훈계하지 말아 달라고 청하는 것은 덜 사랑해 달라고 청하는 것과 같습니다."[8]
_데이비드 K. 스탭나우

"주님이 우리를 다루시는 방식이 불쾌하다고 해서 그것이 가혹하다거나 거칠다거나 아버지답지 않게 보인다고 여기지 마십시오. 찬송 받으실 주님의 의지가 우리의 욕망에 역풍을 일으킬 때 겸손히 주님을 향해 급히 돛을 내려 기꺼이 주님이 기뻐하시는 방향으로 항해를 맡기는 것이 최선입니다. 이것은 자기 부인의 문제로서, 스스로 뜻을 품지 않고 자유의지로 하나님께 이르러 자기 뜻을 하나님께 설복시키는 것과 같습니다.하나님의 뜻을 자신의 뜻으로 사용하는 것은 참 거룩함이자 자신의 안락과 평안입니다."[9]
_사무엘 러더퍼드

심화토론

- 하나님의 말씀을 듣기만 하고 행하지는 않기 쉬운 삶의 영역은 무엇입니까?

하면 우리에게 유익을 줄 수 있는지 정확히 아십니다. 설령 하나님이 내게 손해를 끼치시는 것처럼 느껴질지라도, 사실 그분은 나를 치료해 주고 계신 것입니다. 훈련이 하나님이 우리에게 주시는 '약'이라는 사실을 안다면, 무조건 꺼려서는 안 될 것입니다. 약을 즐기지는 않지만, 그것이 우리 건강을 축내는 질병이나 박테리아를 죽인다는 것을 알기 때문입니다.

결국 고난과 역경은 기쁨과 성화에 이르는 한 가지 방법입니다. 또한 그것은 우리가 기쁨과 안전을 누리기 위해 집착하는 것들이 무엇인지 폭로하는 동시에 하나님을 향한 믿음이 부족하다는 것을 드러내 보여 줍니다. 그러나 믿음이란 시련과 슬픔 속에서도 하나님은 선하시니 선을 행하시리라고 믿는 것입니다(시 119:68).

> Leader

아마도 많은 사람이 "예수 따라가며"(새찬송가 449장-역주)라는 찬송가를 불러 보았을 것입니다. 제가 가장 좋아하는 구절은 이것입니다.

"우리 받은 것을 주께 다 드리면, 우리 기쁨이 넘치겠네, 주를 의지하며 순종하는 자를 은혜 풍성케 하시리라."[7]

이 곡을 쓴 존 새미스는 솔로몬이 본문에서 말하고 있는 것을 이해했습니다. 하나님이 우리에게 주신 복과 충만을 경험하는 유일한 방법은 오직 온 힘을 다해 그분을 신뢰하고, 그분이 행하라고 하신 모든 일에 순종하는 것입니다.

이것이 바로 독립독행과 자기 숭배에 빠진 세상을 향해 우리가 전해야 할 메시지입니다. 지혜는 세상과는 다른 길, 평화와 기쁨과 희망의 길을 제시합니다. 이 메시지를 담대히 선포하기 바랍니다!

"할렐루야, 여호와를 경외하며 그의 계명을 크게 즐거워하는 자는 복이 있도다 그의 후손이 땅에서 강성함이여 정직한 자들의 후손에게 복이 있으리로다 부와 재물이 그의 집에 있음이여 그의 공의가 영구히 서 있으리로다"(시 112:1~3).

Q 하나님을 믿는 것과 관련해서 부딪히게 되는 장애물에는 어떤 것들이 있습니까?

Q 어떻게 하면 우리 앞에 닥친 어려움을 장애물이 아닌 하나님을 신뢰할 기회로 볼 수 있을까요?

3. 지혜는 하나님이 만드신 세상에서 살아가는 법을 가르쳐 줍니다(잠 22:1~10)

> Leader

잠언은 실용적인 책입니다. 지혜는 삶에 관한 것이며, 행동하는 진리입니다. 하나님은 우리가 이치를 알 뿐만 아니라 이치대로 행하기를 원하십니다. 솔로몬은 청중이 그가 내놓은 진리와 격언대로 살아가기를 바랐습니다. 여기 몇 가지 예시가 있습니다.

1많은 재물보다 명예를 택할 것이요 은이나 금보다 은총을 더욱 택할 것이니라
2가난한 자와 부한 자가 함께 살거니와 그 모두를 지으신 이는 여호와시니라 3슬
기로운 자는 재앙을 보면 숨어 피하여도 어리석은 자는 나가다가 해를 받느니라
4겸손과 여호와를 경외함의 보상은 재물과 영광과 생명이니라 5패역한 자의 길
에는 가시와 올무가 있거니와 영혼을 지키는 자는 이를 멀리 하느니라 6마땅히
행할 길을 아이에게 가르치라 그리하면 늙어도 그것을 떠나지 아니하리라 7부자
는 가난한 자를 주관하고 빚진 자는 채주의 종이 되느니라 8악을 뿌리는 자는 재
앙을 거두리니 그 분노의 기세가 쇠하리라 9선한 눈을 가진 자는 복을 받으리니
이는 양식을 가난한 자에게 줌이니라 10거만한 자를 쫓아내면 다툼이 쉬고 싸움
과 수욕이 그치느니라

주님의 말씀을 읽고 그것에 관해 이야기를 나누지만, 실제로 그 말씀을 행하지 않아도 된다면 솔깃한 일입니다. 야고보는 말씀을 듣기만 하는 것의 위험성을 이렇게 경고했습니다. "너희는 말씀을 행하는 자가 되고 듣기만 하여 자신을 속이는 자가 되지 말라"(약 1:22).

말씀을 읽기만 하고 행하지 않는 것은 자기기만입니다. 예수님은 지상명령을 내리며 이렇게 말씀하셨습니다.

"그러므로 너희는 가서 모든 민족을 제자로 삼아 아버지와 아들과 성령의 이름으로 세례를 베풀고 내가 너희에게 분부한 모든 것을 가르쳐 지키게 하라 볼지어다 내가 세상 끝날까지 너희와 항상 함께 있으리라 하시니라"(마 28:19~20).

예수님은 우리가 말씀을 배우는 데서 그치지 않고, 말씀대로 행하기를 원하십니다. 우리는 종종 아는 것만으로도 변화가 저절로 일어나리라는 생각에 빠지곤 합니다. 앎이 필요한 것은 사실이지만, 예수님이 우리에게 원하시는 것은 아는 대로 순종하는 것입니다.

심화 주석 잠언 22장 6절이 성공적인 자녀 양육을 위한 정답은 아닙니다. 이것은 부모의 영향력이 얼마나 중대한지를 보여 줍니다. 잠언은 신뢰할 만한 지침을 제공하지만, 죄 많은 세상에서 부딪히는 모든 우발적인 사건을 다루지는 못합니다. 현명한 부모는 어린 자녀에게 시간과 노력을 많이 투자하는데, 일반적으로 그때의 돌봄이 경건한 결과를 낳기 때문입니다.
하지만 아무리 훌륭한 양육으로도 방탕하고 교만한 자녀를 기를 수 있습니다(눅 15:11~32). 결국 자녀가 "마땅히 행할"(잠 22:6) 길은 대학이나 직업 선택이 아니라, 하나님을 위해 살아가는 영원의 선택입니다. 그런 '길'은 부모의 행동에 지대한 영향을 받긴 하지만, 궁극적으로 자녀의 마음에 의해 결정됩니다.[10]

_레이먼드 C. 오틀런드 주니어
Gospel Transformation Bible

"잠언은 당신이 단지 정보를 흡수하는 수동적인 학습자가 되기를 원하지 않습니다. 하나님의 지혜가 당신의 삶에서 역사하기를 바랍니다. … 누군가는 잠언을 '구두 속 십계명'으로 묘사하는데, 잠언을 통해 지혜가 실제 삶으로 뚜벅뚜벅 걸어 나올 수 있음을 보기 시작하기 때문입니다."[11]
_안토니 셀바지오

"지혜 안에 살면 복음을 전하기 마련입니다. … 그리스도의 사랑에 사로잡히고 성경의 지혜로 인도를 받을 때 우리는 사람들에게 그리스도를 믿으라고 권면하는 일을 찾아 나섭니다. 지혜는 그리스도를 좇으며 또한 다른 사람들을 그분께로 인도합니다."[12]
_조나단 리먼

Q 잠언 22장 1~10절은 우리에게 어떻게 살아가라고 가르쳐 줍니까?

> Leader

각 절을 읽고, 솔로몬이 하라고 한 것을 요약하십시오.

- 1절: 은행 잔고뿐 아니라 덕성도 기르자.
- 2절: 자신의 가치가 소유에 달려 있다고 생각하지 말라.
- 3절: 자기 한계를 인정하라.
- 4절: 겸손해라!
- 5절: 자신을 보호하라.
- 6절: 자녀에게 지혜를 가르쳐라.
- 7절: 빚을 조심하고 지혜롭게 관리하라.
- 8절: 의롭게 살라.
- 9절: 관대하라.
- 10절: 까다로운 사람을 대할 때 두려워하지 말라.

지금까지 살펴본 모든 영역과 삶의 문제들을 생각해 보십시오. 본문의 열 구절 안에 다 들어 있습니다! 지혜는 재정 문제, 양육 문제, 사고방식, 세상을 대하는 태도 등 삶의 전 영역에서 요구됩니다. 우리 삶에서 지혜가 필요하지 않은 곳은 없습니다. 하나님은 우리에게 줄곧 말씀해 오셨습니다. 문제는 우리가 듣고 순종하는가입니다. 하나님이 지시하시는 일을 실제로 행하겠습니까?

많은 사람이 이런 위험한 짓을 저지릅니다. 말씀을 암송하고 연구하며 토론하면서도 실제로는 아무것도 하지 않는 것입니다. 하나님이 주신 모든 말씀이 우리 마음속에 뿌리를 내리고, 하나님께 실제적인 순종으로 나타나야 합니다. 그래야만 다른 사람들에게도 말씀을 전하고, 그 말씀에 순종하라고 요청할 수 있습니다. 주님의 진리에 순종하지 못한다면, 다른 사람에게 주님을 전해도 열매를 맺지 못할 것입니다.

Q 우리는 더 지혜로운 방법을 알면서도 종종 어리석은 실수를 저지르곤 합니다. 복음은 이 어리석음을 다루는 데 어떤 도움을 줍니까?

결론

> Leader ……… 세션의 시작 부분에서 지혜가 하나님과의 관계에서 비롯됨을 배웠습니다. 우리는 바울의 말을 통해 이것을 더욱 생생히 알 수 있습니다.
> "너희는 하나님으로부터 나서 그리스도 예수 안에 있고 예수는 하나님으로부터 나와서 우리에게 지혜와 의로움과 거룩함과 구원함이 되셨으니"(고전 1:30).

예수님으로 말미암아 지혜가 정보나 통찰이 아니라는 사실을 알게 되었습니다. 지혜는 곧 예수님입니다(고전 1:30). 예수님은 가시화된 하나님의 지혜이십니다. 예수님은 세상의 눈에는 어리석어 보이는 일을 하셨습니다. 우리를 위해 자기 목숨을 내어놓으신 것입니다. 예수님의 죽음과 부활 덕분에 우리는 주님을 알고 따를 수 있게 되었습니다. 주님을 경외하며 모든 믿음을 주님께 맡길 때, 주님은 우리를 세상에서 주님의 복음을 선포하고 그분의 이름을 드러내는 지혜로운 자들로 만들어 주십니다.

그리스도와의 연결

지혜는 하나님이 만드신 세상에서 신실하게 살아가는 데 유용한 기술이지만, 우리는 모두 죄를 지었습니다. 지혜는 살아가는 법을 가르쳐 주지만, 구원을 줄 수는 없습니다. 이 때문에 하나님이 '예수님'이라는 지혜를 우리에게 보내 주셨습니다(고전 1:30). 예수님의 죽음과 부활을 통해 우리는 구원을 받습니다. 모든 것이 하나님의 지혜로운 계획이었습니다.

하나님의 계획 우리의 사명

선교적 적용 하나님은 우리에게 지혜로운 자의 길을 따라 살며, 잠언의 지혜처럼 다른 사람들을 예수님을 통한 신실하고 지혜로운 삶으로 이끌라고 말씀하십니다.

1. 자기 자신이나 다른 사람들이 현명한 결정을 내릴 수 있도록 성경의 지혜를 사용한 적이 있습니까?
2. 재정 영역에서 하나님을 신뢰하는 것은 예수 그리스도를 믿는 지혜를 전하는 데 어떻게 도움이 될까요?
3. 다른 사람들을 그리스도께 인도하기 위해 하나님의 말씀을 내면화하고 그 지혜로 행하려면 어떻게 해야 할까요?

금주의 성경 읽기
대상 1~2장;
시 43~44편; 49편;
84~85편; 87편

솔로몬의 성전이 의미하는 것

9

Summary and Goal

이 세션에서 우리는 솔로몬이 주님을 위해 성전을 짓는 모습을 보게 될 것입니다. 왜 그가 성전을 짓고자 했으며, 어떻게 해서 성전이 하나님의 집이라 불리고, 하나님의 임재를 나타냈으며, 세상에 하나님의 영광을 드러내게 되었는지 살펴볼 것입니다. 그리스도인은 사도들이 "하나님의 성전"으로 묘사했던 교회에 속한 사람들입니다. 구약성경에서 성전은 건물을 의미하지만, 신약성경에서는 백성을 의미합니다. 우리는 하나님의 처소로 함께 지어져 가고 있습니다. 바로 세상을 향해 빛을 밝히고 소망을 주는 표지입니다.

- **성경 본문**
  열왕기상 5:1~5
  열왕기상 8:10~14, 54~61

- **세션 포인트**
  1. 성전은 하나님의 이름을 모십니다(왕상 5:1~5)
  2. 성전은 하나님의 임재가 있는 곳입니다(왕상 8:10~14)
  3. 성전은 하나님이 사역하시는 곳입니다(왕상 8:54~61)

- **신학적 주제**
  오늘날 하나님의 성전은 성령의 임재가 있는 '하나님의 백성'입니다. 주의 백성은 주의 이름을 품고, 주의 사역에 동참합니다.

- **그리스도와의 연결**
  성전은 하나님의 하나님 되심을 열방에 알리기 위해 하나님의 이름이 높여지는 곳이었고, 하나님의 임재가 경험되는 곳이었습니다. 예수님은 하나님의 성전 된 자신에 관해 말씀하셨으며, 자신의 삶과 죽음과 부활을 통해 하나님의 이름을 높이셨고, 하나님의 임재를 구현하며, 하나님의 사역을 확장하셨습니다.

- **선교적 적용**
  하나님은 세상 사람들에게 하나님이 왕이심을 알리는 성전의 본래 목적을 이루시기 위해 우리에게 순종과 헌신을 요구하십니다.

Session Plan

도입

세계에서 가장 높은 건물인 부르즈 할리파에 관한 정보를 나누고, 랜드마크가 되는 대형 건축물들이 우리에게 어떤 메시지를 주는지 나누십시오.

역사상 위대한 건축물과 구조물의 목록을 작성해 보십시오. 목록을 보면 어떤 생각이 떠오릅니까?

그 건축물들은 어떤 메시지를 전달합니까?

역사상 위대한 지도자들은 대부분 자신들의 이름을 딴 건물을 세웠음을 언급하십시오. 그러고 나서 솔로몬이 주님을 위해 성전을 짓는 내용을 다루는 이 세션을 요약하십시오.

전개

1 성전은 하나님의 이름을 모십니다 (왕상 5:1~5)

이름에는 힘이 있음을 언급한 후 자원자에게 열왕기상 5장 1~5절을 읽게 하십시오. 성전이 건축되기 전에는 이스라엘의 하나님이 어떻게 어느 특정 장소에도 관련되지 않으셨는지 배경을 설명해 주십시오. 솔로몬이 성전을 지은 첫 번째 이유는 하나님이 주권적인 역사를 통해 그에게 모든 면에서 안식을 주셨기 때문임을 언급하십시오.

이스라엘 백성은 성전을 보고 어떤 느낌을 받았을까요?

이방 백성은 성전을 보고 어떤 느낌을 받았을까요?

솔로몬이 성전을 지은 두 번째 이유는 하나님이 다윗 왕에게 하셨던 은혜로운 약속 때문임을 언급하십시오. 그러고 나서 성전이 어떻게 예수님을 가리키는지 알려 주십시오. 부록 2: '왕국에서 예수님 바라보기'를 참고해 성전과 예수님 간의 관련성을 살펴보십시오.

예수님은 성전의 어떤 목적을 성취하셨습니까?

2 성전은 하나님의 임재가 있는 곳입니다 (왕상 8:10~14)

열왕기상 8장 10~14절을 읽고, 이 사건이 의미하는 바를 가르쳐 주십시오. 인도자용 교재에 실린 예를 참고해 '하나님의 임재'라는 성경의 더 큰 주제를 설명해 주십시오.

언제 하나님의 임재를 실감했습니까? 그때 무엇을 보고 성령의 역사를 확신했나요?

예수님과 믿는 자들을 하나님의 성전이라 말하는 신약성경의 가르침으로 이야기를 전환하십시오. 얼마나 많은 그리스도인이 예배 모임에서 이 사실을 고려하지 않는지 주목하게 하십시오.

주일예배에 어떤 자세로 임하는지 솔직하게 말해 봅시다. 좀 더 의미 있고 유익한 예배가 되도록 어떤 준비를 할 수 있을까요?

3 성전은 하나님이 사역하시는 곳입니다 (왕상 8:54~61)

열왕기상 8장 54~61절을 읽고, 여기서 발견할 수 있는 선교 사명의 개념을 설명해 주십시오. 시편 67편, 출애굽기 19장 5~6절, 하박국 2장 14절을 통해 하나님이 온 세계에 행하고자 하시는 일을 이스라엘의 성전이 어떻게 드러냈는지 알려 주십시오.

오늘날 우리가 하나님의 성전이라면 우리는 세상에 하나님을 나타내게 됩니다. '하나님의 성전'으로서 열방에 하나님을 어떻게 나타내고 있습니까?

지상의 성전으로 살아가는 그리스도인에게 주어진 선교 사역의 긴급성을 강조하십시오. 평범한 사람들과 평범한 대화를 나누는 평범한 그리스도인에게서 선교 사역이 시작됨을 말해 주십시오.

복음을 전하는 삶을 살 때 느끼는 가장 큰 두려움은 무엇입니까?

세상을 향한 하나님의 마음은 이 두려움을 극복하는 데 어떤 도움이 됩니까?

결론

이 세션에서 다룬 두 가지 위대한 진리를 다시 언급해 주십시오. 첫째, 하나님은 자기 백성 가운데 거하기를 원하십니다. 둘째, 하나님은 자기 이름이 열방에 알려지기를 원하십니다. 이 세션에서 배운 진리를 '하나님의 계획, 우리의 사명'에서 적용해 보십시오.

Session Content

9. 솔로몬의 성전이 의미하는 것

도입 옵션

세계적으로 유명한 기념물이나 건축물을 방문한 경험이 있는 사람이 있는지 질문하고 그로 하여금 경험과 감상, 특히 그 기념물이나 건축물이 주는 '메시지'에 관해 간단히 나누게 하십시오.

도입

현재 세계에서 가장 높은 건물은 두바이의 '부르즈 할리파'로 알려져 있습니다. 이 건물의 웹 사이트에는 이렇게 소개되어 있습니다.

"부르즈 할리파는 세계에서 가장 높은 건물일 뿐만 아니라 전례 없는 국제 협력의 장이며 진보의 상징이자 새롭고 역동적이며 번영하는 중동의 상징입니다. 또한 세계에서 두바이의 역할이 커지고 있음을 보여 주는 확실한 증거이기도 합니다. 30년이 채 안 되어 이 도시는 지역의 중심에서 세계의 중심으로 탈바꿈했습니다. 이러한 성공은 석유 매장량이 아닌 인간의 재능과 독창성과 진취성에 달려 있는데, 부르즈 할리파가 그 비전을 구현해 낸 것입니다."[1]

부르즈 할리파는 단순한 건물이 아니라는 메시지입니다. 우뚝 솟은 건물 그 이상의 의미가 있습니다. 전 세계에 그 뜻을 펼치기 위해 지어진 것입니다.

> Leader
> 역사에는 탑이나 성과 같은 거대 구조물이 많이 등장합니다. 바벨탑 사건 이후에도 이스라엘 사람들은 계속해서 무언가를 쌓아 올리고 있습니다. 세상의 관심을 끌고 싶다면, 대형 건물을 세워야 합니다.

Q 역사상 위대한 건축물과 구조물의 목록을 작성해 보십시오. 목록을 보면 어떤 생각이 떠오릅니까?

Q 그 건축물들은 어떤 메시지를 전달합니까?

> Leader
> 역사상 위대한 지도자들은 대부분 자기 이름을 딴 건물을 가졌습니다. 솔로몬 왕 시대에도 마찬가지였습니다. 주변 국가들은 자신들의 신을 위해 성전을 지었습니다. 그러나 이스라엘의 하나님 여호와는 지역 신이 아니십니다. 그분은 온 세

상의 하나님이십니다(출 9:16). 우주의 창조자이자 운행자이며 온 열방의 통치자 이시기에 이스라엘은 세계 앞에서 그분의 이름과 명성을 대표해야 했습니다.

"교회는 살아계신 하나님의 성전입니다. … 예수 그리스도를 머릿돌 삼아 선지자와 사도들의 기초 위에 세워졌습니다."[2]
_마이클 버드

Session Summary

이 세션에서 우리는 솔로몬이 주님을 위해 성전을 짓는 모습을 보게 될 것입니다. 왜 그가 성전을 짓고자 했으며, 어떻게 해서 성전이 하나님의 집이라 불리고, 하나님의 임재를 나타냈으며, 세상에 하나님의 영광을 드러내게 되었는지 살펴볼 것입니다. 그리스도인은 사도들이 "하나님의 성전"으로 묘사했던 교회에 속한 사람들입니다. 구약성경에서 성전은 건물을 의미하지만, 신약성경에서는 백성을 의미합니다. 우리는 하나님의 처소로 함께 지어져 가고 있습니다. 바로 세상을 향해 빛을 밝히고 소망을 주는 표지입니다.

전개

1. 성전은 하나님의 이름을 모십니다(왕상 5:1~5)

이름에는 힘이 있습니다. 쉬는 시간에 링컨, 아인쉬타인, 모짜르트, 스티브 잡스 등의 이름을 언급하면 상대방과 흥미로운 대화를 시작할 수 있습니다. 솔로몬 왕도 이름이 가진 힘을 알았습니다. 이름에 담긴 존중과 명예도 알았습니다. 이것이 그가 주님을 위해 집을 짓고 싶어 했던 이유였습니다.

> Leader

솔로몬의 아버지 다윗은 통치 기간에 끊임없는 전쟁 때문에 그 집을 지을 수 없었습니다. 그러나 주님이 솔로몬에게는 모든 면에서 안식을 주셨습니다. 이제 이스라엘의 하나님의 능력과 권능을 세상에 보이기 위해 성전을 지을 수 있게 되었습니다. 열왕기상 5장 1~5절에서 어떻게 말하는지 보십시오.

1솔로몬이 기름 부음을 받고 그의 아버지를 이어 왕이 되었다 함을 두로 왕 히람
이 듣고 그의 신하들을 솔로몬에게 보냈으니 이는 히람이 평생에 다윗을 사랑
하였음이라 2이에 솔로몬이 히람에게 사람을 보내어 이르되 3당신도 알거니와
내 아버지 다윗이 사방의 전쟁으로 말미암아 그의 하나님 여호와의 이름을 위

심화 주석 한 곳에서 예배드리는 것은 하나님이 여러 신이 아닌 오직 한 분이시라는 진리를 강조하며, 많은 산당이 유혹할지라도 다른 신들을 섬기려는 유혹을 이스라엘이 피하게 합니다(신 12:1~9; 삿 10:6). 성전 건축 양식에는 모든 창조에 대한 '스스로 있는 자'의 절대 주권과 이스라엘 대한 그분의 특별한 왕권을 가르치는 우주적이며 장엄한 상징이 모두 담겨 있습니다.[3]

_브루스 월키

하여 성전을 건축하지 못하고 여호와께서 그의 원수들을 그의 발바닥 밑에 두시기를 기다렸나이다 [4]이제 내 하나님 여호와께서 내게 사방의 태평을 주시매 원수도 없고 재앙도 없도다 [5]여호와께서 내 아버지 다윗에게 하신 말씀에 내가 너를 이어 네 자리에 오르게 할 네 아들 그가 내 이름을 위하여 성전을 건축하리라 하신 대로 내가 내 하나님 여호와의 이름을 위하여 성전을 건축하려 하오니

> Leader

구속사에서 이 시점까지 이스라엘의 하나님은 특정 장소에 매인 적이 없으셨습니다. 그분은 '환상 속에', '불타는 떨기나무에서', '불기둥으로', '산꼭대기에서', '성막에서', '언약궤를 통해' 자신을 계시하셨습니다. 그러나 지금까지 그의 백성이 가리키며 "이곳이 우리 하나님의 집이다"라고 말할 수 있는 정해진 장소가 없었습니다.

그런데 이제 솔로몬으로 인해 상황이 달라지게 됩니다. 마침내 위엄 있는 하나님의 영광과 명성을 온 땅에 과시하는 구조물을 지을 때가 온 것입니다(시 8편).

"여호와 우리 주여 주의 이름이 온 땅에 어찌 그리 아름다운지요 주의 영광이 하늘을 덮었나이다"(시 8:1).

그는 주의 이름 여호와가 영화롭게 되고 높이 들리어 온 열방이 보고 소중히 여기기를 바랐습니다.

솔로몬이 성전을 통해 세상과 이스라엘에 전하고자 했던 것은 무엇입니까? 그 답은 열왕기상 5장 4~5절에 있습니다.

"이제 내 하나님 여호와께서 내게 사방의 태평을 주시매 원수도 없고 재앙도 없도다 여호와께서 내 아버지 다윗에게 하신 말씀에 내가 너를 이어 네 자리에 오르게 할 네 아들 그가 내 이름을 위하여 성전을 건축하리라 하신 대로 내가 내 하나님 여호와의 이름을 위하여 성전을 건축하려 하오니"(왕상 5:4~5).

솔로몬이 히람에게 성전을 지으려는 이유를 설명합니다. 여기서 우리는 두 가지에 주목해야 합니다.

첫째, '하나님의 주권적 역사'입니다.

하나님은 솔로몬에게 모든 면에서 안식을 주셨습니다. 솔로몬이 아니라 하나님이 그렇게 하셨습니다. 하나님은 솔로몬 왕국을 확장하기 위해 일하고 움직이셨습니다. 이때는 다윗 시대와 달리 나라가 평안하고 평화로웠습니다. 하나님은 이스라엘의 대적들을 정복하시고, 모든 면에서 나라를 확고히 세우셨습니다.

성전은 주님이 사랑하는 민족을 위해 하신 일을 가시적으로 기리는 곳입니다. 하나님은 이스라엘을 애굽에서 인도해 내셨으며, 그들에게 율법을 주셨습니다. 그들로 하여금 광야를 건너 젖과 꿀이 흐르는 땅으로 들어가게 하셨으며, 나라를 세워 주셨습니다. 솔로몬은 하늘의 하나님께 합당한 건축물을 세움으로써 하나님의 주권적인 사역을 기리고자 했습니다.

Q 이스라엘 백성은 성전을 보고 어떤 느낌을 받았을까요?
Q 이방 백성은 성전을 보고 어떤 느낌을 받았을까요?

둘째, '하나님의 은혜로운 약속'입니다.

솔로몬이 성전을 지은 두 번째 이유는 하나님이 다윗 왕에게 그렇게 약속하셨기 때문입니다(5절). 하나님은 약속을 이루시는 분입니다. 솔로몬이 태어나기 전에 하나님은 다윗의 아들로 하여금 왕국을 확립하게 하겠다고 선포하신 바 있습니다. 그 약속이 솔로몬 시대에 실현되려는 것입니다. 성전은 하나님의 사역에 관한 증거일 뿐 아니라, 하나님의 말씀이 이루어진 증거이기도 했습니다. 우리가 섬기는 하나님은 약속을 지키시는 분입니다.

> Leader

하나님은 자기 백성과 승부를 겨루시지 않습니다. 우리를 어둠 속에 그냥 내버려 두시지도 않습니다. 오히려 틀림없이 약속을 지키시는 분입니다. 신약성경에서 예수님은 자신이 하나님의 형상인 성전이라고 말씀하셨습니다. 예수님은 하나님의 이름을 가지셨을 뿐만 아니라 하나님이십니다.

"태초에 말씀이 계시니라 이 말씀이 하나님과 함께 계셨으니 이 말씀은 곧 하나님이시니라"(요 1:1).

또 아버지께서 주신 모든 일을 성취하셨습니다.

"예수께서 이르시되 나의 양식은 나를 보내신 이의 뜻을 행하며 그의 일을 온전히 이루는 이것이니라"(요 4:34).

그래서 하나님의 모든 약속이 그분 안에서 '예'가 됩니다.

"하나님의 약속은 얼마든지 그리스도 안에서 예가 되니 그런즉 그로 말미암아 우리가 아멘 하여 하나님께 영광을 돌리게 되느니라"(고후 1:20).

그분은 성전과 하나님 백성 가운데서의 성전의 역할에 대한 이스라엘의 이해를 근본적으로 재정립해 주셨습니다.

하나님은 성전으로 보여 주고자 하셨던 것을 자기 아들로 더 많이 보여 주실 것입니다. 그분은 자신이 참 성전임을 선포하실 것입니다(요 2:12~25). 이런 이유로 이제 하나님의 이름은 더 이상 장소에 매이지 않습니다. 예수님에게서 그 이름을 발견하기 때문입니다. 예수님께 나아가면 하나

심화 주석 열왕기상 5장 1~5절은 성경 신학의 몇 가지 주요 주제를 보여 줍니다.
첫째, 하나님은 자기 백성에게 '안식'을 주셨습니다. 성경 전체를 통해 이 안식은 다양한 차원과 다양한 방식으로 주어지는데, 최종적으로 히브리서 4장이 묘사한 영원한 안식으로 발전합니다.
둘째, "전쟁을 많이 한 사람"(대상 28:3), 다윗에 관해 색다른 관점을 제공합니다. 그의 전쟁은 방어전으로 제시되었기 때문입니다.
셋째, 어떤 성전도 하나님을 담을 수 없기 때문에 이 성전은 주님의 '이름'이 거하시는 곳입니다.
넷째, 이 성전은 다윗과 후대 왕가에 주신 약속에 대한 반응으로 지어졌습니다.[4]

_앤드류 C. 볼링
HCSB Study Bible

심화 주석 제사장들이 지성소에 있는 궤를 떠나자마자 '구름'이 성전을 가득 채웠는데, 그 때문에 일을 하지 못할 정도였습니다(왕상 8:10~11). 이것은 광야에서 이스라엘을 인도하신 하나님의 영광의 구름이었고(출 16:10), 모세가 초기 예배 장소를 봉헌할 때 성막을 가득 채웠던 구름이기도 했습니다(출 40:34~35). …
영광의 구름은 주님 임재의 실재성을 나타냅니다. 출애굽 이야기에서 임재가 이스라엘을 보호하고(출 14:19~20) 인도했습니다(출 33:9). 여기서 영광은 솔로몬 성전의 거룩한 승인을 나타냅니다. 하나님이 모세와 함께하셨던 것처럼, 이제 이스라엘의 새로운 세대와도 함께하실 것입니다. 이런 연속성은 주님의 절대 변하지 않으시는 성품, 인간과 교제하시려는 열망, 택하신 백성에 대한 지속적인 헌신을 재확인해 줍니다. … 솔로몬은 성전에 강림하기로 하신 하나님의 결정에 경외감으로 응답했습니다. 일반적으로 주님은 어두운 구름 속에 계시거나 인간이 볼 수 없는 곳에 머물러 계십니다. 이것이 하나님이 행하시는 길의 신비입니다(참조, 시 18:11, 97:2). 하지만 이번 경우에는 주님이 땅에 내려오셔서 이스라엘과 직접 관계를 맺으셨습니다.
그레이가 지적한 것처럼 그분은 창조주인 동시에 "자기 백성 이스라엘 가운데 자기 보좌를 확고히 두시려고 자신을 낮추신 이스라엘의 하나님"이십니다.[5]

_폴 R. 하우스

님의 사역과 약속을 온전히 볼 수 있습니다.

Q 예수님은 성전의 어떤 목적을 성취하셨습니까?

2. 성전은 하나님의 임재가 있는 곳입니다(왕상 8:10~14)

솔로몬은 성전을 완공한 후 그곳에 언약궤를 들이기 위해 제사장, 레위인, 각 지파의 우두머리와 함께 온 이스라엘을 모이게 했습니다(왕상 8:1~9). 그날 하나님이 자기 백성 가운데 영광을 나타내셨습니다. 회중 가운데 서서 하나님의 영광이 드러나는 장대한 광경을 목격하고 있는 자신을 상상해 보십시오.

10제사장이 성소에서 나올 때에 구름이 여호와의 성전에 가득하매 11제사장이 그 구름으로 말미암아 능히 서서 섬기지 못하였으니 이는 여호와의 영광이 여호와의 성전에 가득함이었더라 12그때에 솔로몬이 이르되 여호와께서 캄캄한 데 계시겠다 말씀하셨사오나 13내가 참으로 주를 위하여 계실 성전을 건축하였사오니 주께서 영원히 계실 처소로소이다 하고 14얼굴을 돌이켜 이스라엘의 온 회중을 위하여 축복하니 그때에 이스라엘의 온 회중이 서 있더라

이 일을 통해 솔로몬과 이스라엘 백성은 자신들을 향한 하나님의 사랑과 헌신을 다시금 확인할 수 있었습니다. 원래 하나님은 아무도 볼 수 없는 짙은 어둠에 머물러 계셨습니다(12절). 그러나 이제 하나님의 이름과 임재를 위해 지어진 곳에서 자기 백성과 함께 거하기 위해 내려오셨습니다. 제사장들이 하던 일을 멈춰야 할 정도로 가까이 생생하게 다가오셨습니다.

그날 이스라엘은 하나님을 복으로 받았습니다. 하나님이 자기 백성에게 주실 수 있는 가장 큰 복은 바로 '하나님의 임재'입니다. 사실, 백성 가운데 머무시려는 하나님의 뜻은 성경 전체에 두루 나타나 있습니다. 성경의 시작부터 끝까지 이 주제가 담겨 있습니다.

> Leader

- 아담과 하와가 죄를 짓고 하나님께 쫓겨나기 전까지, 하나님은 그들과 함께 동산에서 거니셨습니다(창 1~3장).
- 하나님은 이스라엘 가운데 그분의 임재를 설정하고, 그들과 정기적으로 만나기 위해 성막과 궤의 복잡한 세부 사항을 모세에게 알려 주셨습니다.
  "이는 너희가 대대로 여호와 앞 회막 문에서 늘 드릴 번제라 내가 거기서 너희와 만나고 네게 말하리라"(출 29:42).
- 이스라엘이 하나님의 언약에 충실하지 못했을 때, 가장 심각한 주의 심판은 성전에서 모습을 감추시는 것이었습니다.
  "여호와의 영광이 성전 문지방을 떠나서 그룹들 위에 머무르니(겔 10:18).
- 하나님이 자기 백성을 다시 찾아와 그들을 다시 강건하게 하시겠다는 약속은 예수님, '임마누엘'(하나님이 우리와 함께하신다)로 불리신 분으로 인해 성취됩니다.
  "보라 처녀가 잉태하여 아들을 낳을 것이요 그의 이름은 임마누엘이라 하리라 하셨으니 이를 번역한즉 하나님이 우리와 함께 계시다 함이라"(마 1:23).
- 역사의 끝에서 모든 것이 제자리를 찾을 때, 우리는 요한계시록에서 이 약속을 읽게 됩니다.
  "하나님의 장막이 사람들과 함께 있으매 하나님이 그들과 함께 계시리니 그들은 하나님의 백성이 되고 하나님은 친히 그들과 함께 계셔서"(계 21:3).

그리스도인에게 삶의 큰 희망은 하나님께 무언가를 얻어내는 데 있는 것이 아니라, 하나님을 얻는 데 있습니다. 하나님은 우리가 그분의 임재를 느끼고, 그분에 관해 더 많이 알기를 원하십니다.

Q 언제 하나님의 임재를 실감했습니까? 그때 무엇을 보고 성령의 역사를 확신했나요?

신약성경은 예수님이 하나님의 참 성전이며, 그분을 따르는 우리도 하나님의 성전이라고 가르칩니다. 하나님은 성령을 통해 그분의 백성 가운데 거하십니다.

베드로는 이렇게 말했습니다. "사람에게는 버린 바가 되었으나 하나님께는 택하심을 입은 보배로운 산 돌이신 예수께 나아가 너희도 산 돌같이 신령한 집으로 세워지고 예수 그리스도로 말미암아 하나님이 기쁘게

심화 주석 바벨론 군대가 이스라엘을 침략해 성전이 파괴되고 사람들이 포로로 끌려갔을 때, 에스겔이 놀라운 예언을 했습니다.
"언젠가 마지막 성전이 있을 것이다. 언젠가 위대한 성전이 있을 것이다. 주님의 영이 온 성전을 채울 것이다. 그 안에 있는 모두가 하나님의 영광을 경험할 것이다." …
"마지막 성전이 어디 있습니까? 당신이 들어가는 곳은 어디입니까? 하나님의 영광이 그곳에 가득합니까? 마침내 어떻게 에덴동산으로 돌아갈 수 있습니까? 마지막 성전은 어디 있습니까?"
그러자 예수님이 나타나 말씀하셨습니다.
"내가 그다. 내가 궁극적인 희생 제물이며, 따라서 마지막 성전이니라."[6]
_팀 켈러

"완벽한 교회 예배는 거의 의식하지 못한 채로 드려질 수 있습니다. 그 순간 관심이 하나님께만 있었을 테니 말입니다."[7]
_C. S. 루이스

"그러므로 마음으로 드리는 예배의 토대는 감정적이지 않습니다. 사실 그것은 신학적입니다. 예배는 우리가 '북돋는' 무언가가 아니라 하나님의 성품으로부터 우리에게 '내려오는' 것입니다."[9]
_싱클레어 퍼거슨

받으실 신령한 제사를 드릴 거룩한 제사장이 될지니라"(벧전 2:4~5). 베드로는 우리가 하나님께 제사드리는 제사장이 되었다고 말합니다. 하나님의 백성은 더 이상 성전 밖에 서 있지 않아도 됩니다. 하나님의 이름으로 모일 때, 주님이 만나 주십니다. 하나님의 임재는 그분의 백성이 있는 곳에서 나타나는데, 성령님이 그 마음 가운데 거하시기 때문입니다.

불행히도 많은 그리스도인이 매 주일예배에 참석하면서도, 설교나 찬양이나 기도나 헌금을 통해 하나님의 임재와 영광을 경험하지 못하고 있습니다.

> Leader

2007년 〈워싱턴포스트〉(*Washington Post*)는 한 가지 실험을 했습니다. 아침 출근 시간에 세계적으로 유명한 바이올린 연주자 조슈아 벨이 랑팡 플라자 지하철역 입구에서 신분을 숨긴 채 서서 45분간 화려한 클래식 레퍼토리를 연주하게 한 것입니다. 진 바인가르텐 기자는 "대중의 취향에 관한 무작위 평가일 뿐 아니라 상황과 인식과 우선순위에 관한 실험"이라고 설명했습니다.

조슈아 벨은 전 세계 공연장을 늘 가득 채우는 연주자였습니다. 실험 전 보스턴에서 있었던 그의 연주회 입장료는 100달러였습니다. 그는 랑팡 플라자 역에서 1713년에 제작된 시가 350만 달러 상당의 스트라디바리우스로 연주를 했습니다. 그날 아침, 이 거장은 몇몇 행인들로부터 32.17달러를 받았습니다. 대부분의 행인들은 그날 아침에도 여전히 바쁜 걸음을 재촉했습니다.[8] 그들 가운데 이 위대한 인물을 알아챈 사람이 없었다니 얼마나 슬픈 일입니까!

그런데 이보다 더 슬픈 일이 있습니다. 그것은 많은 사람이 예배를 드리기 위해 모이지만, 정작 우리가 예배하는 하나님은 인식하지 못하는 것입니다.

마음이 재밋거리와 걱정거리와 해야 할 일들로 가득 차 있기 때문입니다. 그러나 베드로의 말이 사실이라면(당연히 사실입니다!) 하나님의 백성과 함께 모일 때 우리는 일주일 중에 가장 신나는 행사에 참여하는 것입니다.

Q 주일예배에 어떤 자세로 임하는지 솔직하게 말해 봅시다. 좀 더 의미 있고 유익한 예배가 되도록 어떤 준비를 할 수 있을까요?

3. 성전은 하나님이 사역하시는 곳입니다(왕상 8:54~61)

*54솔로몬이 무릎을 꿇고 손을 펴서 하늘을 향하여 이 기도와 간구로 여호와께
아뢰기를 마치고 여호와의 제단 앞에서 일어나 55서서 큰 소리로 이스라엘의 온
회중을 위하여 축복하며 이르되 56여호와를 찬송할지로다 그가 말씀하신 대로
그의 백성 이스라엘에게 태평을 주셨으니 그 종 모세를 통하여 무릇 말씀하신
그 모든 좋은 약속이 하나도 이루어지지 아니함이 없도다 57우리 하나님 여호와
께서 우리 조상들과 함께 계시던 것같이 우리와 함께 계시옵고 우리를 떠나지
마시오며 버리지 마시옵고 58우리의 마음을 주께로 향하여 그의 모든 길로 행
하게 하시오며 우리 조상들에게 명령하신 계명과 법도와 율례를 지키게 하시기
를 원하오며 59여호와 앞에서 내가 간구한 이 말씀이 주야로 우리 하나님 여호
와께 가까이 있게 하시옵고 또 주의 종의 일과 주의 백성 이스라엘의 일을 날마
다 필요한 대로 돌아보사 60이에 세상 만민에게 여호와께서만 하나님이시고 그
외에는 없는 줄을 알게 하시기를 원하노라 61그런즉 너희의 마음을 우리 하나님
여호와께 온전히 바쳐 완전하게 하여 오늘과 같이 그의 법도를 행하며 그의 계
명을 지킬지어다*

일반적으로 이스라엘 민족을 선교와 직접 연관시키지는 않습니다. 특히 성전에 관해서 그렇습니다. 하지만 대충 읽고 지나곤 했던 이 본문이 사실은 솔로몬이 한 기도 중에서 가장 중요한 부분입니다. 그는 백성을 축복하고, 나라를 위해 "여호와께서만 하나님이시고 그 외에는 없는 줄을 알게 하시기를 원하노라"(60절) 하고 기도했습니다.

이것이 하나님이 이스라엘 민족을 택하신 이유 중 하나입니다. 하나님은 이스라엘을 위해 그들을 택하신 것이 아닙니다. 열방을 위해 그들을 택하셨습니다. 하나님은 열방이 주님 안에서 기뻐하기를 바라시는 온 세상의 하나님이십니다(참조, 시 67편). 그들은 땅끝까지 주의 영광을 전하는 사명을 지닌 특별한 민족이 될 것입니다(출 19:5~6).

> Leader

"세계가 다 내게 속하였나니 너희가 내 말을 잘 듣고 내 언약을 지키면 너희는 모든 민족 중에서 내 소유가 되겠고 너희가 내게 대하여 제사장 나라가 되며 거룩한 백성이 되리라 너는 이 말을 이스라엘 자손에게 전할지니라"(출 19:5~6).

이것이 요나의 이야기에서 어떻게 작용하는지 봅시다. 하나님은 요나에게 미움과 악독함이 가득한 니느웨로 가라고 말씀하셨습니다. 요나는 이를 거역하고 다시스로 갔지만, 하나님은 큰 물고기를 보내 그를 회개하게 하시고, 다시 사명을

심화 주석 '솔로몬의 축복'은 엄밀히 말해서 축복이 아니라 하나님과 그분의 백성의 긴밀한 관계를 위한 기도입니다. 축복으로 보자면, 이것은 제사장에게만 허락되는 행위가 아닙니다(왕상 8:14. 참조, 수 6:23). 참된 기도는 하나님의 약속이 "절대" "떠나지 않고" "우리를 버리지도 않는다"(왕상 8:57; 신 31:6~8; 시 94:14; 히 13:5)는 것에 의지합니다. 하나님은 사람이 할 만한 일들을 하지 않으십니다(참조, 신 32:15. '버리지 않고'는 '고치시고'로 받아들여집니다). 하나님이 자기를 버린 백성을 떠나신 예는 열왕기하 21장 14~15절, 시편 27편 9절, 예레미야 2장 13절, 5장 7절 등에서 볼 수 있습니다. 하나님을 가까이하는 것은 "우리 마음을 그에게 향하여"(시 119:36) 그의 언약을 지키는 것(신 30:6; 시 51:10; 빌 2:13), 즉 "그의 길을 행하는" 것입니다. … 하나님이 자기 백성을 선택하신 목적(왕상 8:60)은 "세상 만민이 그분만이 하나님이심을 알게 하기 위해서"(참조, 신 4:35, 사 45:5)입니다. 이것이 가능하려면, 주님과의 언약 관계(평화)에 … 그들이 "완전히 헌신되어야" 합니다.[10]

_도널드 J. 와이즈먼

핵심교리 99 **80. 성령의 전**

성령은 성도 개인 그리고 교회 공동체 안에 거하십니다(고전 3:16~17, 12:13). '성령의 전'인 우리는 이전과는 다른 삶을 살며, 내주하시는 성령의 역사로만 열리는 고결한 열매들을 맺습니다(갈 5:22-23). 성령이 내주하시며 행하시는 이러한 역사는 교회의 개개 구성원들에게 직분 수행에 필요한 은사들을 갖추게 해 줍니다(고전 12:11).

"참된 교회의 표식은 하나님의 임재에 대한 증거가 확장되는 것입니다. 처음에는 가족에게, 다음에는 교회 안의 다른 사람들에게, 그러고 나서는 이웃과 도시와 나라와 궁극적으로는 온 땅으로 나아가는 것입니다. 하나님이 우리에게 은총을 주시어 우리가 주님의 확장되는 성전으로서 세상에 나아가 하나님의 임재를 나타냄으로써 마침내 온 땅을 채우기까지 그분의 임재를 전파할 수 있게 되기를 바랍니다."[11]

_G. K. 빌

감당하게 하셨습니다. 이 이야기는 다음과 같은 주님의 말씀으로 끝이 납니다.

"하물며 이 큰 성읍 니느웨에는 좌우를 분변하지 못하는 자가 십이만여 명이요 가축도 많이 있나니 내가 어찌 아끼지 아니하겠느냐"(욘 4:11).

주님의 마지막 말씀은 요나만 기소한 것이 아닙니다. 그것은 이스라엘 민족의 각성을 촉구하는 외침이었습니다. 하나님은 선교 사역을 위해 그들을 선택하셨습니다. 온 세상을 축복하기 위해 그들을 뽑으셨습니다. 이스라엘을 선택하신 것은 다른 열방을 거부하신다는 뜻이 아니라 그들을 포함하신다는 의미였습니다(참조, 롬 11:11~32).

이스라엘의 성전은 하나님이 온 땅 가운데 행하고자 하시는 일을 상징합니다. "이는 물이 바다를 덮음 같이 여호와의 영광을 인정하는 것이 세상에 가득함이니라"(합 2:14)라는 하박국의 예언이 성취되도록 이스라엘뿐 아니라 모든 열방에 주님의 이름과 영광이 전해지기를 바라셨습니다.

Q 오늘날 우리가 하나님의 성전이라면 우리는 세상에 하나님을 나타내게 됩니다. '하나님의 성전'으로서 열방에 하나님을 어떻게 나타내고 있습니까?

오늘날 그리스도인에게는 주어진 사명을 감당해야 할 책임이 더욱 긴급히 요구되고 있습니다. 우리는 지상의 성전으로 살아갑니다. 하나님은 그분의 대사로 보내심을 받은 우리 안에 거하시며 부족한 부분을 채워주십니다(참조, 엡 2:18~22; 벧전 2:4~5). 하나님은 열방에 주의 이름을 전파하고 이 땅에 하나님을 나타내기 위해 우리를 부르셨습니다.

> Leader

이에 대해 베드로가 어떻게 말했는지 봅시다.

"그러나 너희는 택하신 족속이요 왕 같은 제사장들이요 거룩한 나라요 그의 소유가 된 백성이니 이는 너희를 어두운 데서 불러 내어 그의 기이한 빛에 들어가게 하신 이의 아름다운 덕을 선포하게 하려 하심이라"(벧전 2:9).

베드로는 우리가 선교를 위해 선택되었다고 말했습니다. 우리는 스스로 존재하지 않습니다. 온 세상으로 하여금 예수 그리스도의 이름과 영광을 알게 하기 위해 존재합니다.

우리 앞에 놓인 이 위대한 사명은 평범한 사람들과 평범한 대화를 나누는 평범한 그리스도인들에게서 시작된다는 점을 알아야 합니다. 길을 걷고 이웃과 친해지는 것에서 시작됩니다. 믿지 않는 자들을 위해 시간과 돈과 안락함을 포기하는 것에서 시작됩니다. 거절을 두려워하지 않고 직장 동료에게 기독교에 관해 어떻게 생각하는지 묻는 데서 시작됩니다. 하나님께 기꺼이 쓰임 받으려는 자세로 사역하며 살아가는 하루하루에서 시작됩니다. 다른 사람들에게 예수님을 전하지 않고서 예수님을 따른다고 말하기는 어렵습니다. 예수님을 절실하게 따르면 다른 이들이 주님을 따르고 순종할 수 있도록 도울 수밖에 없습니다.

그리스도인은 구원받은 백성입니다. 또한 보냄 받은 백성이기도 합니다. 우리는 하나님의 이름을 짊어지고, 모든 사람에게 주님을 알리도록 세상에 보내졌습니다. 그리고 언젠가는 예수 그리스도의 보좌 앞에서 모두 모여 이렇게 노래할 것입니다. "두루마리를 가지시고 그 인봉을 떼기에 합당하시도다 일찍이 죽임을 당하사 각 족속과 방언과 백성과 나라 가운데에서 사람들을 피로 사서 하나님께 드리시고"(계 5:9).

"오늘날 예의범절은 그리스도인이 다른 사람들과 함께하는 자리에서 자신의 종교를 강요하지 말 것을 종종 요구합니다. 그러나 그런 예의범절은 집어치우십시오! 그것은 지옥의 예절입니다. 동료의 영혼에 대한 참된 예절은 내가 그 영혼이 위험에 처해 있다고 믿을 때 그에게 말하게 합니다."[12]
_찰스 스펄전

Q 복음을 전하는 삶을 살 때 느끼는 가장 큰 두려움은 무엇입니까?

Q 세상을 향한 하나님의 마음은 이 두려움을 극복하는 데 어떤 도움이 됩니까?

결론

이 세션에서 우리는 두 가지 중요한 진리를 배웠습니다. 하나님이 그분의 백성 가운데 거하기를 원하신다는 것과 그분의 이름이 열방에 알려지기를 원하신다는 것입니다. 솔로몬의 이야기에서 구속사로 나아감에 따라 이 진리가 더욱 분명해집니다. 하나님은 더 이상 지리상 특정한 장소에 거하지 않으십니다(요 4:21~24). 이제는 그리스도 안에 있는 사람들 가운데 거하고 계십니다. 그뿐만 아니라 하나님의 백성이 주의 이름과 영광을 열방에 전하게 하려 하십니다. 우리는 하나님이 우리와 언제나 함께하신다는 확신을 가지고, 열방을 제자 삼아야 합니다(마 28:19~20). 우리는 주의 이름과 주의 임재와 주의 사명을 위해 부름받았습니다.

그리스도와의 연결

성전은 하나님의 하나님 되심을 열방에 알리기 위해 하나님의 이름이 높여지는 곳이었고, 하나님의 임재가 경험되는 곳이었습니다. 예수님은 하나님의 성전 된 자신에 관해 말씀하셨으며, 자신의 삶과 죽음과 부활을 통해 하나님의 이름을 높이셨고, 하나님의 임재를 구현하며, 하나님의 사역을 확장하셨습니다.

하나님의 계획 우리의 사명

선교적 적용 하나님은 세상 사람들에게 하나님이 왕이심을 알리는 성전의 본래 목적을 이루시기 위해 우리에게 순종과 헌신을 요구하십니다.

1. 그리스도 안에 있는 하나님의 성전으로서 우리 소그룹/교회가 복음을 전할 때 그리스도의 이름을 잘 드러내려면 어떻게 해야 할까요?
2. 성령을 통해 언제나 함께하시는 하나님의 임재를 인식하는 것은 우리 삶에 어떤 영향을 미칩니까? 이 사실을 알아가도록 서로 어떻게 도울 수 있을까요?
3. 하나님의 백성은 '하나님의 성전'입니다. 이것은 사역의 부르심과 관련해 우리의 마음가짐을 어떻게 달라지게 합니까?

금주의 성경 읽기
대상 3~6장;
시 36편; 39편;
77~78편

한때 지혜로웠으나 어리석어진 왕

10

Summary and Goal

이 세션에서 우리는 솔로몬이 통치 말기에 드러낸 어리석음을 보게 될 것입니다. 솔로몬의 이야기는 누구나 어리석은 선택을 하면, 하나님과의 동행에서 이탈할 수 있다는 것을 경고해 줍니다. 또한 우리의 유일한 소망은 지혜와 의가 완전하신 진정한 왕, 예수 그리스도께 있음을 일깨워 줍니다. 그리스도인은 자신의 어리석음을 회개하고, 지혜와 구원을 주시는 하나님을 의지해 다른 이들을 주님께 인도해야 합니다.

- **성경 본문**
  열왕기상 11:1~13
  누가복음 11:31; 고린도전서 1:30

- **세션 포인트**
  1. 어리석은 선택을 하면 하나님께 온전히 헌신할 수 없습니다(왕상 11:1~8)
  2. 어리석은 선택을 하면 다른 사람들에게 악영향을 미칩니다(왕상 11:9~13)
  3. 가장 지혜로운 왕도 더 큰 지혜가 필요합니다(눅 11:31; 고전 1:30)

- **신학적 주제**
  어리석음이란 삶의 각 영역에서 하나님께 영광을 드리지 못하는 것입니다.

- **그리스도와의 연결**
  솔로몬은 통치 시절 번영과 평화로 유명했던 왕입니다. 하지만 불행하게도 그의 통치가 끝나갈 무렵, 솔로몬의 죄 많은 타협이 왕국의 분열을 초래했습니다. 예수님은 땅에 계실 때 "솔로몬보다 더 큰 이가 여기 있다"(눅 11:31)라고 선포하심으로써 자기 자신에 관해 언급하셨습니다. 솔로몬의 죄 많은 선택은 그의 왕국을 분열시켰지만, 그리스도의 의로운 순종은 하나님 백성의 새로운 연합을 가져왔습니다.

- **선교적 적용**
  하나님은 우리가 구원을 얻기 위해 자신의 지혜를 의지하는 것은 어리석다는 사실을 선포하고, 유일한 희망이 되시는 예수님을 높여 드려야 한다고 말씀하십니다.

Session Plan

도입

《반지의 제왕》(*The Lord of the Rings*)의 한 장면을 소개하고, 선하고 지혜로우며 은혜로운 왕을 고대하는 마음을 연결해 이야기해 주십시오. 솔로몬이 어떻게 지혜로운 왕과 어리석은 왕 모두의 본보기가 되는지 설명해 주십시오.

경건했던 지도자가 어리석은 짓을 하는 것을 보고 실망한 적이 있습니까? 그때 어떤 반응을 보였습니까?

이 세션을 요약하면서 솔로몬은 누구나 어리석은 선택을 할 수 있음을 보여 줄 뿐만 아니라, 진정한 지혜의 왕 예수 그리스도만이 우리의 희망임을 상기시켜 준다는 것을 설명해 주십시오.

전개

1

어리석은 선택을 하면 하나님께 온전히 헌신할 수 없습니다
(왕상 11:1~8)

하나님이 아브라함에게 하신 약속이 솔로몬의 통치 기간에 실현될 듯 보였던 것에 관해 토론하십시오. 그러고 나서 열왕기상 11장 1~8절을 읽으십시오. 솔로몬의 어리석은 선택에 담긴 우상 숭배적 성격에 관해 이야기하고, 그것이 하나님의 명령을 무시한 데서 시작되었음을 강조하십시오.

잘 알려지지 않아 간과하기 쉬운 성경의 명령에는 어떤 것들이 있을까요?

물질 소유는 영적 상태에 어떤 영향을 미칩니까?

우상 숭배는 하나님의 자리에 다른 것이 자리 잡게 함으로써 마음에 분열을 일으킨다는 사실을 설명해 주십시오.

'두 마음'을 가지면 어떤 징후가 나타납니까?

당신의 마음이 주님께 온전히 헌신하는지 아니면 다른 것을 좇느라 분열되었는지 어떻게 알 수 있습니까?

회개하고 주님께 구하지 않으면, 우상 숭배는 멸망으로 치닫게 됨을 경고해 주십시오. 솔로몬 왕의 탈선으로 온 나라가 고통을 겪었습니다.

2

어리석은 선택을 하면 다른 사람들에게 악영향을 미칩니다

(왕상 11:9~13)

어리석은 선택은 다른 사람들에게도 악영향을 미친다는 사실에 주목하십시오. 자원자에게 열왕기상 11장 9~13절을 읽게 한 후, 솔로몬의 우상 숭배로 인해 그의 아들이 어떤 결과를 맞았는지 지적해 주십시오.

어리석음과 이기적인 결정은 어떤 관계가 있습니까? 이기심은 왜 어리석습니까?

《나니아 연대기: 새벽 출정호의 항해》(*The Voyage of the Dawn Treader*) 이야기를 통해 사적인 결정이 공적인 결과를 낳게 됨을 지적해 주십시오. 이것을 고린도전서 5장 6~7절의 바울의 가르침과 연결해서 이야기해 주십시오.

다른 사람이 현명하게 선택한 덕분에 좋은 영향을 받은 적이 있습니까?

다른 사람이 어리석게 선택한 탓에 부정적인 영향을 받은 적이 있습니까?

3

가장 지혜로운 왕도 더 큰 지혜가 필요합니다

(눅 11:31; 고전 1:30)

솔로몬이 우리를 격려하기도 하지만 낙담시키기도 하는 것은 그가 진정한 왕이 아니기 때문임을 설명해 주십시오. 누가복음 11장 31절을 읽고, 솔로몬에게도 예수님의 지혜가 필요했다는 사실을 지적해 주십시오. 그러고 나서 고린도전서 1장 30절을 읽으십시오. 예수님은 구원하는 지혜이시며, 선한 일을 하거나 조언을 나누는 것이 전도를 대체할 수 없다는 사실을 설명해 주십시오.

어떻게 하면 세상의 지혜에 낙담한 불신자들을 섬기고 지원할 수 있을까요?

또한 세상의 지혜가 힘을 발휘하지 못할 때를 대비해 다른 이들을 섬길 준비가 되어 있어야 함을 지적해 주십시오. 비그리스도인들이 가장 소망하는 것이 무엇이며, 무엇을 가장 두려워하는지 파악하기 위해 그들에게 주의 깊게 귀 기울여야 함을 강조해 주십시오.

믿지 않는 사람이 소망이나 두려움의 문제로 고심하는 데도 예수님에 관해 이야기하는 것을 망설이는 경우가 있습니다. 그 이유는 무엇일까요?

결론

솔로몬처럼 성경에서 가장 위대한 영웅들조차 지혜 대신 어리석음을 선택할 수 있지만, 그들의 실패는 우리 왕 되신 예수님을 더욱 소망하게 한다는 것을 복습하십시오. 이 세션에서 배운 진리를 '하나님의 계획, 우리의 사명'에서 적용해 보십시오.

Session Content

10. 한때 지혜로웠으나 어리석어진 왕

도입 옵션

칠판 혹은 큰 종이를 반으로 나누어 한쪽에는 "현명한 지도자의 자질", 다른 한쪽에는 "어리석은 지도자의 자질"이라고 적습니다. 그런 다음, 학습자들에게 앞으로 나와 아래에 자신의 생각을 쓰게 하십시오.
세션을 요약하고 진행할 때, '어리석은 지도자의 자질'들이 솔로몬의 선택에서 발견되는지 주목하게 하십시오. 그리고 '현명한 지도자의 자질'을 갖추신 분은 예수 그리스도이심을 가리켜 보여 주십시오. 그런 다음 D. A. 카슨의 명언을 읽으십시오.

심화토론

- 우상 숭배는 왜 나쁩니까?
- 하나님의 배타적인 예배 요구는 사람들로 하여금 주님을 어떻게 잘못 인식하게 합니까?

도입

J. R. R. 톨킨의 걸작 《반지의 제왕》(*The Lord of the Rings*)에서 가장 인상적인 장면 중 하나는 진정한 왕 아라곤이 마침내 왕관을 쓰고 그에게 합당한 왕좌에 오르는 장면입니다.

"프로도가 앞으로 나아와 파라미르에게서 왕관을 가져다 간달프에게 전달했다. 그리고 아라곤이 무릎을 꿇자 간달프가 그의 머리 위에 흰 왕관을 씌우고 말했다.

'이제 왕의 시대가 도래했으니 발랄의 왕위가 계속되는 한 복이 넘치길!'

아라곤이 일어서자 그를 바라보던 모든 사람은 침묵 속에서 그를 응시했다. 왜냐하면 이제서야 처음으로 그가 드러난 것 같았기 때문이다. 과거 바다의 왕들처럼 키가 큰 그는 주위 사람들보다 우뚝 솟아 있었다. 그는 고대의 현자처럼 원숙해 보이면서도 청년의 패기가 넘쳐 보였다. 그의 눈에는 지혜가, 그의 손에는 힘과 치유가 있었고, 그의 주변에는 빛이 있었다. 그러자 파라미르가 외쳤다.

'보라, 왕이로다!'"[1]

가슴이 벅차오르는 장면입니다. 우리는 지상의 왕에게 다스림을 받아 본 적이 없지만, 이 장면에 공감합니다. 왜 그럴까요? 우리가 마음속 깊이 왕을 갈망하고 있기 때문은 아닐까요? 그 왕은 그저 그런 왕이 아니라, 선하고 지혜롭고 은혜로운 왕입니다.

> Leader

그분은 공의와 의로 다스리고 통치하실 왕, 모든 것을 제자리로 돌려놓으실 왕, 피난처요 강한 산성이 되실 왕일 것입니다.

"여호와의 말씀이니라 보라 때가 이르리니 내가 다윗에게 한 의로운 가지를 일으킬 것이라 그가 왕이 되어 지혜롭게 다스리며 세상에서 정의와 공의를 행할 것이며 그의 날에 유다는 구원을 받겠고 이스라엘은 평안히 살 것이며 그의 이름은 여호와 우리의 공의라 일컬음을 받으리라"(렘 23:5~6).

성경을 보면 우리의 갈망이 진리에서 비롯되었음을 알 수 있습니다. 진정한 왕이 계십니다. 모든 일을 바로잡기 위해 그분이 다시 오실 것입니다. 불행히도 역사는 우리가 거짓 왕을 자주 맞아들인다는 사실을 보여 줍니다. 선했던 왕도 악의 길로 들어설 수 있습니다.

> Leader

처음에 이스라엘이 다른 나라들처럼 왕을 갖기를 원하고 요구했을 때, 하나님은 그들의 요구를 못마땅해하셨습니다. 하나님이 기뻐하지 않으신 까닭은 그들이 왕을 원해서가 아니라 잘못된 왕을 원했고, 다른 나라들과 같아지기를 바랐기 때문이었습니다. 하나님은 그들의 요구를 들어주셨지만, 왕을 좇다 보면 하나님을 따르는 마음이 돌아설 수 있다고 경고하셨습니다.

"우리에게 왕을 주어 우리를 다스리게 하라 했을 때에 사무엘이 그것을 기뻐하지 아니하여 여호와께 기도하매 여호와께서 사무엘에게 이르시되 백성이 네게 한 말을 다 들으라 이는 그들이 너를 버림이 아니요 나를 버려 자기들의 왕이 되지 못하게 함이니라 … 그날에 너희는 너희가 택한 왕으로 말미암아 부르짖되 그 날에 여호와께서 너희에게 응답하지 아니하시리라 하니"(삼상 8:6~7, 18).

솔로몬 왕이 대표적인 예일 것입니다. 그는 한때 지혜와 공의로 나라를 다스렸으나, 그를 왕으로 불러 세워 주신 하나님에게서 돌아서면서부터 그의 삶과 통치는 통제 불능 상태가 되었습니다. 한때는 지혜의 모범이었으나, 이제는 어리석음의 본보기가 된 것입니다.

"우리에게는 왕이 필요합니다. 온전히 의롭고, 타락을 모르며, 전적으로 선하고, 악의가 전혀 없는 그런 왕이 필요합니다. 그분은 자기에게 나아와 주님으로 기꺼이 고백하는 자기 백성을 힘 있게 구원하고 변화시키십니다. 왕이신 예수님, 만세!"[2]
_D. A. 카슨

Q 경건했던 지도자가 어리석은 짓을 하는 것을 보고 실망한 적이 있습니까? 그때 어떤 반응을 보였습니까?

Session Summary

이 세션에서 우리는 솔로몬이 통치 말기에 드러낸 어리석음을 보게 될 것입니다. 솔로몬의 이야기는 누구나 어리석은 선택을 하면, 하나님과의 동행에서 이탈할 수 있다는 것을 경고해 줍니다. 또한 우리의 유일한 소망은 지혜와 의가 완전하신 진정한 왕, 예수 그리스도께 있음을 일깨워 줍니다. 그리스도인은 자신의 어리석음을 회개하고, 지혜와 구원을 주시는 하나님을 의지해 다른 이들을 주님께 인도해야 합니다.

심화 주석 다윗도 '이방' 여자들과 결혼했지만, 그들이 다윗과 이스라엘의 종교 생활을 바꿔 놓지는 않았습니다. 반면에 솔로몬의 아내들은 자기들 민족 신의 열성 신도들로 알려졌습니다. … 종교적으로 타협하는 것은 솔로몬의 이방 '아내들'을 정치적으로 합당하게 예우하는 행동이라고 여겨졌을 것입니다. 마치 오늘날 외국 대사관 내에서는 자국 법률과 관습대로 행할 수 있도록 치외 법권을 주는 것과 같습니다.
하지만 문제는 이런 상식적인 원칙들이 하나님을 믿는 신앙이나 하나님과 이스라엘의 언약에는 모순된다는 것이었습니다. '아스다롯'(아스타르테, 이쉬타르)과 '밀곰'(몰렉)은 각기 다른 나라에서 다양한 이름으로 숭배되던 국제적인 신이었습니다. '그모스'는 '모압'의 민족 신으로 전쟁의 신이었을 것으로 짐작됩니다.[3]

_앤드류 C. 볼링
HCSB Study Bible

전개

1. 어리석은 선택을 하면 하나님께 온전히 헌신할 수 없습니다

(왕상 11:1~8)

> Leader

열왕기상 10장은 솔로몬의 위대한 지혜와 막대한 부를 묘사합니다. 스바의 여왕이 솔로몬의 깊은 통찰력에 매혹되었던 일을 묘사하면서 솔로몬의 소유물 목록을 아주 상세히 보여 줍니다. 하나님이 아브라함에게 주셨던 약속이 실현된 듯 보였습니다. 하나님의 백성은 구원받아 하나님이 약속하신 땅에서 살고 있었고, 선하고 지혜로운 왕이 있었으며, 다른 나라들도 솔로몬의 지혜로 복을 받고 있었으니 말입니다.

솔로몬의 이야기가 여기서 끝났더라면, 우리는 그를 이스라엘에서 가장 위대한 왕으로 칭송했을 것입니다. 그뿐만 아니라 그들이 고대해 마지않았던 왕, 하나님이 약속하신 땅에서 대대로 영원히 하나님의 백성을 다스릴 이가 바로 그가 아닐까 생각했을 것입니다. 그러나 불행하게도 이 이야기는 솔로몬의 타협과 몰락으로 이어집니다.

*[1]솔로몬 왕이 바로의 딸 외에 이방의 많은 여인을 사랑하였으니 곧 모압과 암몬
과 에돔과 시돈과 헷 여인이라 [2]여호와께서 일찍이 이 여러 백성에 대하여 이스
라엘 자손에게 말씀하시기를 너희는 그들과 서로 통혼하지 말며 그들도 너희와
서로 통혼하게 하지 말라 그들이 반드시 너희의 마음을 돌려 그들의 신들을 따
르게 하리라 하셨으나 솔로몬이 그들을 사랑하였더라 [3]왕은 후궁이 칠백 명이
요 첩이 삼백 명이라 그의 여인들이 왕의 마음을 돌아서게 하였더라 [4]솔로몬의
나이가 많을 때에 그의 여인들이 그의 마음을 돌려 다른 신들을 따르게 하였으
므로 왕의 마음이 그의 아버지 다윗의 마음과 같지 아니하여 그의 하나님 여호
와 앞에 온전하지 못하였으니 [5]이는 시돈 사람의 여신 아스다롯을 따르고 암몬
사람의 가증한 밀곰을 따름이라 [6]솔로몬이 여호와의 눈앞에서 악을 행하여 그
의 아버지 다윗이 여호와를 온전히 따름같이 따르지 아니하고 [7]모압의 가증한
그모스를 위하여 예루살렘 앞 산에 산당을 지었고 또 암몬 자손의 가증한 몰록
을 위하여 그와 같이 하였으며 [8]그가 또 그의 이방 여인들을 위하여 다 그와 같
이 한지라 그들이 자기의 신들에게 분향하며 제사하였더라*

본문은 성경에서 우상 숭배를 가장 잘 보여 주는 장면 중 하나입니

다. 우상 숭배와 어리석음은 밀접한 관련이 있습니다. 지혜가 주님을 최우선으로 경외하는 것이라면, 어리석음은 주님보다 다른 무엇을 우선하는 것입니다. 어리석은 선택에는 늘 우상 숭배가 수반되기 마련입니다.

> Leader 솔로몬의 경우, 하나님께 대한 반역이 드러난 것은 없습니다. 하나님을 외면한 적도 없습니다. 다만, 주님 곁에 다른 신들을 더했을 뿐입니다. 주님을 완전히 무시하지는 않았지만, 부분적으로 숭배했습니다. 여호와를 다른 신들과 나란히 섬기기로 한 것입니다.
>
> 여호수아가 이스라엘에 양자택일을 요구했던 일을 기억합니까? "만일 여호와를 섬기는 것이 너희에게 좋지 않게 보이거든 너희 조상들이 강 저쪽에서 섬기던 신들이든지 또는 너희가 거주하는 땅에 있는 아모리 족속의 신들이든지 너희가 섬길 자를 오늘 택하라 오직 나와 내 집은 여호와를 섬기겠노라 하니"(수 24:15). 여호수아에게 그것은 양단간에 결정을 내려야 하는 문제였습니다. 하나님을 섬기거나 섬기지 않는 것입니다.

솔로몬이 어쩌다가 이렇게 되었습니까? 어쩌다가 그의 마음속에 우상을 숭배하는 태도가 뿌리를 내렸습니까?

첫째, 하나님의 말씀을 무시하면 우상 숭배가 시작됩니다. 하나님의 구체적인 지시를 무시한 데서 솔로몬의 일탈이 시작되었습니다.

> Leader 하나님은 이스라엘을 약속의 땅으로 인도하시기 전에 왕이 해서는 안 될 일들에 관해 특별 명령을 내려 주신 바 있습니다.

왕은 자신을 위해 금이나 말을 많이 모아서는 안 되며, 아내를 많이 두어서도 안 됩니다(신 17:14~20). 그렇게 하면, 마음이 미혹될 것입니다.

> Leader 그런데 솔로몬의 삶에서 이것이 현실로 구현되었습니다. 그는 엄청난 부를 쌓았고, 말과 병거가 허다했으며, 후궁이 1,000명이나 되었습니다. 그 결과, 그의 마음이 미혹되고 말았습니다.

이처럼 우상 숭배는 하나님의 율법을 무시하는 데서 시작됩니다. 어리석어서 창조주를 버리고 피조물을 섬깁니다(롬 1:18~23). 참된 기쁨의 샘을 꺼린 채, 고집스럽게 더러운 우물을 팝니다(렘 2:13).

Q 잘 알려지지 않아 간과하기 쉬운 성경의 명령에는 어떤 것들이 있을까요?

Q 물질 소유는 영적 상태에 어떤 영향을 미칩니까?

둘째, 우상 숭배는 마음에 분열을 일으킵니다. 사람이나 체험이나 욕망이 우리의 주의를 끌고, 생각을 사로잡습니다.

"세상에는 아주 많은 것이 있는데, 사람들은 그 안에서 하나님을 찾기보다 행복을 구합니다. 마음속에 우상이 어찌나 많은지 우상 숭배의 종류도 아주 많습니다."[4]
_존 웨슬리

심화 주석 열왕기상 11장 1~3절의 두 히브리어 동사는 솔로몬의 죄를 강조합니다. 열왕기상 11장 1절은 솔로몬이 "이방의 많은 여인을 사랑했다"고 말합니다. 11장 1절에서 "사랑"으로 번역된 히브리어 단어 '아헤브'는 열왕기상 3장 3절에서 묘사된 하나님을 향한 솔로몬의 '사랑'과 같은 단어입니다. 즉, 하나님께 신실했던 솔로몬의 마음이 떠났다는 것을 강조한 것입니다.

히브리어 원문을 보면 열왕기상 11장 2절이 솔로몬의 헌신이 아내들에게로 옮겨간 것을 한층 강조하며 이렇게 말한 것을 알 수 있습니다. "솔로몬이 이 여인들에 깊이 애착하며 그들을 사랑하였더라"(개역개정에는 '이 여인들에 깊이 애착하며'가 생략됨-역주). "깊이 애착하여"의 히브리어 단어 '다바크'는 '착 달라붙다', '집착하다'라는 뜻입니다.

신명기 11장 22절은 '아헤브'와 '다바크'를 모두 사용해 이스라엘 백성에게 주님을 '사랑'(아헤브)하고 주님께 '의지'(다바크)하라고 촉구합니다. 열왕기상 저자는 솔로몬이 이방인 아내를 둔 것이 합법적인 충성의 전환을 가져왔다는 사실을 강조하고 있습니다. 즉 하나님에 대한 충성을 이교도의 세계관도 받아들여야 하는 관용에의 충성으로 전환한 것입니다.[5]

_앨런 브랜치
Biblical Illustrator

핵심교리 99 38. 죄 - 이기심

우리는 하나님께 순종하는 것보다 이기적인 태도와 마음가짐으로 행동하는 것이 더 큰 행복을 가져다주리라 여기고 죄를 짓습니다. 죄는 자신을 향해 '안쪽으로 굽는' 성향으로 나타나므로 사랑의 반대입니다. 사랑은 다른 사람을 더 낫게 여기는 생각에서 자기보다 남을 우선하는 것으로 나타납니다(빌 2:3). 죄는 이기적으로 개인의 만족과 행복을 추구하는 반면, 사랑은 하나님 안에서 다른 사람을 행복하게 하려는 소망으로 그들의 기쁨을 위해 일합니다.

> Leader

시편 기자는 이런 기도를 드렸습니다. "일심으로 주의 이름을 경외하게 하소서"(시 86:11). 그는 하나님을 일심으로 사랑하지 않으면, 주님을 합당하게 경배하거나 경외할 수 없다는 것을 알았던 것입니다. 우상 숭배는 마음에 분열을 낳습니다. 하나님의 자리에 다른 무언가가 들어섭니다.

그로 인해 하나님이 우리 삶의 중심에서 서서히 밀려나시게 됩니다. 우상은 관심과 애정을 요구합니다. 예를 들어, 경력이 우상인 사람은 모든 시간과 에너지를 경력 쌓기에 쏟을 것입니다. 초과 근무를 하고, 편법을 쓰고, 가족과의 시간을 희생하며, 교회 공동체와 보내는 시간을 게을리합니다. 어떤 일이 벌어질까요? 우상이 목구멍까지 들어차서 하나님을 향한 헌신을 질식시킬 것입니다. 이렇듯 우상 숭배는 분열을 낳습니다.

Q '두 마음'을 가지면 어떤 징후가 나타납니까?

Q 당신의 마음이 주님께 온전히 헌신하는지 아니면 다른 것을 좇느라 분열되었는지 어떻게 알 수 있습니까?

셋째, 우상 숭배의 끝은 멸망입니다. 사도 바울은 십자가의 원수에 관해 이렇게 말했습니다. "그들의 마침은 멸망이요 그들의 신은 배요 그 영광은 그들의 부끄러움에 있고 땅의 일을 생각하는 자라"(빌 3:19). 우상 숭배에 관한 말입니다. 다른 것에 관심과 열정을 두고 있다면, 회개하고 주님을 찾기 전까지는 그 끝이 멸망일 수밖에 없습니다.

우리는 솔로몬 왕이 일탈해서 우상 숭배 때문에 주님께 심판받은 것을 알고 있습니다. 하나님은 그를 그의 욕망에 버려두셨고, 이스라엘은 고통을 겪어야 했습니다. 우상 숭배는 언제나 우리에게 좌절감을 주며, 우리를 몰락으로 이끕니다. 이어지는 이야기를 보면 더욱 잘 알게 될 것입니다.

2. 어리석은 선택을 하면 다른 사람들에게 악영향을 미칩니다

(왕상 11:9~13)

> Leader

우리의 선택은 우리가 알고 있는 것 이상으로 다른 사람들에게 영향을 미칩니다. 출장 중에도 진실하게 행동하는 남자는 자기 아내와 자녀와 친구들과의 관계에 영향을 미칠 성품을 단련하는 중이라고 할 수 있습니다. 비밀스러운 죄를 거부하는 그의 성품에서 가족과 친구들이 긍정적인 영향을 받을 것이기 때문입니다.

반면에 어리석은 선택을 하면, 필연적으로 주변에 문제가 생길 수밖에 없습니다. 솔로몬이 한 우상 숭배의 결과를 그의 아들이 거둬들였는데, 역사상 처음으로 분열된 왕국을 보는 것이었습니다. 이스라엘 온 백성도 같은 결과를 맞이했습니다. 솔로몬이 자기 인생에 스스로 허락한 어리석음에 주님이 어떻게 응답하셨는지 살펴봅시다.

*9솔로몬이 마음을 돌려 이스라엘의 하나님 여호와를 떠나므로 여호와께서 그
에게 진노하시니라 여호와께서 일찍이 두 번이나 그에게 나타나시고 10이 일에
대하여 명령하사 다른 신을 따르지 말라 하셨으나 그가 여호와의 명령을 지키
지 않았으므로 11여호와께서 솔로몬에게 말씀하시되 네게 이러한 일이 있었고
또 네가 내 언약과 내가 네게 명령한 법도를 지키지 아니하였으니 내가 반드시
이 나라를 네게서 빼앗아 네 신하에게 주리라 12그러나 네 아버지 다윗을 위하
여 네 세대에는 이 일을 행하지 아니하고 네 아들의 손에서 빼앗으려니와 13오
직 내가 이 나라를 다 빼앗지 아니하고 내 종 다윗과 내가 택한 예루살렘을 위
하여 한 지파를 네 아들에게 주리라 하셨더라*

하나님의 말씀은 솔로몬에게 분명 큰 충격이었을 것입니다. 솔로몬 자신이 고통당할 뿐만 아니라(왕상 11:14~40), 그의 아들의 손에서 왕국을 빼앗아 찢겠다고 하셨기 때문입니다. 그의 우상 숭배 때문에 이스라엘은 수년 뒤에 바벨론의 포로가 될 것입니다. 우상 숭배로 나아가는 어리석음은 이와 같은 일들을 가져옵니다. 자기 자신이 고통당할 뿐만 아니라, 필연적으로 주변 사람들에게도 상처를 줄 수밖에 없습니다.

Q 어리석음과 이기적인 결정은 어떤 관계가 있습니까? 이기심은 왜 어리석습니까?

> Leader

C. S. 루이스는《나니아 연대기: 새벽 출정호의 항해》(*The Voyage of the Dawn Treader*) 끝부분에서 왕권의 본성에 관해 이렇게 설명합니다. 캐스피언 왕이 자기 배를 포기하고 왕관도 버린 채 모험을 찾아 세상 끝으로 항해하겠다고 선언하자, 생쥐 리피칩은 그를 말리며 이렇게 말합니다.
"당신은 나니아의 왕이에요. 돌아가지 않으면, 모든 신하, 특히 트럼킨의 신뢰를 저버리는 게 돼요. 평민이나 된 듯이 모험을 즐겨서는 안 된다고요. 그래도 폐하가 사리분별을 못 하시겠다면, 폐하가 제정신을 차리실 때까지 무장해제시키고

심화 주석 구약성경의 역사는 위대한 인물들(진실성의 표시)의 실패에 관해, 하나님께 불순종하는 결과에 관해 분명히 경고합니다. 하나님이 요구하시는 것들은 기록으로도, 구전의 가르침으로도 충분히 알려져 왔고(율법. 예컨대, 출 20:1~17, 34:28), 예언자나 신의 현현 같은 다른 수단들로 반복되어 왔습니다(왕상 11:9). 하나님께 순종하지 않는 것("나의 길로 행하라"는 명령에 순종하지 않는 것)은 단연코 하나님의 진노를 야기합니다. 열왕기상 11장 11~13절에 나타난 하나님의 결과적인 심판은 다음과 같습니다.
첫째, 예언적입니다. '네게 이러한 일이 있었고(NIV 성경은 'Since this is your attitude.' attitude는 마음 〈heart〉을 의미함) … 내가 … 빼앗아 … 주리라.'
둘째, 철저합니다. '이 나라를 … 빼앗아'(단호함).
셋째, 경고가 따릅니다(왕상 11:12~15; 삼상 15:28).
넷째, 자비로움으로 실행이 연기됩니다. '네 세대에는 … 아니 하고'(왕상 11:12; 참조, 왕하 20:19).
다섯째, 초지일관 언약을 지켰던 경건한 다윗에 의해 경감됩니다(삼하 7:11~16; 참조, 창 18:19, 아브라함). '한 지파'를 주어 살아남게 하겠다고 하신 것에 주목하십시오(왕상 11:13; 참조, 왕하 17:18). 유다와 베냐민이 합병한 상태입니다.
솔로몬의 실패는 살아남은 자들을 유지하시겠다는 신성한 약속을 무효화시키지 못합니다. 다윗 왕조의 운명은 예루살렘 및 성전과 항상 밀접히 연결되어 있습니다.[6]
_도널드 J. 와이즈먼

"내가 죄를 죽이지 않을 때, 성장하기를 거부할 때, 죄짓기로 선택할 때, 사실상 나는 내가 사랑한다고 주장하는 사람들에게 반하는 행동을 하는 것입니다. 여기서 우리는 주님이 한 사람의 죄가 모두에게 영향을 미칠 수 있을 만큼 아주 가깝게 붙들어 맨 공동체에 우리를 두셨다는 사실을 인정해야 합니다."[8]
_팀 챌리스

심화 주석 누가복음 11장 31절의 "남방 여왕"은 말하자면 "스바의 여왕"입니다(왕상 10:1~13; 대하 9:1~12). "일어나"는 최후의 심판 때 죽은 자들의 일반적인 부활을 언급한 것입니다. 예수님은(누가도 함께) 이 중요한 교리와 관련해서 사두개인들에게 맞서 바리새인들 편에 분명히 서셨습니다(눅 20:27~40;행 23:6~10). "심판 때에"(At the judgement)는 그 심판을 가리키는데(정관사 'the'에 주목하십시오), 즉 죽은 자의 부활과 관련 있는 최후의 심판을 뜻합니다(계 20:11~15). …
"솔로몬보다 더 큰 이(something greater)가 여기 있으며"는 그야말로 솔로몬보다 더 위대한 이를 의미합니다. '누군가'(someone) 대신 '뭔가'(something)를 사용한 것은 이 비교가 솔로몬과 예수님의 비교만이 아니라는 것을 의미합니다. 이것은 '솔로몬과 그 지혜'를 '예수님과 그 지혜'와 비교하고 있음을 나타냅니다. 예수님은 궁극의 '현인'이시며, 그분의 지혜는 비할 데가 없습니다.[9]
_로버트 A. 슈타인

묶어 두라고 배에 탄 모든 사람에게 명령할 겁니다. 내 명령에 따르는 게 진정한 충성이 될 거예요."[7]
루이스가 솔로몬을 염두에 두고 이 글을 쓴 건 아닌지 궁금해집니다. 그런데 솔로몬에게는 정신을 차리도록 도와줄 사람이 없었습니다.

슬프게도 솔로몬은 평민처럼 살기로 선택했습니다. 현실적으로 우리는 평민으로 살 수 없습니다. 주님과의 동행은 분명 개인적이지만, 사적인 것은 아닙니다.

사도 바울은 고린도전서 5장에서 온 교회가 자랑스러워하는 듯 보이는 비도덕적인 사건에 관해 언급했습니다. "너희가 자랑하는 것이 옳지 아니하도다 적은 누룩이 온 덩어리에 퍼지는 것을 알지 못하느냐 너희는 누룩 없는 자인데 새 덩어리가 되기 위하여 묵은 누룩을 내버리라 우리의 유월절 양 곧 그리스도께서 희생되셨느니라"(고전 5:6~7).

바울이 무슨 말을 하는지 알겠습니까? 한 사람의 죄가 교회 전체에 스며들었다는 것입니다. 한 사람의 어리석은 결정이 모두에게 영향을 미쳤습니다. 우리도 마찬가지입니다. 어리석은 선택을 한다면, 주변 사람들에게 악영향을 미치게 될 것입니다.

Q 다른 사람이 현명하게 선택한 덕분에 좋은 영향을 받은 적이 있습니까?
Q 다른 사람이 어리석게 선택한 탓에 부정적인 영향을 받은 적이 있습니까?

3. 가장 지혜로운 왕도 더 큰 지혜가 필요합니다(눅 11:31; 고전 1:30)

> Leader
우리는 솔로몬의 생애를 보면서 낙담과 용기를 동시에 얻게 됩니다. 솔로몬이 하나님에 대한 헌신을 저버리고 왕의 자리에서 탈선하는 것을 보고 낙담하고, 이야기가 거기서 끝나지 않는다는 것에서 용기를 얻습니다. 솔로몬은 우리의 진정한 왕이 아닙니다. 솔로몬을 한 번 힐끗 보고 나서 진정한 왕에게로 시선을 돌리면 됩니다.

이 세션을 시작하면서 우리는 왕을 향한 마음속 갈망에 관해 이야기를 나누었습니다. 우리는 그저 그런 왕이 아니라, 진실과 신의로 통치할 왕을 갈망합니다. 솔로몬으로는 충분하지 않습니다. 그보다 더 위대한 왕이 필요합니다. 우리가 찾던 인물이 신약성경에 있습니다. 예수님이 솔로몬보다 자신이 더 위대하다고 말씀하시는 누가복음의 한 장면을 살펴봅시다.

심판 때에 남방 여왕이 일어나 이 세대 사람을 정죄하리니 이는 그가 솔로몬의 지혜로운 말을 들으려고 땅끝에서 왔음이거니와 솔로몬보다 더 큰 이가 여기 있으며(눅 11:31)

솔로몬이 아무리 위대하다고 해도 더할 나위 없이 위대한 것은 아니었습니다. 그의 뒤로 훨씬 더 위대하신 분이 오고 계셨습니다. 예수님의 지혜는 솔로몬조차 필요로 할 정도입니다. 예수님의 지혜는 어떻게 살아야 할지를 보여 줄 뿐만 아니라 그 자체로 우리에게 생명을 줍니다. 예수님이야말로 우리가 필요로 한 지혜이십니다. 바울은 고린도 교회에 편지할 때 이 점을 염두에 두었습니다.

너희는 하나님으로부터 나서 그리스도 예수 안에 있고 예수는 하나님으로부터 나와서 우리에게 지혜와 의로움과 거룩함과 구원함이 되셨으니(고전 1:30)

예수님은 그분의 삶과 죽음과 부활을 통해 구원하는 지혜이십니다. 궁극의 지혜는 예수님 안에서만 찾을 수 있습니다.

다른 사람들에게 복음을 전할 때, 우리는 두 가지를 명심해야 합니다.

첫째, 예수님이 모든 지혜의 원천이심을 가리켜 말해야 합니다.

> Leader

도널드 휘트니는 태평양 연안 북서부 도시에서 전도 강화 기간에 그리스도인이 된 한 남자의 이야기를 다음과 같이 전합니다.

"남자가 사장에게 이 사실을 알리자 사장이 이렇게 말했다. '잘됐군! 나도 그리스도인이라네. 몇 년 동안 자네를 위해 기도해 왔어!' 그러자 새 신자가 풀이 죽었다. '그리스도인이란 걸 왜 한 번도 말씀하지 않으셨습니까? 수년간 복음에 관심이 없었던 이유가 바로 사장님 때문이었단 말입니다.' 사장이 어리둥절한 얼굴로 물었다. '그게 무슨 소리인가? 나는 그리스도인으로서 최선을 다해 살아왔네.' 그러자 남자가 이렇게 말했다. '그게 문제입니다. 사장님은 정말로 모범적으로 사셨지요. 그런데 그리스도께서 그렇게 만들어 주셨다는 내색을 전혀 하지 않으셨어요. 사장님이 그리스도 없이도 그렇게 선하고 행복하게 사셨으니, 저도 그렇게 될 수 있겠다고 생각했단 말입니다.'"[10]

선행은 복음을 돋보이게 하지만, 전도를 대체할 수는 없습니다. 세상은 더 큰 지혜, 즉 구원하는 지혜를 필요로 합니다. 결혼 생활이나 돈 관리에 관한 조언만 필요한 것이 아닙니다. 사람들은 예수님이 필요합니다. 그리스도인이 예수님에 관해 이야기해야만 하는 이유가 바로 이것입니다. 아

심화 주석

'의', '거룩', '구원'이라는 세 가지 명사는 하나님의 '지혜'를 설명합니다. 그리스도의 특징임과 동시에 그리스도로 말미암아 주어지는 것이지만, 강조할 것은 믿는 자들이 '그리스도와의 연합'이라는 덕목을 통해 이것들을 갖게 된다는 사실입니다. …

그 대신, 세 명사는 모두 그리스도 안에서 구원이 되는 하나님의 지혜에 관해 여러 은유를 사용해서 다양한 관점을 제공합니다. '의'는 법정을 상기시키며 변호와 무죄 판결에 관해 말하고, '거룩'은 성전이나 하나님을 위해 따로 구별됨을 떠올리게 하며, '구원'은 출애굽기의 이스라엘 구원에서 유추해 노예 시장과 노예 해방의 이미지를 일깨웁니다.

데이비드 포드의 지혜에 관한 정의는 전통적으로 '신학'이라 부르는 것과 '윤리학'이라 칭하는 것 모두에서 그 의미를 제대로 포착해 냅니다. 지혜는 "단지 의미나 해석이나 진리에 대해서만이 아니라, 지금 하나님 앞에서 살아가는 삶에 대해서, 또 인생과 공동체가 하나님이 누구신지와 미래를 향한 하나님의 목적과 어떻게 조화를 이루는가에 대해서 묻습니다. 간단히 말해서 하나님 나라를 향한 삶의 의미에 관한 것입니다." 이것은 고린도전서 전체에서 바울이 목표로 삼고 있는 것을 잘 정의한 것입니다.[11]

_로이 E. 씨암파 & 브라이언 S. 로스너

"그리스도인은 왕이신 예수님께 충성을 맹세합니다. 우리 죄를 위해 십자가에 못 박히신 이스라엘의 메시아, 예수님이 죽은 자 가운데서 살아나셔서 이제 우주의 주인이 되심을 믿습니다. 이것은 우리가 그분의 희생을 신뢰하고, 그분의 주권 아래 복종하며 살아야 한다는 것을 의미합니다."[12]
_트레빈 왁스

무리 지혜롭고 강한 사람이라도 예수님 없이는 아무것도 아니라는 사실을 애써 보여 주어야만 합니다(요 15:5). 그분에 관해 할 이야기가 너무나 많습니다. 세상 사람들 앞에 아무리 높여 드려도 모자랍니다. 그분은 위대한 지혜이십니다.

Q 어떻게 하면 세상의 지혜에 낙담한 불신자들을 섬기고 지원할 수 있을까요?

둘째, 우리는 세상의 지혜가 힘을 발휘하지 못할 때 다른 사람들을 섬길 준비가 되어 있어야 합니다. 잠언은 "소망이 더디 이루어지면 그것이 마음을 상하게 하거니와"(잠 13:12)라고 말합니다. 다시 말해서, 소망과 안전을 바라고 의지하는 것에 따라 우리의 기쁨이 오르락내리락한다는 것입니다. 건강에 소망을 둔 사람이라면, 살이 좀 찌거나 부상을 당하면 기쁨이 줄어들 것입니다.

이 진리를 알면 복음을 전할 때 좀 더 효과적으로 전할 수 있습니다. 사람은 누구나 무언가에 소망을 두기 마련인데, 예수 그리스도가 아닌 다른 것에 소망을 두면 결국 실패하고 말 것입니다.

솔로몬은 자신의 지혜와 부와 권세로 세상을 깜짝 놀라게 했지만, 결국 실패했습니다. 땅의 왕이나 통치자나 권세자는 언제나 우리를 실망시킬 것입니다. 그러므로 그들에게 기대해서는 안 됩니다. 우리는 예수 그리스도를 바라봐야 합니다. 예수님은 어제나 오늘이나 영원토록 동일하신 분이기 때문입니다(히 13:8). 그분은 절대로 우리를 떠나거나 버리지 않으십니다. 그분의 사랑은 변하지 않습니다. 그분의 은혜는 무궁합니다. 그분의 자비는 날마다 새롭습니다. 이것이 세상을 향한 우리의 메시지입니다.

비그리스도인과 만나면, 그들이 가장 바라는 것이나 가장 두려워하는 것을 분별하면서 조심스럽게 경청하십시오. 그들의 기대가 무너지고, 소망이 더뎌진 이야기를 들어주십시오. 그러고 나서 예수님이라면 절대로 그들을 실망시키지 않았을 것이라는 사실을 어떻게 알려 주면 좋을지 생각해 보십시오.

예를 들어, 일과 경력에 소망을 둔 사람에게는 예수님이야말로 일해 드릴 가치가 있는 위대한 분임을 보여 주십시오. 그분만이 우리의 창조적인 에너지와 생산성을 받으실 만한 분이기 때문입니다. 자기 아버지에게 인정받기 위해 살아온 사람에게는 예수님이 하나님 아버지의 은총과 사랑을 받기 위해 하신 모든 일을 보여 주십시오. 궁극적으로 세상의 지혜요, 소망이 되시는 주님을 높여 드리라는 뜻입니다. 삶의 모든 영역에서 예수님의 지혜가 으뜸이며, 그분보다 더 영광스럽고 더 아름다운 것은 없습니다.

Q 믿지 않는 사람이 소망이나 두려움의 문제로 고심하는 데도 예수님에 관해 이야기하는 것을 망설이는 경우가 있습니다. 그 이유는 무엇일까요?

결론

이 세션에서 우리는 성경의 가장 위대한 영웅들조차 지혜가 아닌 어리석음을 선택할 수 있다는 것을 배웠습니다. 그들의 실패를 보면서 우리 왕 되시는 예수님께 더욱더 소망을 품게 됩니다. 우리는 솔로몬과 같은 사람들에게서 많은 것을 배우지만, 솔로몬이 주는 모든 지혜로운 잠언과 명언을 통틀어서 그에게서부터 얻을 수 있는 최고의 교훈은 우리에게 예수님이 절실히 필요하다는 사실입니다.

"주 예수께 많이 배우십시오. 자신을 한 번 볼 때마다 그리스도를 열 번씩 바라보십시오. 그분은 매우 사랑스러운 분이십니다. 무한한 위엄과 온유와 은혜가 있으신데, 모두가 죄인을 위한 것입니다. 그것도 괴수를 위해서 말입니다! 하나님의 미소 안에 거하며, 그 빛을 누리십시오. 당신을 향한 사랑의 눈빛을 느끼며, 전능하신 팔에 안겨 쉬십시오."[13]
_로버트 머리 맥체인

그리스도와의 연결

솔로몬은 통치 시절 번영과 평화로 유명했던 왕입니다. 하지만 불행하게도 그의 통치가 끝나갈 무렵, 솔로몬의 죄 많은 타협이 왕국의 분열을 초래했습니다. 예수님은 땅에 계실 때 "솔로몬보다 더 큰 이가 여기 있다"(눅 11:31)라고 선포하심으로써 자기 자신에 관해 언급하셨습니다. 솔로몬의 죄 많은 선택은 그의 왕국을 분열시켰지만, 그리스도의 의로운 순종은 하나님 백성의 새로운 연합을 가져왔습니다.

하나님의 계획 우리의 사명

선교적 적용 하나님은 우리가 구원을 얻기 위해 자신의 지혜를 의지하는 것은 어리석다는 사실을 선포하고, 유일한 희망이 되시는 예수님을 높여 드려야 한다고 말씀하십니다.

1. 당신이 하나님과 그분의 사명에 온전히 헌신하지 못하도록 방해하는 어리석은 욕망은 무엇입니까? 그것에서 벗어나 주님을 따르려면 어떻게 해야 할까요?
2. 한 주 동안 가족의 유익을 위해, 소그룹과 교회를 위해, 이웃과 직장 동료를 위해 어떤 지혜로운 결정들을 했습니까?
3. 지인 중에 믿지 않는 사람이 좌절된 소망이나 거대한 두려움으로 힘들어한다면, 그에게 예수님의 지혜를 전할 수 있겠습니까? 그 사람에게 예수님의 지혜를 전할 수 있도록 기도하십시오.

금주의 성경 읽기
시 81편; 88편; 92~93편; 대상 7~9장

솔로몬이 인생의 의미를 돌아보다

11

Summary and Goal

이 세션에서 우리는 자신을 솔로몬에 견주어 보고, 그가 했던 것과 같은 질문을 하게 될 것입니다. 우리는 그 질문들에 대한 답을 예수 그리스도의 인격과 사역에서 찾아야 합니다. 하나님의 계심을 알아야 의미 있고, 정의롭고, 목적이 있는 삶을 경험할 수 있습니다. 또한 다른 사람들에게 그리스도를 바라봄으로써 그들 질문에 관한 답을 찾으라고 말할 수 있습니다.

- **성경 본문**
  전도서 1:1~11
  전도서 3:16-4:3
  전도서 12:9~14

- **세션 포인트**
  1. 인생에 의미가 있습니까?(전 1:1~11)
  2. 세상에 선과 정의가 있습니까?(전 3:16-4:3)
  3. 우리는 무엇을 위해 삽니까?(전 12:9~14)

- **신학적 주제**
  우리 인생은 하나님이 존재하시기 때문에 의미와 목적이 있습니다.

- **그리스도와의 연결**
  전도서는 예수 그리스도 안에서만 찾을 수 있는 삶의 질문을 던집니다. 사도 바울은 예수님의 부활이 없다면, 우리 믿음이 헛되고 죄 사함도 없으리라고 선언했습니다(고전 15:17). 하지만 부활이 있으므로 우리 삶에 의미와 목적과 소망이 있습니다.

- **선교적 적용**
  하나님은 우리에게 동시대 문화에서 사람들이 제기하는 질문들을 찾고, 그것들에 복음으로 답하라고 말씀하십니다.

Session Plan

도입

전도서의 독특성을 강조하십시오(참조, 부록 4: '지혜 문학'). 나열된 삶의 질문들을 통해 주제와 관련된 내용을 살펴보십시오.

오른쪽에 있는 톰 브래디의 말을 읽어보십시오. 이와 비슷한 감정을 표현하는 친구나 이웃에게 어떻게 반응하겠습니까?

이 세션을 요약하면서 우리는 솔로몬과 같은 질문을 해야 하며, 그 질문에 관한 답은 예수 그리스도의 인격과 사역에서 찾을 수 있음을 강조해 주십시오.

전개

1 인생에 의미가 있습니까? (전 1:1~11)

전도서 1장 1~11절을 읽으십시오. 성경은 성령의 영감으로 쓰였으므로 그것을 무가치하게 볼 선택권이 없음을 상기시켜 주십시오. 3~4절과 솔로몬이 세상에서 목격한 참상에 관해 이야기를 나누십시오.

삶의 무상함과 순간적인 속성을 보여 주는 예는 무엇입니까?

5~7절과 인생의 단조로움에 관해 이야기를 나누십시오.

끝없이 반복되지만, 비생산적인 일을 하고 있다고 느낀 적이 있습니까? 어떤 상황이었습니까?

8~11절과 진보의 결여에 관해 이야기를 나누십시오. 솔로몬은 우리 삶에서 하나님을 밀어내면, 현실이 어떻게 될지 그리고 있음을 설명해 주십시오.

비관적인 인생관을 가지고 있다는 표시는 무엇입니까?

그리스도를 향한 믿음은 시련을 겪을 때 어떤 도움이 됩니까?

2 세상에 선과 정의가 있습니까? (전 3:16~4:3)

악과 고난의 문제에 관한 내용인 전도서 3장 16절 ~ 4장 3절을 읽으십시오. 우리는 모두 평화와 회복을 고대하고 있음을 강조하십시오. 솔로몬은 하나님이 재판관이시라는 생각에 위안을 얻은 것처럼 보이지만, 우리는 부활 덕분에 더 나은 위로를 얻을 수 있음을 설명해 주십시오.

세상의 어떤 불의나 고통에 가장 눈길이 갑니까?

세상의 어떤 불의나 고통에 무관심하게 됩니까?

《스토리 바이블》(*The Jesus Storybook Bible*)의 발췌문을 읽고, 정의와 선함에 관한 솔로몬의 질문에 그리스도인으로서 어떻게 답해야 할지 가르쳐 주십시오. 격려하는 의미로 베드로전서 5장 10~11절을 읽으십시오.

그리스도께서 만물을 새롭게 하신다는 약속을 믿는 믿음이 오늘날 불의에 맞서 싸우거나 고통을 더는 데 어떤 힘을 줍니까?

3 우리는 무엇을 위해 삽니까? (전 12:9~14)

자원자에게 전도서 12장 9~14절을 읽게 하십시오. 인생에 대한 다양한 철학과 관점에 관해 언급하고, 인간이 하나님과 계명을 위해 지어졌다는 결론에 닿지 않으면 틀렸다는 점을 강조하십시오. 로마서 1장 22~23절을 인용해 모든 백성이 하나님을 알 만한 지식을 가지고 있으며, 진리를 숨길 수 없다는 것을 가르쳐 주십시오.

"사람은 왜 사는가?"라는 질문에 세상은 어떤 답을 내놓습니까?

세상에 희망을 줄 엄청난 기회가 그리스도인에게 있으며, 그것은 우리가 왜 여기 있는지를 알기 때문임을 가르쳐 주십시오. 나아가 그리스도인은 세상에 단순히 아이디어를 제시하는 것이 아니라, 왕이신 예수님을 전한다는 사실을 설명해 주십시오. 골로새서 2장 8~10절을 통해 인생의 최종적인 의미와 목적은 그리스도 안에서 찾을 수 있음을 보여 주십시오.

인생에 관한 심오한 질문들에 대해 예수님은 어떤 방법으로 세상보다 나은 답을 주십니까?

결론

성경은 어려운 질문들을 피하지 않고, 우리에게 기독교의 유일성과 예수님의 영광을 보여주고 있다는 것을 다시 한번 강조해 주십시오. 이 세션에서 배운 진리를 '하나님의 계획, 우리의 사명'에서 적용해 보십시오.

Session Content

11. 솔로몬이 인생의 의미를 돌아보다

심화토론

- 전도서가 그리스도인들에게 익숙하지 않은 이유는 무엇입니까?
- 하나님이 전도서에 영감을 불어넣어 주시고, 우리를 위해 성경에 포함하셨다는 점을 어떻게 생각합니까?

도입

> Leader
전도서는 성경 66권 중에서 21번째 책이지만, 가장 먼저 읽어야 할 책이라고 말할 수 있습니다. 창세기나 로마서나 시편을 읽기 전에 시간을 내서 이 위대하고 신비한 책에 담긴 솔로몬의 말을 들어볼 필요가 있습니다.

전도서는 아마 성경에서 가장 독특한 책일 것입니다. 그런데 왜 이 책이 그렇게 중요할까요? 왜냐하면 나머지 성경 내용이 답하는 질문을 하고 있기 때문입니다. 물어볼 생각을 못했지만, 꼭 물어야만 하는 질문들에 맞닥뜨립니다.

- 인생에는 어떤 의미가 있는가?
- 왜 우리는 여기 있는가?
- 우리가 하는 일은 정말로 중요한가?
- 역사는 어디를 향해 가고 있는가?
- 세상에 정의가 있는가?
- 죽음 너머에는 무엇이 있는가?
- 이따금 인생이 의미 없어 보이는 이유는 무엇인가?
- 우리 마음 가장 깊은 곳에 있는 아픔과 갈망을 달랠 수 있는가?

> Leader
이것은 전도서를 빠르게 훑어보기만 해도 쉽게 떠올릴 수 있는 질문들입니다. 전도서에서 솔로몬은 "해 아래에서" 자기가 목격했던 모든 것을 반추하는데, 이 표현이 전도서에서만 32회 나옵니다. 이 책의 의미를 파악할 수 있는 단서를 제공하는 구절이기도 합니다. 솔로몬의 목표는 해 아래에서 흘러가는 삶의 무상을 보여 주는 것입니다. 만약 이생이 전부라면 말입니다. 우리가 쾌락이나 부나 소유물이나 지혜나 명성이나 권세나 성공에서 의미와 가치를 찾으려 한다면, 삶의 모든 날 동안 헛되이 헤매게 될 것입니다.
성경에서 눈을 들어 세상을 들여다보십시오. 그러면 수백만의 사람들이 전도서의 현실을 살아가고 있음을 보게 될 것입니다. 우리가 보는 세상은 이보다 더 연결되고, 더 즐겁고, 더 안락한 적이 없었지만, 이보다 더 고립되고, 이보다 더 지루하고, 이보다 더 우울해 본 적도 없습니다.

Q 오른쪽에 있는 톰 브래디의 말을 읽어보십시오. 이와 비슷한 감정을 표현하는 친구나 이웃에게 어떻게 반응하겠습니까?

"슈퍼볼 우승 반지가 몇 개인데, 왜 아직도 뭔가 더 위대한 것을 찾느냐고요? 사람들은 제게 이렇게 말할 수 있을 것입니다. '이봐, 친구, 벌써 찾았잖아!' 저는 제 꿈과 목표를 이루었습니다. 하지만 제 생각에는 더 있을 것 같습니다. 그러니까 제 말은 이게 전부일 리가 없다는 것입니다. 아직 뭔가 더 있지 않겠어요?"[1]

_톰 브래디
뉴잉글랜드 패트리어츠 쿼터백

"오 주님, 주님과 견줄 자가 없습니다. 그러니 우리가 주님을 찬양하는 것은 인간을 칭송하는 수준을 넘어서야 합니다. … 주님은 우리 안에서 주님을 찬양하는 기쁨을 불러일으키십니다. 주님을 위해 우리를 지으셨으니 우리 마음이 주님 안에서 자리를 찾을 때까지는 안식하지 못합니다."[2]

_어거스틴

Session Summary

이 세션에서 우리는 자신을 솔로몬에 견주어 보고, 그가 했던 것과 같은 질문을 하게 될 것입니다. 우리는 그 질문들에 대한 답을 예수 그리스도의 인격과 사역에서 찾아야 합니다. 하나님이 계심을 알아야 의미 있고, 정의롭고, 목적이 있는 삶을 경험할 수 있습니다. 또한 다른 사람들에게 그리스도를 바라봄으로써 그들 질문에 관한 답을 찾으라고 말할 수 있습니다.

전개

1. 인생에 의미가 있습니까?(전 1:1~11)

> Leader

전도서의 첫 부분은 우리에게 이런 질문을 던집니다.
"인생은 의미가 있는가?"
솔로몬의 눈에는 세상 모든 것이 무의미하고 쓸데없는 것처럼 보였습니다. 이 사실에 통탄하는 것으로 본문은 시작됩니다.

1다윗의 아들 예루살렘 왕 전도자의 말씀이라 2전도자가 이르되 헛되고 헛되며
헛되고 헛되니 모든 것이 헛되도다 3해 아래에서 수고하는 모든 수고가 사람에
게 무엇이 유익한가 4한 세대는 가고 한 세대는 오되 땅은 영원히 있도다 5해는
뜨고 해는 지되 그 떴던 곳으로 빨리 돌아가고 6바람은 남으로 불다가 북으로
돌아가며 이리 돌며 저리 돌아 바람은 그 불던 곳으로 돌아가고 7모든 강물은
다 바다로 흐르되 바다를 채우지 못하며 강물은 어느 곳으로 흐르든지 그리로

심화 주석 C. S. 루이스는 마치 이 세상이 전부인 듯하는 삶의 냉혹한 현실을 포착했습니다.

"우주는 허튼소리투성이지만, 당신이 여기 존재하는 만큼 할 수 있는 것을 잡으라. 그러나 불행히도 이곳에는 잡을 것이 거의 없으니 가장 음탕한 감각적 쾌락만 남아 있을 뿐이다.

그렇다고 가장 저급한 동물적 감각으로 하지 않는 이상, 다음의 사실을 알고도 어린 소녀와 사랑을 할 수는 없을 것이다. 말하자면, 만약 당신이 만난 이성의 인격과 성품의 아름다움이 모두 원자의 충돌에 의해 생겨난 순간적이고 우발적인 것이며, 그것들에 대한 당신의 반응이 유전자 행동에서 일어나는 일종의 심령 인광(燐光)이라는 점을 알게 된다면(그리고 계속 기억한다면) 말이다.

또한 당신은 음악에서 어떤 진지한 즐거움도 얻지 못할 것이다. 만약 의미심장한 공기가 순수한 환영일 뿐이고, 그것을 좋아하는 이유는 당신의 신경계가 그것을 좋아하도록 비합리적으로 조건 지어졌기 때문임을 알게 된다면(그리고 계속 기억한다면) 말이다.

그렇지만 가장 저급한 감각으로라도 당신은 '좋은 시간'을 즐길 수도 있다. 하지만 한층 더 좋은 시간이 된다는 조건하에 그렇다. 그러려면 상황이 계속 당신을 냉랭한 감각으로부터 진정한 온기와 열정과 기쁨으로 나가게 만들어야 하는데, 이 경우 당신이 원치 않게 느끼게 될 감각은 당신 자신의 감각과 당신이 실제로 살고 있는 우주 사이의 절망적인 부조화일 것이다."[3]

연하여 흐르느니라 [8]모든 만물이 피곤하다는 것을 사람이 말로 다 말할 수는
없나니 눈은 보아도 족함이 없고 귀는 들어도 가득 차지 아니하도다 [9]이미 있던
것이 후에 다시 있겠고 이미 한 일을 후에 다시 할지라 해 아래에는 새것이 없나
니 [10]무엇을 가리켜 이르기를 보라 이것이 새것이라 할 것이 있으랴 우리가 있기
오래전 세대들에도 이미 있었느니라 [11]이전 세대들이 기억됨이 없으니 장래 세
대도 그 후 세대들과 함께 기억됨이 없으리라

전도서의 서론을 살펴보겠습니다. 솔로몬은 의도한 대로 서론에서 우리의 주의를 끌고 있습니다. 여기서 쓰인 단어들을 보십시오. 비관적이고 불만족스러운 세계관으로 치부할 수 있습니다. 하지만 성령님이 이 말씀으로 성경에 영감을 불어넣으셨습니다. 우리에게는 그것들을 무가치하게 볼 선택권이 없습니다. 그러니 솔로몬이 그랬던 것처럼 우리도 잠시 세상을 바라보며 그가 말한 것의 의미를 찾아봅시다. 그는 세상을 관찰하다가 세 가지 사실을 발견하고 인생이 헛되다는 결론에 이르렀습니다.

첫째, 세상에는 '영원한 것'이 없다는 것입니다(3~4절).

솔로몬은 세상에 영원한 것이 없음을 발견했습니다.

> **Leader** 우리는 아침에 일어나서 공부하고 일하고 살다가 죽습니다. 세대들이 있다가 사라지곤 하는데, 세상은 아무 관심도 없는 것 같습니다. 대부분 인간은 세상에 항구적인 영향을 미치지 못하는 듯 보입니다. 이제 인생이 뭔지 조금 알 것 같다고 하자마자 늙어서 죽습니다.

인생은 한 세대가 다른 세대로 넘기기 전에 얼마간 돌리는 무한대의 쳇바퀴와도 같습니다. 아이디어와 혁신이 일어났다가 사라질 뿐 계속되는 것은 없습니다. 성취와 발전이 일어나기도 하지만 세상이 정말 나아지고 있습니까? 솔로몬은 단호하게 '아니오!'라고 대답합니다.

Q 삶의 무상함과 순간적인 속성을 보여 주는 예는 무엇입니까?

둘째, 세상에는 '생산성이 없다'는 것입니다(5~7절).

다음으로 솔로몬이 언급한 것은 해와 바람과 강물입니다. 그가 보기에 이것들은 아무 성과도 내지 못하는 것 같았습니다.

> **Leader** 날마다 해가 뜨고 집니다. 바람이 끝없이 불고 또 붑니다. 강물이 같은 자리로 흐르고, 또 흘러갑니다. 무엇을 보여 주려는 것입니까? 아무것도 없습니다. 어떤 것에도 생산성이 없습니다.

나중에 솔로몬은 이것을 일상생활에 적용합니다. 하루를 생각해 보십시오. 잠을 자고 일어나 잠자리를 정리하는 일을 매일 반복합니다. 머리카락이 자라면 자르고, 자르면 또 자랍니다. 옷이 더러워지면 세탁을 하는데, 생각해 보면 어차피 다시 더러워질 것입니다.

단조로움은 어디에나 있습니다. 실질적인 성과를 얻지 못하고, 사실상 아무 의미 없는 것들을 내는 삶의 영역이 너무나 많습니다. 그것들의 끝이 있을까요? 솔로몬의 대답은 '없다!'입니다.

Q 끝없이 반복되지만, 비생산적인 일을 하고 있다고 느낀 적이 있습니까? 어떤 상황이었습니까?

셋째, 세상에는 '진보가 없다'는 것입니다(8~11절).

해 아래에 새로운 것은 없습니다. 눈과 귀를 만족할 만한 것도 전혀 없어 보입니다. 새로운 발명품이나 장치가 나타나기도 하지만 그렇게 만족스럽지는 않습니다. 물론 잠시 즐거움을 주긴 하는데, 앞에서 말한 것과 같은 단조로움과 비영속성을 바꾸지는 못합니다. 세대는 여전히 가고 옵니다. 해는 계속해서 뜨고 집니다. 사람들이 줄을 서서 기다리는 최신 제품은 있는 그대로의 세계를 바꾸는 데 기여하지 못합니다. 그러므로 솔로몬에 따르면, 전부 쓸데없는 일입니다.

> Leader
> 이 세계관에서 보면, 하나님이 계시지 않는 한 솔로몬의 말이 맞다고 결론을 내려야만 합니다. 기억하십시오. 솔로몬은 하나님 없는 삶의 모습을 보여 주고 있는 것입니다. 하나님을 사랑하고, 하나님께 순종하고, 하나님을 귀히 여기라는 말은 여기에 언급되지 않습니다. 그분이 삶의 중심이 아니라면, 모든 삶이 헛되다고 결론을 내려야 합니다. 하나님이 삶에서 가장 위대한 현실이 아니라면, 우리가 하는 모든 일과 모든 성취와 이생에서 얻은 모든 것이 아무것도 아닙니다.

삶에서 하나님을 밀어내면, 솔로몬이 묘사한 그대로 현실이 됩니다. 그러나 하나님을 왕이요 존귀한 분으로 삶의 중심에 모신다면, 모든 순간이 의미와 목적으로 가득 차고 우리가 하는 모든 일이 중요해질 것입니다. 예수님이 구원자이시며 진실로 죽은 자 가운데서 다시 살아나 만물을 다스리고 계시다면, 우리가 하는 모든 일이 중요해집니다. 사도 바울은 이렇게 말했습니다. "그러므로 내 사랑하는 형제들아 견실하며 흔들리지 말고 항상 주의 일에 더욱 힘쓰는 자들이 되라 이는 너희 수고가 주 안에서 헛되지 않은 줄 앎이라"(고전 15:58). 그분 없이는 우리가 하는 모든 일이 헛됩

심화 주석 '헤벨'('무의미', '공허')은 '숨' 소리에서 비롯되었습니다(사 57:13). 동사형('하발')은 다섯 번 나타나는데, '헛된 말을 계속하다'라는 뜻으로는 한 번 쓰였습니다(욥 27:12). '하발'은 '쓸모없게 되다'(렘 2:5) 또는 '헛된 희망을 두다'(시 62:10)의 뜻을 나타냅니다. 사역형은 '헛되게 만들다'(렘 23:16)라는 뜻입니다. 일시적이며 명백히 무의미한 '숨'은 '헤벨'의 모든 은유적 쓰임새의 기저를 이룹니다. '증기'(시 39:5)나 '열은 안개'(잠 21:6)로 표현될 수 있으나, 가치 없음의 개념은 항상 전제됩니다.
'헤벨'은 '사기(꾼)'(잠 13:11)의 의미를 함축하고 있습니다. 또한 '텅 빈'(욥 27:12), '무가치한'(렘 10:3), '무의미한'(시 94:11), '소용없는'(욥 21:34), '순식간의'(잠 31:30), '헛되이'(슥 10:2) 등을 의미합니다. 사람을 묘사하기도 합니다(시 62:9).
전도서의 핵심 단어인 '헤벨'은 9장 9절에서만 빼고, '헛되다'라는 의미로 쓰였습니다. '완전한 무가치'는 문자 그대로 무가치 중의 무가치라는 뜻입니다(전 1:2). 문맥이 헤벨의 의미를 명확히 해주는 경우 종종 복수형은 "쓸모없는 우상"(신 32:21)을 의미하기도 합니다.[4]

_두에인 A. 가레트
HCSB Study Bible

"우주와 인류에 해당하는 진리는 개개인에게도 진리입니다. … 하나님이 존재하지 않는다면, 당신은 목적 없는 삶을 살라고 목적 없는 우주에 던져진 자연의 우연한 산물일 뿐입니다."[5]
_윌리엄 레인 크레이그

심화토론

- 왜 사람들은 전도서에 나오는 것과 같은 삶에 관한 '더 깊은' 질문들을 피하는 걸까요? 그 이유를 생각해 보는 것은 다른 사람들에게 복음을 전할 때 어떻게 도움이 될까요?

니다. 그분과 함께해야 모든 일에 의미와 가치와 목적이 있습니다.

Q 비관적인 인생관을 가지고 있다는 표시는 무엇입니까?
Q 그리스도를 향한 믿음은 시련을 겪을 때 어떤 도움이 됩니까?

2. 세상에 선과 정의가 있습니까?(전 3:16-4:3)

> Leader 전도서를 읽어 내려가다 보면, 솔로몬이 씨름했던 두 번째 질문을 만나게 됩니다. 세상의 정의에 관한 문제입니다. 그가 바라본 세상에는 정의보다 불의가, 번영보다 고통이 더 많아 보였습니다.

16 또 내가 해 아래에서 보건대 재판하는 곳 거기에도 악이 있고 정의를 행하는
곳 거기에도 악이 있도다 17 내가 내 마음속으로 이르기를 의인과 악인을 하나님
이 심판하시리니 이는 모든 소망하는 일과 모든 행사에 때가 있음이라 하였으
며 18 내가 내 마음속으로 이르기를 인생들의 일에 대하여 하나님이 그들을 시
험하시리니 그들이 자기가 짐승과 다름이 없는 줄을 깨닫게 하려 하심이라 하
였노라 19 인생이 당하는 일을 짐승도 당하나니 그들이 당하는 일이 일반이라
다 동일한 호흡이 있어서 짐승이 죽음같이 사람도 죽으니 사람이 짐승보다 뛰
어남이 없음은 모든 것이 헛됨이로다 20 다 흙으로 말미암았으므로 다 흙으로
돌아가나니 다 한 곳으로 가거니와 21 인생들의 혼은 위로 올라가고 짐승의 혼은
아래 곧 땅으로 내려가는 줄을 누가 알랴 22 그러므로 나는 사람이 자기 일에 즐
거워하는 것보다 더 나은 것이 없음을 보았나니 이는 그것이 그의 몫이기 때문
이라 아, 그의 뒤에 일어날 일이 무엇인지를 보게 하려고 그를 도로 데리고 올
자가 누구이랴

4:1 내가 다시 해 아래에서 행하는 모든 학대를 살펴보았도다 보라 학대받는 자
들의 눈물이로다 그들에게 위로자가 없도다 그들을 학대하는 자들의 손에는
권세가 있으나 그들에게는 위로자가 없도다 2 그러므로 나는 아직 살아 있는 산
자들보다 죽은 지 오랜 죽은 자들을 더 복되다 하였으며 3 이 둘보다도 아직 출
생하지 아니하여 해 아래에서 행하는 악한 일을 보지 못한 자가 더 복되다 하
였노라

> Leader

이것은 우리가 모두 맞닥뜨리는 문제입니다. 신학자와 철학자는 이것을 악과 고통의 문제로 봅니다. 세상이 제 모습이 아니라는 사실을 인지해야 합니다. 죄의 저주는 하나님이 선하고 부드럽고 아름답게 만드신 것을 부러뜨리고 깨뜨려 왔습니다. 그 결과가 고통과 빈곤과 고난과 억압과 죽음입니다. 솔로몬은 이것을 보았고, 마침내 죽은 것이 낫고 그보다는 아예 존재하지 않는 것이 더 낫다는 결론에 이르렀습니다!

우리는 세상 모든 일이 바로잡혀서 제자리로 돌아가기를 소망합니다. 우리도 솔로몬처럼 의로움을 찾다가 사악함을 발견하고 애통해합니다. 평화와 회복을 간절히 바라며, 하나님이 모든 것을 심판해 주시기를 바랍니다(17절).

솔로몬은 하나님이 재판관이시라는 생각에 다소 위안을 얻었던 것 같습니다. 그런데 우리는 그가 알지 못한 것을 알기에 더 큰 위안을 얻을 수 있습니다. 하나님이 죽은 자 가운데서 예수님을 일으키신 것처럼 우리 또한 일으키실 것을 알기 때문입니다. 우리뿐만 아니라 온 피조물이 새롭게 되고 구속될 것입니다. 그분은 모든 눈물을 닦아 내시고, 모든 것을 바로잡으시며, 모든 것을 새롭게 하실 것입니다. 새 하늘과 새 땅을 여실 것입니다. 죄와 사탄과 죽음을 끝장내실 것입니다.

Q 세상의 어떤 불의나 고통에 가장 눈길이 갑니까?

Q 세상의 어떤 불의나 고통에 무관심하게 됩니까?

> Leader

셀리 로이드 존스는 《스토리 바이블》(*The Jesus Storybook Bible*) 뒷부분에서 아름다운 장면을 묘사합니다. 요한계시록의 끝을 이런 식으로 은유한 것입니다.

"요한은 알았어요. 어느 날 천국이 내려와서 하나님의 망가진 세상을 고칠 것을, 그리고 다시금 천국이 진짜 우리의 흠 잡을 데 없는 집이 될 것을 말입니다. 자못 신비로워서 설명하기는 어렵지만, 그는 또 알았어요. 모든 슬픔과 눈물과 그런 것들이 다 아침 햇살에 밀려나는 그림자처럼 될 테니까요. 예수님은 말씀하셨어요. '내가 곧 간다. 금방 도착할 것이다!'"[7]

이것이 정의와 선함에 관한 솔로몬의 질문에 대한 우리의 대답입니다! 그러니 절망하거나 실망할 필요가 없습니다.

하나님이 우리를 대신해 행하실 것입니다. 의로움과 정의의 영광을 가져오실 것입니다. 그동안 우리는 베드로의 말을 붙들어야 합니다.

"모든 은혜의 하나님 곧 그리스도 안에서 너희를 부르사 자기의 영원

심화 주석 전도서 3장 16~22절은 네 가지 주장을 담고 있습니다. 첫째, 어떤 의미에서 하나님은 사람들이 자신이 '동물'과 같음을 알기 바라신다. 둘째, 사람과 동물은 둘 다 먼지로 돌아간다는 점에서 같은 운명을 공유한다. 셋째, 죽으면 사람의 영혼은 위로 올라가고, 동물의 영혼은 땅으로 내려가는지는 아무도 모른다. 넷째, 우리는 주어진 삶을 즐겨야 한다.
이 주장들이 사후 세계를 단정적으로 부인하는 것처럼 보일 수 있지만, 그런 해석은 핵심을 놓치는 것입니다. 다시 한번 전도서는 인간이 죽을 운명이라고 주장합니다. 바로 그 점에서 인간은 동물과 같습니다. … 전도서는 사후 세계를 부인하는 것이 아니라, 독자에게 죽음을 진지하게 여기라고 강요하는 것입니다. 자기 날을 계수함을 배운 시편 기자의 기도(시 90:10~12)가 이 책에서 메아리칩니다. 사망의 권세를 부정하는 사람은 성경을 믿는 사람이 아니라 믿지 않는 사람입니다.
인간은 참으로 죽을 운명이기에 두 가지 결론이 뒤따릅니다.
첫째, 소유물도 성취도 영원하지 않으므로 우리는 이 땅에 살아 있는 동안 그것들을 적당히 사용하고 즐겨야 합니다.
둘째, 우리는 본질적으로 의존적이고 즉흥적이므로 영원한 생명에 관한 소망은 자기 자신이 아닌 하나님 안에 기초해야 합니다(전 12:7, 13~14). 이 사실들이 그리스도인에게 주는 의미는 불멸이 부활하신 그리스도 안에 있다는 것입니다(고전 15:12~19).[6]

_두에인 A. 가레트

"창조에 필요한 것은 유기나 진화가 아니라 '구속'과 '갱신'입니다. 이것은 죽은 자 가운데서 다시 사신 예수님의 부활로 약속되고 보장된 것입니다. 온 세상이 고대하는 바입니다."[8]
_톰 라이트

"혼돈의 와중에 무엇을 해야 할지도 모르고 미래의 상급에 대한 소망도 없이 이리저리 떠도는 자신을 본다면, 정의를 바라는 것은 기괴한 환상이 되고 맙니다. 정의는 망상이 됩니다."[9]
_아너 매튜스

심화토론

- 하나님의 절대 정의와 약속된 심판은 어떻게 고통을 위로하는 원천이 됩니까?
- 중요한 행동에 정의가 필요한 이유는 무엇입니까?

한 영광에 들어가게 하신 이가 잠깐 고난을 당한 너희를 친히 온전하게 하시며 굳건하게 하시며 강하게 하시며 터를 견고하게 하시리라 권능이 세세 무궁하도록 그에게 있을지어다 아멘"(벧전 5:10~11).

모든 권능과 권세는 궁극적으로 하나님께 속하므로 주님의 때가 되면 주님이 우리가 모두 고대해 온 온전함과 평화를 가져오실 것입니다. 하나님이 행하시도록 인내와 끈기로 기다립시다.

Q 그리스도께서 만물을 새롭게 하신다는 약속을 믿는 믿음이 오늘날 불의에 맞서 싸우거나 고통을 더는 데 어떤 힘을 줍니까?

3. 우리는 무엇을 위해 삽니까?(전 12:9~14)

> Leader
> 전도서를 읽으면서 묻지 않을 수 없는 많은 질문 가운데 이것이 가장 중요합니다. "도대체 우리는 무엇을 위해 살아가는가?"
> 솔로몬은 세상에서 듣게 될 다른 모든 목소리에 대해 경고함으로써 책을 마무리합니다. 중요한 것은 오직 한 분뿐입니다.

*9전도자는 지혜자이어서 여전히 백성에게 지식을 가르쳤고 또 깊이 생각하고
연구하여 잠언을 많이 지었으며 10전도자는 힘써 아름다운 말들을 구하였나니
진리의 말씀들을 정직하게 기록하였느니라 11지혜자들의 말씀들은 찌르는 채
찍들 같고 회중의 스승들의 말씀들은 잘 박힌 못 같으니 다 한 목자가 주신 바
이니라 12내 아들아 또 이것들로부터 경계를 받으라 많은 책들을 짓는 것은 끝
이 없고 많이 공부하는 것은 몸을 피곤하게 하느니라 13일의 결국을 다 들었으
니 하나님을 경외하고 그의 명령들을 지킬지어다 이것이 모든 사람의 본분이니
라 14하나님은 모든 행위와 모든 은밀한 일을 선악 간에 심판하시리라*

도대체 우리는 무엇을 위해 살아갈까요? 이 질문에 대답하려는 시도는 언제나 있었습니다. 본문은 이 문제와 관련해 셀 수 없이 많은 의견이 제기되었음을 상기시킵니다(12절). 삶과 존재 이유에 관한 모든 다양한 철학과 관점을 생각해 보십시오. 토크쇼, 잡지, 블로그, 웹사이트 등이 어떻게 살아야 하는지에 관한 조언과 충고를 쏟아냅니다. 하지만 인간이 하나님과 계명을 위해 지어졌다는 결론에 다다르지 않는 한, 어떤 조언과 충고

도 잘못된 것이니 마땅히 거부해야 합니다. 모든 인간은 자신이 하나님을 위해 지어졌음을 마음속 깊이 알고 있습니다.

Leader

> 무신론자인 철학자 버트런드 러셀의 말을 들어보십시오.

"내 속은 언제나 그리고 영원히 끔찍한 고통이다. 호기심으로 가득한 미칠듯한 고통이다. 내 속은 세상에 존재하는 것 너머의 어떤 것을 찾는다. 모양이 바뀌어 버린 무한한 것, 행복을 가져오는 환상, 바로 하나님이다. 나는 그것을 찾지 못했고, 그것이 발견되리라고 생각지 않지만, 그것을 사랑함이 나의 인생이다. 그것은 유령을 향한 열정적인 사랑과도 같다. 때로는 격렬한 분노로, 때로는 무모한 절망으로 나를 채운다. 그것은 온화함과 잔인함과 일의 근원이다. 내가 가진 열정들을 채워 준다. 그것이 사실 내 안에 있는 생명의 실제적 근원이다."[10]

놀랍습니다! 하나님의 존재를 인정하기 싫어하는 사람조차 하나님을 알고 싶고, 즐거워하고 싶은 압도적인 갈망을 느꼈습니다. 왜 그렇습니까?

로마서 1장에 따르면, 모든 사람은 하나님에 관한 지식을 가지고 있습니다. 문제는 진리를 알지 못하고, 지식이 부족한 것이 아니라 진리를 은폐하는 것에 있습니다. 바울은 이렇게 말했습니다.

"하나님을 알되 하나님을 영화롭게도 아니하며 감사하지도 아니하고 오히려 그 생각이 허망하여지며 미련한 마음이 어두워졌나니 스스로 지혜 있다 하나 어리석게 되어 썩어지지 아니하는 하나님의 영광을 썩어질 사람과 새와 짐승과 기어 다니는 동물 모양의 우상으로 바꾸었느니라" (롬 1:21~23).

이것은 인간에 관한 냉정한 논평입니다. 하나님은 우리로 하여금 그분을 알게 하시고, 그분의 방법대로 행하게 하셨지만, 우리는 주님을 피하고 자기 나름의 즐거움과 의미를 만들어 내려고 애씁니다. 우리가 왜 여기에 있는지 본질적으로 알고 있으면서도 진리대로 행하기를 거절합니다.

Q "사람은 왜 사는가?"라는 질문에 세상은 어떤 답을 내놓습니까?

그리스도인으로서 우리는 세상에 희망을 줄 엄청난 사실을 알고 있습니다. 우리는 우리가 왜 여기에 있는지 알고 있습니다! 왜 이 땅에서 살아가는지 알고 있습니다. 궁극적인 의미와 목적에 닿을 길을 알고 있습니다. 우리에게는 풍성한 생명과 넘치는 기쁨을 주러 오신 생명의 구세주가 계시기 때문입니다(요 10:10; 15:11).

세상에 아이디어나 정보나 철학을 제시하는 것이 아닙니다. 죽었다

심화 주석 설교자의 메시지는 두 가지로 요약되는데, 그것은 곧 '하나님의 위대하심'과 '하나님의 말씀'입니다. 히브리어는 '하나님'과 '명령'이라는 단어를 강조합니다. 하나님을 '경외'하는 것은 그분의 변함없는 능력과 공의를 실현하는 것입니다(전 3:14). 사악함과 독선(전 7:18)에서 구해 내 죄의 증오로 이끕니다(전 5:6 이하, 8:12 이하). 그것은 '지혜의 시작'(시 111:10; 잠 1:7, 9:10)이자 '끝' 곧 결론이기도 합니다. 모든 믿는 자의 진보에는 이 결론이 빠짐 없이 들어있습니다. 신약성경의 증언도 다르지 않습니다(참조, 고후 7:1).
독자는 '그의 명령을 지키라'는 충고를 받습니다. 두 요점('경외'…'지키다')의 순서가 중요합니다. 행동은 예배에서 비롯됩니다. 하나님을 아는 지식이 순종으로 인도합니다. 그 반대가 아닙니다. 이것은 전도서에서 하나님의 '명령'을 언급한 유일한 구절입니다. 전도서의 본론은 삶의 두 가지 상반되는 관점을 매번 서로 반대 입장에 마주해 놓고, 믿음의 삶을 계속 권하고 있습니다. 에필로그에서는 그런 삶이 의미를 갖게 될 것이라고 지적합니다. 믿음의 삶은 하나님의 뜻으로 알려진 모든 것과 관련이 있습니다. 구절은 문자 그대로 입니다. "이것이 모든 사람의 본분이니라." 하지만 전도서 어디서나 "사람의 본분"은 "모든 사람"(참조, 전 3:13, 5:19)을 나타내는 히브리어 관용구입니다. 그러므로 그 의미는 '모든 사람에게 적용되느니라'입니다.[11]

_마이클 A. 이튼

가 다시 살아나신 한 분을 소개하는 것입니다. '예수'라는 이름의 통치자 안에 있는 살아 있는 소망과 생명수와 생명의 빵을 제공하는 것입니다.

> Leader

바울은 골로새 교회에 보낸 편지에서 궁극적인 의미와 목적을 위해 그리스도 외에는 다른 어떤 것도 보지 말라고 말했습니다.

"누가 철학과 헛된 속임수로 너희를 사로잡을까 주의하라 이것은 사람의 전통과 세상의 초등학문을 따름이요 그리스도를 따름이 아니니라 그 안에는 신성의 모든 충만이 육체로 거하시고 너희도 그 안에서 충만하여졌으니 그는 모든 통치자와 권세의 머리시라"(골 2:8~10).

오직 그리스도 안에 충만하신 하나님이 거하십니다. 그리스도 안에서만 우상과 소위 신들이 권세와 매력을 잃습니다. 쾌락과 인정과 권세와 위로에서 구하던 것이 실제로 그분 안에 있음을 알게 됩니다. 주님이 더 나으시니 주님으로 충분합니다.

정말로 예수님이 더 나으십니다. 더 나은 이야기를 들려주십니다. 우리가 왜 여기에 있는지에 관해 더 나은 답을 주십니다. 그러니 세상이 하나님을 알고 믿도록 삶을 드립시다. 하나님은 자신을 위해 우리를 지으신 분이요, 우리가 왜 여기에 있는지 홀로 답을 주시는 분입니다.

그리스도 안에서만 우리의 존재 이유를 발견할 수 있습니다.

Q **인생에 관한 심오한 질문들에 대해 예수님은 어떤 방법으로 세상보다 나은 답을 주십니까?**

핵심교리 **99** **1. 일반 계시**

일반 계시는 자신의 창조를 통해(시 19편), 또한 사람의 양심을 통해(롬 2장) 스스로 드러내시는 하나님과 관련이 있습니다. 일반 계시를 통한 하나님에 관한 지식이 제한적인 이유는 오직 하나님과 그분의 성품에 관한 일반적인 지식만 전달해 주기 때문입니다. 우주의 광대함과 정교함을 바라봄으로써 하나님의 전지전능을 인식하거나, 선악을 분별하는 타고난 감각을 들여다봄으로써 우주에는 도덕법을 주시는 분이 계심을 알 수 있습니다. 일반 계시는 어떻게 하나님을 아는지 혹은 구원을 받을 수 있는지를 이해하는 데는 충분하지 않지만, 불의로 하나님의 진리를 억누른 것에는 책임이 뒤따른다는 정도의 지식은 얻을 수 있습니다.

결론

이 세션에서 우리는 성경이 곤란한 질문을 회피하지 않는다는 사실을 알게 되었습니다. 하나님은 우리가 세상의 의미와 목적과 정의에 관한 문제와 씨름하기를 원하십니다. 그렇게 할 때, 이들 질문이 기독교의 유일성과 구세주 예수 그리스도의 영광을 보도록 돕는다는 것을 알게 될 것입니다. 결국, 세상 사람들의 심오한 질문에 답을 찾고자 할 때, 주변 문화에 더욱 정통하게 됩니다. 세상이 절실히 필요로 하는 소망을 담대하면서도 매력적으로 소개합시다.

"그리스도 안에서, 오직 그리스도 안에서만 발견하는 지식과 지혜를 무심하거나 경솔하거나 무례하게 다루어서는 안 됩니다. 예수 그리스도의 얼굴에 비친 하나님 영광의 지식의 광채(고후 4:4~6)는 무한한 가치를 지닌 보물입니다. 깊이 생각하고, 매일 기도하십시오. 그 부유함을 차지하십시오. 그것을 더러움으로부터 보호하십시오. 그 신비로움에 빠져 보십시오. 모든 세속적인 재물과 인간적인 지혜와 물질적인 소득보다 귀중히 여기십시오."[12]

_샘 스톰즈

그리스도와의 연결

전도서는 예수 그리스도 안에서만 찾을 수 있는 삶의 질문을 던집니다. 사도 바울은 예수님의 부활이 없다면, 우리 믿음이 헛되고 죄 사함도 없으리라고 선언했습니다(고전 15:17). 하지만 부활이 있으므로 우리 삶에 의미와 목적과 소망이 있습니다.

하나님의 계획 우리의 사명

선교적 적용 하나님은 우리에게 동시대 문화에서 사람들이 제기하는 질문들을 찾고, 그것들에 복음으로 답하라고 말씀하십니다.

1. 사람들이 비관적인 인생관을 갖게 되는 이유는 무엇일까요?. 그럼에도 불구하고 복음은 어떤 의미와 목적과 소망을 줍니까?
2. 어떻게 하면 우리 소그룹/교회가 예수님의 이름으로 지역 사회의 고통을 덜어 줄 수 있을까요?
3. '하나님을 경외하고, 계명을 지키기' 위해 당신 삶을 어떻게 바꾸겠습니까?

금주의 성경 읽기
삼하 5:1~6:23;
대상 11~16장;
시 133편

욥이 고난의 딜레마를 경험하다

12

Summary and Goal

이 세션에서 우리는 욥의 삶에 나타난 고난의 딜레마를 살펴볼 것입니다. 욥의 이야기는 "선한 사람이 왜 고난을 당하는가?"라는 질문을 던집니다. 그리고 그 답을 찾는 방법을 분별할 수 있는 통찰력을 제공합니다. 욥의 고난은 악의 문제에 대한 궁극적인 해답이 예수 그리스도의 구속적 고난과 새로워질 세상의 약속임을 지적해 줍니다. 예수님을 따르는 사람이라면 다른 사람들과 나란히 걸으며 그들의 고통을 덜어주기 위해 노력해야 합니다.

- **성경 본문**
  욥기 1:6~12, 20~22
  욥기 16:1~5, 18~22
  욥기 40:1~5; 42:7~9

- **세션 포인트**
  1. 선한 사람이 왜 고난을 당합니까?(욥 1:6~12, 20~22)
  2. 욥이 친구들의 잘못된 조언에 답했습니다(욥 16:1~5, 18~22)
  3. 하나님이 욥과 친구들에게 말씀하셨습니다(욥 40:1~5; 42:7~9)

- **신학적 주제**
  하나님은 우리가 고난을 겪을 때 그 이유를 알려 주시지는 않지만, 자기 자신을 내어 주십니다.

- **그리스도와의 연결**
  욥은 고난 가운데서 하나님과 자신 사이에 서 줄 누군가, 즉 중보자를 갈망했습니다. 예수님은 죄를 지으신 적이 없는데도, 인간의 죗값을 치르고 지상의 고통을 끝내기 위해 고통당하신 중보자이십니다.

- **선교적 적용**
  하나님은 우리에게 고난당하는 사람들의 모든 질문에 답하는 것이 아니라, 하나님의 위대하신 사랑을 확신하게 해 줌으로써 그들을 위로하라고 말씀하십니다.

Session Plan

도입

인간 고통의 피할 수 없는 본질에 주목하는 것으로 시작하십시오. 고통에 어떻게 반응해야 하는지에 관한 구약성경의 지혜 문학으로서 욥의 이야기를 소개하십시오(참조, 부록 4: '지혜 문학'). 인도자용 교재에 실린 유진 피터슨의 글을 나누십시오.

삶의 시련에 관한 질문을 해 본 적이 있습니까? 그리스도인이 이런 종류의 질문을 하는 것이 잘못되었다고 생각합니까? 그렇거나 그렇지 않은 이유는 무엇인가요?

악의 문제에 관한 궁극적인 대답, 즉 예수 그리스도의 구속적인 고난을 지적하면서 욥의 삶에 나타난 고난을 다루는 이 세션을 요약하십시오.

전개

1 선한 사람이 왜 고난을 당합니까? (욥 1:6~12, 20~22)

욥기 1장 6~12절을 읽으십시오. 욥이 어떻게 모든 것을 잃게 되었는지 요약한 후, 20~22절을 읽으십시오.

욥의 반응을 보고 그의 성품을 묘사해 보십시오(참조, 욥 1:20~22).

욥의 이야기는 의로운 사람에게 일어난 극도로 나쁜 일의 예임을 지적해 주십시오. 이 이야기는 선한 사람이 왜 고난을 당하는지 설명해 주지는 않지만, 몇 가지 방향을 제시해 준다는 점을 강조해 주십시오. 욥의 고난에 관해 염두에 두어야 할 세 가지를 자세히 설명해 주십시오.

- 욥이 고난을 당한 것은 하나님이 그에게 화가 나셨기 때문이 아닙니다.
- 욥이 고난을 당한 것은 그가 죄를 지었기 때문이 아닙니다.
- 욥이 고난을 당한 것은 그의 믿음을 드러내기 위해서입니다.

고난당하던 때를 돌아보십시오. 하나님이 그것을 통해 당신을 어떻게 이끄셨습니까?

고난이 영적 성장을 위한 효과적인 수단인 이유는 무엇입니까?(참조, 약 1:2~4)

2 욥이 친구들의 잘못된 조언에 답했습니다 (욥 16:1~5, 18~22)

욥기 16장 1~5절, 18~22절의 배경을 설명한 후 자원자에게 해당 구절을 읽게 하십시오. 이 이야기가 고난의 때에 욥의 친구들처럼 "재난을 주는 위로자"가 아니라 좋은 친구들이 필요하다는 것을 어떻게 보여 주는지 설명해 주십시오.

고난당하는 그리스도인이 흔히 남용하는 진부한 표현이나 문구에는 어떤 것들이 있습니까?

섣불리 조언하는 것을 경계해야 하는 이유는 무엇입니까?

우정과 관련된 잠언 구절을 강조하십시오(구절들을 복사해 미리 나누어 주고 필요할 때 소리 내어 읽을 수 있게 하십시오). 좋은 친구가 되는 데 필요한 두 가지를 이해하기 쉽게 설명해 주십시오. 첫째, 좋은 친구 되어 주기. 둘째, 진정한 친구 되시는 예수 그리스도를 바라보기.

당신이 고난을 겪을 때, 친구들이 어떻게 격려하며 도와주었습니까?

3 하나님이 욥과 친구들에게 말씀하셨습니다 (욥 40:1~5; 42:7~9)

욥기 40장 1~5절과 42장 7~9절을 읽으십시오. 욥이 어떻게 고난을 통해 하나님의 능력과 선하심에 대한 더 큰 비전을 받았는지 설명해 주십시오.

고난 가운데 있는 사람에게 정말 필요한 것이 하나님의 능력과 인격에 대한 더 큰 이해인 까닭은 무엇입니까?

욥에게서 배우는 하나님에 관한 두 가지 중요한 진리를 관찰하십시오. 첫째, 하나님만이 하나님이시며, 우리는 하나님이 아닙니다. 둘째, 하나님은 고난 가운데 있는 우리에게 다가오십니다.

하나님은 하나님이시고, 나는 하나님이 아니라는 사실을 어떤 식으로 일깨워 왔습니까?

당신이 고난 가운데 있을 때, 하나님이 어떻게 다가오셨습니까?

결론

욥의 이야기가 지닌 어려움과 아름다움 모두에 주의를 기울이며, 이 이야기가 예수님의 고통을 어떻게 가리켜 보여 주는지 가르쳐 주십시오. 부록 2: '왕국에서 예수님 바라보기'로 주의를 환기하고, 욥이 중재자를 요구한 것과 예수님이 하나님과 인간 사이에서 중보자 역할을 하신 것 사이의 관련성을 살펴보십시오. 이 세션에서 배운 진리를 '하나님의 계획, 우리의 사명'에서 적용해 보십시오.

Session Content

12. 욥이 고난의 딜레마를 경험하다

도입 옵션

고난의 경험을 가진 지원자를 미리 섭외해 진솔한 간증을 요청하십시오. 그리고 시작 전에 그리스도의 사랑으로 서로 사랑하고 격려할 수 있도록 모임에서 나누는 간증은 보호되어야 한다는 점을 모두에게 분명히 밝혀 주십시오. 아직 서로 신뢰할 수 있는 분위기가 아니라면, 인도자가 먼저 자신의 경험을 나누는 것이 좋습니다. 하나님의 가족이 어떤 모습이어야 하는지 본을 보이기 위해서입니다.

도입

산다는 것은 고통스러운 일입니다. 문제는 우리가 고통을 겪느냐 겪지 않느냐가 아니라, 고통에 어떻게 반응하느냐입니다. 고난 덕분에 하나님께 나아가겠습니까? (고난이 우리를 주님께 이끌도록 말입니다.) 아니면 고난 때문에 하나님에게서 멀어지겠습니까? (고난이 하나님과의 관계를 방해하도록 놔두고 말입니다.)

구약성경의 지혜문학 가운데 고통과 고난에 관한 고전으로 꼽히는 욥의 이야기가 있습니다. 성경에 익숙하지 않은 사람들조차 이 이야기의 기본 구조는 알고 있을 것입니다. 욥은 모든 것을 빼앗기고도 하나님을 향한 믿음을 저버리지 않았습니다. 신약성경은 인내와 오래 참음의 모범으로 욥을 꼽습니다(약 5:10~11). 욥은 고난으로 하나님께 나아갔고, 고난을 통해 하나님과 그분이 쓰시는 방법에 관해 더 깊이 이해할 수 있었습니다.

> Leader

유진 피터슨이 진리를 묘사하는 이야기를 전합니다.

"한 친구가 자신이 찍은 사진들을 보여 주었습니다. 사진 속에는 우리 주변에서 흔히 볼 수 있는 성냥개비, 핀, 칼 같은 생활용품들이 담겨 있었습니다. 대개 생활용품은 아름다움을 지닌 물건으로 여겨지지 않지만, 사진 속에 담긴 생활용품들은 모두 감탄을 자아낼 만큼 아름다웠습니다. 왜 그랬을까요? 그것들은 확대경으로 찍은 사진들이었습니다. 작고 의미 없는 물건들을 엄청난 크기로 확대하자 일상에서 무심히 지나쳤던 물건들이 다시 보이기 시작했습니다. 우리가 간과해 왔던 것들이 실은 정교한 아름다움을 자아내는 것들로 드러났습니다."[1]

마지막 문장이 가장 중요합니다. 삶이 편안하고 안락할 때, 우리는 하나님에 관해 깊이 생각하지 않는 경향이 있습니다. 하지만 고난이 다가오면, 하나님을 '확대'합니다. 우리가 발견하는 것은 하나님이 고난을 선으로 바꾸기 위해 일하시며, 가장 깊은 고난에서조차 절묘한 아름다움과 영광을 끌어내신다는 것입니다.

"생각하건대 현재의 고난은 장차 우리에게 나타날 영광과 비교할 수 없도다"(롬 8:18).

"우리가 알거니와 하나님을 사랑하는 자 곧 그의 뜻대로 부르심을 입은 자들에게는 모든 것이 합력하여 선을 이루느니라"(롬 8:28).

우리는 욥처럼 하나님이 우리가 생각하는 것보다 훨씬 크시고, 그분의 선하심은 우리가 감히 꿈꾸는 것보다 훨씬 더 깊다는 것을 발견하게 됩니다.

"성경에서 하나님의 모습은 고난당하는 자이십니다. 삶에 쓰인 가면이 벗겨져서 세세하고도 엄청난 인생의 비참함을 보게 될 때, 우리를 조롱하지 않는 유일한 이는 고통당하고 슬퍼하시는 하나님뿐이십니다."[2]
_오스왈드 챔버스

Q 삶의 시련에 관한 질문을 해 본 적이 있습니까? 그리스도인이 이런 종류의 질문을 하는 것이 잘못되었다고 생각합니까? 그렇거나 그렇지 않은 이유는 무엇인가요?

Session Summary

이 세션에서 우리는 욥의 삶에 나타난 고난의 딜레마를 살펴볼 것입니다. 욥의 이야기는 "선한 사람이 왜 고난을 당하는가?"라는 질문을 던집니다. 그리고 그 답을 찾는 방법을 분별할 수 있는 통찰력을 제공합니다. 욥의 고난은 악의 문제에 대한 궁극적인 해답이 예수 그리스도의 구속적 고난과 새로워질 세상의 약속임을 지적해 줍니다. 예수님을 따르는 사람이라면 다른 사람들과 나란히 걸으며 그들의 고통을 덜어주기 위해 노력해야 합니다.

전개

1. 선한 사람이 왜 고난을 당합니까?(욥 1:6~12, 20~22)

> Leader

욥기는 기묘한 장면으로 시작됩니다. 주님이 사탄과 대화를 나누시는데, 정직과 성실의 본보기로 욥을 꼽으십니다. 이야기가 어떻게 시작되는지 살펴봅시다.

6하루는 하나님의 아들들이 와서 여호와 앞에 섰고 사탄도 그들 가운데에 온지
라 7여호와께서 사탄에게 이르시되 네가 어디서 왔느냐 사탄이 여호와께 대답
하여 이르되 땅을 두루 돌아 여기저기 다녀왔나이다 8여호와께서 사탄에게 이
르시되 네가 내 종 욥을 주의하여 보았느냐 그와 같이 온전하고 정직하여 하나

심화 주석 천국이 배경인 것으로 보아 "하나님의 아들들"은 천사들임을 알 수 있습니다(욥 2:1; 참조, 시 29:1; 103:20). '사탄'(고발자. 비교, 슥 3:1~2)도 하늘 공회에 나타났습니다. 사탄은 늘 주님의 일을 반대하지만(마 16:23; 계 12:9), 능력에 한계가 있습니다(욥 1:12; 2:6). '주님'은 이스라엘의 언약의 하나님을 나타내는 히브리어 이름(여호와)을 번역한 것입니다.
'여호와'의 질문은 '사탄'이 초대받지 않은 모임에 왔음을 나타내는 것이지, 하나님이 사탄의 활동에 무지하시다는 뜻은 아닙니다. 하나님의 전지하심은 성경 전체에서 입증됩니다(시 139:7~12). 하나님이 질문하시는 것은 편의상 대화를 통해 인간과 관계를 맺으시려는 행위입니다.
사탄은 욥이 하나님을 경외하는 동기에 의문을 제기했습니다. 하나님을 향한 욥의 헌신은 그가 누리고 있는 생활환경 때문이라고 주장한 것입니다. 하나님이 사탄의 시험에 한계를 두신 것은 욥이 고난 가운데서도 하나님의 은혜를 드러내는 작품이 되길 원하신 주님의 소망 때문이었습니다.[3]

_리처드 D. 패터슨
HCSB Study Bible

님을 경외하며 악에서 떠난 자는 세상에 없느니라 [9]사탄이 여호와께 대답하여
이르되 욥이 어찌 까닭 없이 하나님을 경외하리이까 [10]주께서 그와 그의 집과
그의 모든 소유물을 울타리로 두르심 때문이 아니니이까 주께서 그의 손으로
하는 바를 복되게 하사 그의 소유물이 땅에 넘치게 하셨음이니이다 [11]이제 주의
손을 펴서 그의 모든 소유물을 치소서 그리하시면 틀림없이 주를 향하여 욕하
지 않겠나이까 [12]여호와께서 사탄에게 이르시되 내가 그의 소유물을 다 네 손
에 맡기노라 다만 그의 몸에는 네 손을 대지 말지니라 사탄이 곧 여호와 앞에서
물러가니라

이 장면 뒤에 욥은 모든 것을 잃게 됩니다.

> Leader
> 스바 사람들이 욥의 소와 나귀를 빼앗고 종들을 칼로 죽였으며(욥 1:13~15), 번개가 떨어져서 욥의 양과 종들을 불살랐고(욥 1:16), 갈대아 사람들이 욥의 낙타와 그 옆에 있던 종들을 빼앗고 죽였습니다(욥 1:17). 가장 최악은 큰 바람이 불어와서 욥의 아들딸 위로 집이 무너진 것이었습니다(욥 1:18~19).

그때 그는 어떻게 반응했을까요?

[20]욥이 일어나 겉옷을 찢고 머리털을 밀고 땅에 엎드려 예배하며 [21]이르되 내가
모태에서 알몸으로 나왔사온즉 또한 알몸이 그리로 돌아가올지라 주신 이도 여
호와시요 거두신 이도 여호와시오니 여호와의 이름이 찬송을 받으실지니이다
하고 [22]이 모든 일에 욥이 범죄하지 아니하고 하나님을 향하여 원망하지 아니하
니라

Q 욥의 반응을 보고 그의 성품을 묘사해 보십시오(참조, 욥 1:20~22).

욥의 이야기는 의로운 사람에게도 나쁜 일이 생길 수 있다는 것을 보여 줍니다. 욥에게 닥친 모든 비극에 직면해 보지 않아도 우리는 그 고통이 어떨지 짐작할 수 있습니다. 욥의 이야기는 선한 사람이 왜 고난을 당하는지에 관한 질문에는 답을 주지 않지만, 몇 가지 방향을 제시해 줍니다. 욥의 고난과 관련해 명심해야 할 세 가지가 있습니다.

첫째, 욥이 고난을 당한 것은 하나님이 그에게 화가 나셨기 때문이 아닙니다.

> Leader
> 하나님과 사탄의 대화에서 가장 흥미로운 사실 가운데 하나는 욥의 이야기를 꺼낸 이가 하나님이시라는 점입니다(8절). 주님은 욥을 신실함과 진실함의 대명사

로 사탄에게 제시하셨습니다. 욥에게 화가 나서 말씀하신 것이 아니었습니다. 오히려 욥을 기뻐하시므로 제시하셨던 것입니다! 욥이 양 떼나 소 떼 같은 물질의 복보다 훨씬 더 깊은 이유로 하나님을 신뢰하고 있음을 아셨기 때문입니다. 욥은 그분이 하나님이시기에 신뢰했던 것입니다.

고난을 하나님의 진노의 표시로 보는 것은 그리스도인이 받는 가장 큰 유혹 가운데 하나입니다. 우리는 종종 하나님을 되갚으시는 분이라고 생각합니다. 하지만 욥의 이야기는 하나님의 분노가 고난의 원인이 아님을 일깨워줍니다(참조, 욥 1:8).

게다가 우리는 예수님이 십자가에서 모든 죄의 형벌을 지신 것을 알고 있습니다. 예수님은 우리를 위해 하나님의 진노를 감당하셨습니다(요일 2:2). 하나님이 우리를 징계하시는 것은 당연합니다. 그러나 히브리서 저자는 "하나님이 아들과 같이 너희를 대우하시나니"(히 12:7)라고 말합니다. 하나님은 우리를 대적으로 취급하시는 게 아니라 아들과 딸로 대우해 주십니다. 사랑하므로 징계하시는 것입니다(히 12:5~7; 참조, 잠 3:11~12). 이것이 하나님이 사탄에게 욥을 맡기신 이유입니다. 하나님은 욥을 기뻐하셨습니다.

둘째, 욥이 고난을 당한 것은 그가 죄를 지었기 때문이 아닙니다.

> Leader

욥기는 이렇게 시작합니다.

"우스 땅에 욥이라 불리는 사람이 있었는데 그 사람은 온전하고 정직하여 하나님을 경외하며 악에서 떠난 자더라"(욥 1:1).

그 후 욥은 가족과 가축을 잃게 되는데, 성경 저자는 이렇게 기록합니다.

"이 모든 일에 욥이 범죄하지 아니하고 하나님을 향하여 원망하지 아니하니라"(욥 1:22).

성경 저자는 욥이 죄 때문에 고난을 당한 것이 아니라는 것을 분명히 합니다.

우리는 고난을 당하면, 그동안 자신이 저질렀던 특정한 죄나 불순종했던 일들을 떠올립니다. 그리고 벌을 받아 마땅하다고 생각합니다. 도저히 극복할 수 없을 것 같아 보이는 죄 하나를 떠올리고, 그것을 고난을 당하는 이유로 받아들입니다. 신학은 너무나 자주 이렇게 말합니다. "선한 일을 하면 복을 받고, 악한 일을 하면 저주를 받는다."

그러나 욥의 이야기는 전혀 다른 면을 보여 줍니다(참조, 욥 1:1, 22). 의인도 고난을 당합니다. 사도 바울은 사역 중에 심한 괴로움을 겪었지만 그것이 그에게 깊은 기쁨의 근원이 되었다고 고백했습니다(골 1:24~25). 예수님의 생애를 들여다봐도 고난과 죄가 언제나 관련된 것은 아님을 알 수 있습니다. 예수님은 죄가 없으신 분이었지만, 전 생애에 걸쳐 조롱과 우롱과

심화 주석 욥의 신앙은 그의 고뇌를 덜어 주지 않습니다. 오히려 일으킵니다. 욥은 아버지요 친구가 되시는 주님을 사랑했는데, 바벨론이나 가나안이나 애굽의 어떤 백성도 자기 신을 그렇게까지 사랑할 수 없을 만큼 주님을 사랑했습니다. 사탄의 예측과 달리, 욥은 사태가 악화되어도 하나님의 성품에 관해 일관된 견해를 견지합니다. 하지만 이 믿음은 끔찍한 투쟁 없이는 살아남을 수 없습니다. …
그는 하나님이 왜 자신을 이와 같은 상황에 처하게 하셨는지 그 이유를 알지 못했습니다. 주신 분이 취하실 때, '주님을 찬양하라'고 말하기는 더 어렵습니다. 욥은 그와 함께하셨던 하나님의 공의와 공평에 관한 의심의 도가니에 던져집니다. 왜 이런 일이 벌어졌는지 알 수 있으려면 그 전에 고난을 겪고, 성장해야만 합니다. 하나님의 복 주심에 관한 욥의 신뢰는 엘리의 고분고분한 체념(삼상 3:18)이나 다윗의 체념(삼하 16:11)을 넘어섰습니다. 왜냐하면 그들은 자기 잘못으로 정당한 대가를 치른 것이기 때문입니다. 욥은 자기 죗값을 치르고 있다는 사실을 아는 것에 만족하지 않습니다. 최소한 그 정도 규모로 심판받을 만한 일은 하지 않았기 때문입니다.
그러면 하나님은 그분의 선하심을 욥에게 어떻게 알게 하실까요?(롬 8:28) 이 질문에 관한 답은 이야기의 끝에 이르면 알 수 있습니다.[4]

_프랜시스 I. 앤더슨

"오직 경건한 자들만이 버림받을 수 있습니다. … 버림받는 것은 당신이 하나님의 자녀라는 증거입니다. 당신이 때로 그분에게서 사랑의 미소와 징표를 받지 못했다고 해도, 하나님이 멀어지셨다는 불평을 어떻게 할 수 있겠습니까?"[5]
_토머스 왓슨

"오늘날 그리스도인의 핵심층으로 부름받은 자들은 순교자 콤플렉스를 가진 이들이 아니라, 하나님을 영화롭게 하는 지혜와 은혜로 불리한 상황도 극복해 내는 매력적이고 습관적이며 기분 좋은 자기희생 속에서 일상을 살아가는 자들입니다."[6]
_로버트 야르브로

심화토론

- 욥기 1장 6~12절에 비추어 볼 때, 끔찍한 상황에 대한 반응으로 하나님의 성품을 비방하는 것이 교만이나 추론이 되는 까닭은 무엇입니까?
- 욥기 1장 20~22절과 2장 10절에서 나타난 욥의 반응은 어떻게 우리에게 지혜의 모범뿐 아니라 겸손의 모범이 됩니까?

거절을 당하셨습니다.

셋째, 욥이 고난을 당한 것은 그의 믿음을 드러내기 위해서입니다.

성경은 고난에 관해 이야기할 때, 종종 용광로 이미지를 사용합니다(벧전 4:12). 찌꺼기나 불순물을 제거할 목적으로 금과 은과 귀금속을 불에 던져 넣습니다. 하나님은 우리 믿음도 그렇게 하십니다. 믿음을 더 잘 드러낼 수 있도록 고난과 시련의 용광로 속에 우리를 던져 넣으십니다. 믿음을 방해하는 모든 것을 제거하고, 우리에게 진짜 필요한 것은 주님임을 보여 주십니다. 세상과 자신을 의지하지 않고, 주님을 더 신뢰할 수 있도록 도우십니다. 우리의 믿음이 성숙하도록 우리의 앞길에 시련을 주시는 하나님이심을 믿어야 합니다.

> Leader

만약 하나님이 우리의 믿음을 시험하지 않으신다면, 우리에게 그것이 있다는 것을 잊어버릴지도 모릅니다. 야고보는 이렇게 말했습니다.

"내 형제들아 너희가 여러 가지 시험을 당하거든 온전히 기쁘게 여기라 이는 너희 믿음의 시련이 인내를 만들어 내는 줄 너희가 앎이라 인내를 온전히 이루라 이는 너희로 온전하고 구비하여 조금도 부족함이 없게 하려 함이라"(약 1:2~4).

이것이 고난 중에 있는 우리를 향한 하나님의 크신 목적 중 하나입니다. 하나님이 그분을 더욱 사랑하고 신뢰할 수 있도록 고난의 시기를 지나게 하신다는 것을 믿는다면, 고난은 언제나 가치가 있을 것입니다.

Q 고난당하던 때를 돌아보십시오. 하나님이 그것을 통해 당신을 어떻게 이끄셨습니까?

Q 고난이 영적 성장을 위한 효과적인 수단인 이유는 무엇입니까?(참조, 약 1:2~4)

2. 욥이 친구들의 잘못된 조언에 답했습니다(욥 16:1~5, 18~22)

욥의 처지가 알려지자, 그의 친구들이 현장에 나타나 충고와 위로를 건넸습니다. 그러나 불행하게도 친구들의 말은 하나님께 분노가 되고, 욥에게는 쓸모없는 답이 되었습니다. 그들의 잘못된 조언에 욥이 어떻게 반응했는지 보십시오.

1 욥이 대답하여 이르되 2 이런 말은 내가 많이 들었나니 너희는 다 재난을 주는
위로자들이로구나 3 헛된 말이 어찌 끝이 있으랴 네가 무엇에 자극을 받아 이같

*이 대답하는가 [4]나도 너희처럼 말할 수 있나니 가령 너희 마음이 내 마음 자리
에 있다 하자 나도 그럴듯한 말로 너희를 치며 너희를 향하여 머리를 흔들 수 있
느니라 [5]그래도 입으로 너희를 강하게 하며 입술의 위로로 너희의 근심을 풀었
으리라 … [18]땅아 내 피를 가리지 말라 나의 부르짖음이 쉴 자리를 잡지 못하게
하라 [19]지금 나의 증인이 하늘에 계시고 나의 중보자가 높은 데 계시니라 [20]나의
친구는 나를 조롱하고 내 눈은 하나님을 향하여 눈물을 흘리니 [21]사람과 하나
님 사이에와 인자와 그 이웃 사이에 중재하시기를 원하노니 [22]수년이 지나면 나
는 돌아오지 못할 길로 갈 것임이니라*

> Leader

모든 조언이 타당한 것은 아닙니다. 어리석은 조언에도 한 톨의 진리는 있을 수 있습니다. 그러나 고난 중에는 한 톨보다 더 많은 진리가 필요하고, 감춰진 지혜 뭉치를 파내기엔 시간이 없습니다. 필요한 때에 마음속 깊이 들어와 위로와 위안을 주는 말들이 필요합니다(5절).

이 이야기는 우리 삶에서 좋은 우정이 얼마나 절실한지를 보여 줍니다. 공동체 안에서 고난을 겪을 필요가 있습니다. 욥을 찾아온 심술 맞은 위로자들과 달리, 고난을 당할 때 에워싸 줄 좋은 친구들이 필요합니다. 함께 짐을 지고 비바람을 견디며 동행해 줄 친구들이 필요합니다.

Q 고난당하는 그리스도인이 흔히 남용하는 진부한 표현이나 문구에는 어떤 것들이 있습니까?

Q 섣불리 조언하는 것을 경계해야 하는 이유는 무엇입니까?

잠언서는 좋은 우정의 중요성을 계속해서 보여 줍니다.

> Leader

- "친구는 사랑이 끊어지지 아니하고 형제는 위급한 때를 위하여 났느니라"(잠 17:17).
- "무리에게서 스스로 갈라지는 자는 자기 소욕을 따르는 자라 온갖 참 지혜를 배척하느니라"(잠 18:1).
- "많은 친구를 얻는 자는 해를 당하게 되거니와 어떤 친구는 형제보다 친밀하니라"(잠 18:24).
- "친구의 아픈 책망은 충직으로 말미암는 것이나 원수의 잦은 입맞춤은 거짓에서 난 것이니라"(잠 27:6).
- "철이 철을 날카롭게 하는 것 같이 사람이 그의 친구의 얼굴을 빛나게 하느니라"(잠 27:17).

심화 주석 욥의 친구들은 아무것도 가르쳐 주지 않았고, 유용한 충고도 하지 않았으며, 전반적으로 그의 상태를 완화시키기보다 악화시켰습니다. 그래서 욥은 친구들을 '재난을 주는 위로자들'로 여겼습니다. '재난'의 히브리어 단어 '아말'은 엘리바스의 마지막 말에서 쓰인 '재난'(욥 15:35)과 같은 단어입니다. 욥기 2장 11절에 따르면 이들 세 친구는 "욥을 위문하고 위로하려 하여" 왔습니다. 여기까지는 문제 될 게 없습니다. 교훈은 이것입니다. '도움이 될 만한 조언은 대개 길거나 비판적이지 않고, 용기를 북돋워 준다'는 것입니다.[7]

_로버트 L. 알덴

심화 주석 욥은 자신을 변론하기 위해 하나님을 청중으로 모셨습니다(욥 9:34~35; 13:20~22). 자신의 소송을 하나님 앞에 가져가면, 거룩하신 하나님이 그의 성실함을 '증거해' 주실 거라고 믿었기 때문입니다. 욥은 말로 하나님을 공격하면서도 자기 변론의 희망을 하나님께만 두었습니다. 욥은 하나님 앞에서 중재자가 자신을 대리해 줄 필요성과 갈망을 반복해서 표현했습니다. 그는 하나님을 청중으로 모시기를 열망했고(욥 13:3), 공정한 청문회가 자신의 정당성을 입증해 주리라 기대했습니다(욥 13:15~16). 그러나 그는 결국 자신을 변호하는 데 한계가 있음을 느꼈습니다(욥 9:2~4, 32~33). 메시아 되시는 예수님이 인류를 위해 그런 중보자가 되십니다(사 2:4; 11:4; 롬 8:34; 히 7:25; 요일 2:1).[8]

_리처드 D. 패터슨
HCSB Study Bible

"하나님께 나아가기를 두려워하지 마십시오. 우리에게는 친구일 뿐 아니라 형제이자 남편이기도 하신 중보자가 계십니다."[9]
_리처드 십스

"변화를 위한 하나님의 사역의 핵심은 관계입니다. 그것은 필수 수단이자 멋진 목표입니다. 겸손한 공동체는 그리스도인의 삶이라는 케이크에 발린 생크림이 아닙니다. 진정한 의미로 진짜 케이크입니다."[10]
_티모시 레인 & 폴 데이비드 트립

좋은 친구들을 얻기 위해서는 두 가지 일을 해야 하는데, 욥에게서 그 실마리를 찾을 수 있습니다.

첫째, 먼저 좋은 친구가 되어 주어야 합니다.

욥은 자신이라면 친구들과 반대되는 말을 했을 것이라고 말했습니다. 실제로 그는 친구를 돕기 위해 노력했을 것입니다(욥 16:5). 진정한 친구를 사귀려면 먼저 진정한 우정을 나누어야 합니다.

> Leader
많은 사람이 소비하듯 우정을 맺습니다. 친구에게서 무언가를 얻긴 하지만, 돌려주지는 않습니다. 그러나 친구를 얻으려면 먼저 친구가 되어 주어야 합니다.

둘째, 좋은 우정을 나누려면 진정한 친구를 찾아야 합니다.

욥은 "사람과 하나님 사이에와 인자와 그 이웃 사이에 중재하시기를 원하노니"(21절)라고 말했습니다. 우리가 알고 있는 것을 욥도 알았더라면 얼마나 좋았을까요? 우리는 하나님과 사람 사이에 서서 우리를 위해 간청하는 분이 계심을 압니다. 친구를 위해 간청하는 이처럼 말입니다. 예수 그리스도가 바로 그분이십니다. 그분이 바로 우리의 진정한 친구이십니다. 그분은 이렇게 말씀하셨습니다. "사람이 친구를 위하여 자기 목숨을 버리면 이보다 더 큰 사랑이 없나니"(요 15:13). 우리는 예수님이 필요합니다.

Q 당신이 고난을 겪을 때, 친구들이 어떻게 격려하며 도와주었습니까?

3. 하나님이 욥과 친구들에게 말씀하셨습니다(욥 40:1~5; 42:7~9)

고난을 당할 때, 우리는 하나님께 많은 질문을 던지게 됩니다. "왜 하필 저입니까?", "제가 뭘 잘못해서 이런 일이 일어났습니까?", "하나님을 사랑하는 자에게 왜 고통을 주십니까?", "사랑의 하나님이 어떻게 이런 일을 허락하실 수 있습니까?" 선하고 사려 깊은 대답이 필요한 질문들입니다. 우리가 욥에게서 배우는 것은 고난의 때에 우리에게 가장 필요한 것은 '하나님'이라는 사실입니다.

> Leader
고난 중에 있을 때, 우리에게는 주의 임재와 주의 음성과 주의 다가오심이 필요합니다. 우리가 고난을 겪을 때, 하나님이 우리에게 주실 수 있는 가장 큰 선물은 바로 하나님 자신이십니다. 주님이 욥에게 하시는 말씀을 들어보십시오.

40:1 여호와께서 또 욥에게 일러 말씀하시되 2 트집 잡는 자가 전능자와 다투겠느

냐 하나님을 탓하는 자는 대답할지니라 3욥이 여호와께 대답하여 이르되 4보소서 나는 비천하오니 무엇이라 주께 대답하리이까 손으로 내 입을 가릴 뿐이로소이다 5내가 한 번 말하였사온즉 다시는 더 대답하지 아니하겠나이다

42:7여호와께서 욥에게 이 말씀을 하신 후에 여호와께서 데만 사람 엘리바스에게 이르시되 내가 너와 네 두 친구에게 노하나니 이는 너희가 나를 가리켜 말한 것이 내 종 욥의 말같이 옳지 못함이니라 8그런즉 너희는 수소 일곱과 숫양 일곱을 가지고 내 종 욥에게 가서 너희를 위하여 번제를 드리라 내 종 욥이 너희를 위하여 기도할 것인즉 내가 그를 기쁘게 받으리니 너희가 우매한 만큼 너희에게 갚지 아니하리라 이는 너희가 나를 가리켜 말한 것이 내 종 욥의 말같이 옳지 못함이라 9이에 데만 사람 엘리바스와 수아 사람 빌닷과 나아마 사람 소발이 가서 여호와께서 자기들에게 명령하신 대로 행하니라 여호와께서 욥을 기쁘게 받으셨더라

욥의 이야기는 놀라운 결말을 맺습니다. 그는 고난을 통해 하나님의 능력과 선하심에 대한 더 큰 비전을 받았습니다. 욥은 주님을 피고석에 앉히고 비난할 수 있는 사람은 아무도 없음을 깨달았습니다. 그는 광대하신 하나님의 영광에 비해 자신이 얼마나 작은지 알았습니다. 그뿐만 아니라 깊고 깊은 하나님의 선하심을 보았습니다. 주님은 욥이 자기 친구들을 대신해 드린 기도를 받으시고, 진노를 거두셨습니다.

Q 고난 가운데 있는 사람에게 정말 필요한 것이 하나님의 능력과 인격에 대한 더 큰 이해인 까닭은 무엇입니까?

우리는 욥에게서 고통과 시련에 관한 하나님의 두 가지 중요한 진리를 배웁니다.

첫째, 하나님만이 하나님이시고, 우리는 하나님이 아닙니다.

고난은 적어도 우리가 하나님이 아님을 알게 해 줍니다. 또한 삶이 우리 통제 아래 있지 않음을 깨닫게 해 줍니다. 다윗은 "나의 앞날이 주의 손에 있사오니"(시 31:15)라고 고백했습니다. 하나님은 우리 길을 인도하시고, 우리의 날을 결정하시는 분입니다. 서구 소비주의 사회는 대부분 자기 인생을 스스로 계획하는 데 익숙합니다. 하지만 주님은 우리가 아니라 하나님이 모든 것을 계획하신다는 사실을 우리 삶의 일들을 통해 일깨워 주십

심화 주석 욥의 문제가 해결되자, 하나님이 그의 친구들에게로 향하셨습니다. 그들은 정죄를 받았지만, 그들의 우매함만큼은 아니었습니다. 하나님은 욥이 논쟁에서 선전했다고 선언해 주셨습니다(욥 42:7). 이 결과에 관해서는 수많은 해석이 남겨져 있습니다. 친구들에 대한 욥의 해명이 공개됩니다. 역할이 바뀌었습니다! 그들 중에 누구도 자기가 말하는 동안 하나님의 '노하심'(7절)의 대상이 욥이 아니라 자신인 줄을 눈치채지 못했고, 그래서 하나님의 은혜가 필요한 처지가 된 줄도 몰랐습니다. 그러나 이제는 그들도 알게 되었습니다(유쾌한 역설입니다). 욥에게서 지지를 얻지 못하면, 하나님의 노여움을 피할 길이 없다는 것을 말입니다. (자기들이 영적 자원을 줘야만 한다고 생각했던 친구 욥에게서 말입니다). 악한 자들에게서 하나님의 진노를 돌이키게 하는 의인의 효과적인 기도(참조, 창 18장)가 욥의 고난에 아무도 생각지 못했던 또 다른 의미를 덧붙입니다."[11]

_프랜시스 I. 앤더슨

"하나님은 우주에서 가장 가치 있고, 가장 위엄 있고, 장엄하며, 영광스럽고, 놀랍도록 아름다운 존재이심을 진심으로 믿습니다. … 존경과 영광과 찬양이 영원토록 주님께만 있습니다. … 그분은 통제를 벗어나 계시는 분입니다. 그분의 통제가 아닌 우리의 통제에서 말입니다."[12]

_티모시 스토너

핵심교리 **99** **31. 악의 문제**

많은 무신론자가 하나님이 전능하고 사랑이 충만하며 전지하시다면, 오늘날 인간이 알고 있는 것과 같은 악은 세상에 존재할 수 없었을 것이라고 주장합니다. 그들은 세상에 악이 존재하므로 하나님도 존재할 수 없다고 말합니다(혹은 하나님이 존재한다고 해도 선하지도, 전능하지도 않을 것이라고 말합니다). 그러나 하나님의 존재를 부인하는 논쟁으로 악에 호소하는 것은 잘못입니다.
첫째, 세상의 좋지 않은 것들에 대해 분노하는 것은 '선한' 도덕적 기준을 전제로 하는데, 이러한 기준은 하나님과 분리될 수 없기 때문입니다.
둘째, (비록 우리는 모를지라도) 하나님께는 악과 고통을 잠시 허용하는 합당한 이유가 있으실 것이기 때문입니다. 하나님의 성품과 목적을 안다면, 그리스도인은 악의 한가운데서도 하나님이 모든 것을 합력하여 선을 이루도록 역사하고 계심을 확신하고 안식할 수 있습니다(롬 8:28).

니다. 욥은 이 사실을 잘 알고 있었습니다.

둘째, 하나님은 고난 가운데 있는 우리에게 다가오십니다.

하나님은 욥에게 자신을 알려 주셨습니다.

> Leader

하나님은 욥에게 대답하셨고, 그의 기도를 들어 주셨으며, 그가 하나님을 알게 하셨습니다. 물론 하나님은 언제나 그렇게 하시지만, 고난을 당할 때의 다가오심과 임재하심은 조금 특별해 보입니다. 베드로는 박해로 고난을 당하는 사람들에게 이렇게 말했습니다.

"너희가 그리스도의 이름으로 치욕을 당하면 복 있는 자로다 영광의 영 곧 하나님의 영이 너희 위에 계심이라"(벧전 4:14).

우리가 겪는 고난은 우리에게 임하시는 하나님의 영과 하나님의 영광을 더 잘 의식하게 해 줍니다. 하나님은 고난 중에 있는 우리를 추적해 오십니다. 주의 자녀들에게 주가 가까이 계시며, 주는 선하시다고 일깨워 주십니다.

극한 상실과 고통을 견뎌 낸 사람들이 오히려 그 고난의 때만큼 하나님을 경험한 적은 없다고 말하는 것을 종종 들어 보았을 것입니다. 하나님은 자녀들이 고난을 당할 때 거리를 두고 냉담하게 계시는 분이 아닙니다.

하나님은 우리에게 다가오시는 분입니다. 이것을 단적으로 보여 주는 예가 바로 예수님의 죽음과 부활입니다.

> Leader

하나님은 예수님을 통해 우리에게 가까이 오셔서 우리 고난 속으로 들어오셨습니다. 우리의 어리석음에 합당한 방식으로 우리를 대하지 않으셨습니다.

하나님은 고난당하는 우리를 위해 자기 아들을 대신 내어 주셨습니다. 그분의 고난은 우리가 고난 중에 홀로 있지 않으며, 언젠가는 그분이 모든 고난을 끝내시리라는 사실을 일깨워 줍니다. 이것은 우리의 위대한 희망이자 세상에 증거해야 할 복음입니다.

Q 하나님은 하나님이시고, 나는 하나님이 아니라는 사실을 어떤 식으로 일깨워 왔습니까?

Q 당신이 고난 가운데 있을 때, 하나님이 어떻게 다가오셨습니까?

결론

욥의 여정은 고되면서도 아름답습니다. 욥은 너무나 심한 고통을 받았고, 그것을 견디느라 고되었습니다.

> Leader

대부분 욥만큼 할 수는 없겠지만, 시련이 다가올 때 자신의 고통이나 정신적인 충격을 축소하지는 말아야 합니다.

그런가 하면, 아름답기도 합니다. 하나님이 욥을 도우러 오셔서 자신을 계시하시고 그로 인해 욥을 회복시키시는 방식이 우리에게 희망과 용기를 줍니다. 우리는 하나님이 우리를 떠나지도, 버리지도 않으실 것을 압니다. 심지어 하나님은 자기 백성에게 최선을 바라신다는 것을 일깨우기 위해 자기 아들을 우리에게 내어 주실 것입니다.

그리스도와의 연결

욥은 고난 가운데서 하나님과 자신 사이에 서 줄 누군가, 즉 중보자를 갈망했습니다. 예수님은 죄를 지으신 적이 없는데도, 인간의 죗값을 치르고 지상의 고통을 끝내기 위해 고통당하신 중보자이십니다.

하나님의 계획 우리의 사명

선교적 적용 하나님은 우리에게 고난당하는 사람들의 모든 질문에 답하는 것이 아니라, 하나님의 위대하신 사랑을 확신하게 해 줌으로써 그들을 위로하라고 말씀하십니다.

1. 어떻게 하면 고난 가운데서도 사람들에게 복음을 전할 수 있을까요?
2. 예수 그리스도를 통한 하나님과의 우정은 다른 사람들을 위로하는 데 어떤 도움이 됩니까?
3. 어떻게 하면 우리 소그룹/교회/공동체에서 고통받고 있는 사람들을 위로할 수 있을까요?

금주의 성경 읽기
시 15편; 23~25편; 47편; 89편; 96편; 100~101편; 107편

하나님의 백성이 시편으로 노래하다

13

Summary and Goal

이 세션에서 우리는 시편 세 편을 간략히 살펴볼 것입니다. 첫 번째 시편(1편)은 모든 시편의 무대가 되며, 하나님의 말씀을 기뻐하는 그의 백성의 모습을 보여 줍니다. 두 번째 시편(100편)은 시편이 어떻게 하나님을 찬양하고 그분이 행하신 일에 어떻게 감사하는지를 보여 줍니다. 세 번째 시편(110편)은 모든 일을 바로잡으러 오실 메시아를 가리켜 보여 줍니다. 시편을 읽고 기도하고 노래할 때, 우리는 그분의 위대한 이름을 찬양하며 삶을 예배로 드리는 하나님 백성과 일체감을 느낍니다.

- **성경 본문**
  시편 1편
  시편 100편
  시편 110편

- **세션 포인트**
  1. 하나님의 백성은 그분의 말씀을 기뻐합니다(시 1편)
  2. 하나님의 백성은 그분의 성품과 하신 일을 기념합니다(시 100편)
  3. 하나님의 백성은 장차 오실 메시아를 고대합니다(시 110편)

- **신학적 주제**
  '경배'란 하나님의 말씀과 사역과 언약에 감사함으로 하나님께 영광을 드리는 일입니다.

- **그리스도와의 연결**
  시편은 삶의 다양한 범위를 다룹니다. 우리는 시편을 통해 주의 선하심과 은혜를 찬양하고, 죄를 고백하며, 이 세상의 깨어짐을 슬퍼합니다. 예수님은 이 땅에 오셔서 세상의 고통과 깨어짐을 어깨에 지시고, 그분의 백성과 함께 시편을 부르셨습니다. 그러나 예수님은 시편을 노래하실 뿐만 아니라 시편을 궁극적으로 드러내는 왕이십니다.

- **선교적 적용**
  하나님은 우리에게 모든 피조물과 함께 하나님과 그분이 행하신 일을 찬양하고, 다른 이들도 왕을 찬양하는 데 동참할 수 있도록 메시아를 전하라고 말씀하십니다.

Session Plan

도입

시편의 중요성과 함께 이 세대가 시편으로 기도하거나 노래하는 법을 어떻게 잊게 되었는지 언급하면서 시작하십시오.

당신에게 가장 친숙한 시편은 몇 편입니까?

그것들을 어떻게 접하고, 어떻게 사용했습니까?

시편은 오랜 시간에 걸쳐 기록되어 내용과 구성이 다양하다는 것을 지적해 주십시오. 그러고 나서 시편 1편, 100편, 110편을 소개하는 이 세션을 요약하십시오. 필요할 때마다 부록 4: '지혜 문학'을 참고하십시오.

전개

1 하나님의 백성은 그분의 말씀을 기뻐합니다 (시 1편)

첫 번째 시편이 전체 시편의 배경을 제공해 준다는 것을 언급한 후 시편 1편을 큰소리로 함께 읽으십시오. 그러고 나서 이 시편이 주님을 기쁘게 하는 데 역점을 두고 있음을 강조해 주십시오.

하나님의 말씀을 연구하거나 예배에 참여할 때, 의무감에서 하는 것과 기쁨으로 하는 것에는 어떤 차이점이 있습니까?

시편 1편은 왜 하나님의 말씀을 '기뻐하는 것'에 초점을 두었을까요?

시편 1편에서 말하는 즐거움은 매일 의도적으로 선택하는 것임을 지적해 주십시오. 과거 그리스도인들은 잠자리에 들기 전 시편을 읽었으나, 오늘날 그리스도인들은 TV나 휴대전화 화면을 들여다보다가 곯아떨어지고 있음을 비교해 주십시오. '주님을 기뻐하는 것'과 '그분의 길로 행하는 것'은 분리될 수 없음을 강조해 주십시오.

'하나님의 말씀을 기뻐하는 것'과 '하나님을 기뻐하는 것'은 어떤 관계가 있습니까?

2 하나님의 백성은 그분의 성품과 하신 일을 기념합니다 (시 100편)

자원자에게 시편 100편을 읽게 하십시오. 그러고 나서 이 시편이 예배 시간에 하나님을 찬양하는 것과 이것이 어떻게 일상의 리듬이 되어야 하는지를 가르쳐 준다는 것을 말해 주십시오.

시편 기자는 마음에서부터 찬양하고 감사하면서 예배에 참석하는 것에 관해 말했습니다. 하나님을 찬양하는 것처럼 '느껴지지' 않을 때는 어떻게 해야 할까요?

하나님을 향한 마음이 냉랭해진 것 같을 때는 어떻게 해야 할까요?

시편 100편이 하나님의 성품과 사역을 기념하는 것에 주목하십시오. 시편에 등장하는 하나님에 관한 다양한 이미지와 감정들을 관찰하십시오. 하나님과 그분의 약속을 상기시키는 것은 예배의 핵심 목적 중 하나입니다.

어떻게 하면 시편을 통해 주중에도 하나님의 은혜를 기억할 수 있을까요?

하나님의 신실하심을 계속해서 기억하는 것은 영적인 삶에 어떤 영향을 미칠까요?

시편 100편이 우리로 하여금 세상 것들에서 눈을 돌려 창조주 하나님을 바라보게 하고, 하나님과 그분의 놀라운 창조라는 큰 그림을 새롭게 보여 준다는 것을 강조해 주십시오.

'하나님의 역사를 기념하는 것'과 '하나님의 사역에 참여하는 것'은 어떤 관계가 있습니까?

3 하나님의 백성은 장차 오실 메시아를 고대합니다 (시 110편)

신약성경에서 가장 많이 인용되는 시편임을 소개한 후 시편 110편을 읽으십시오. 메시아와 그분의 심판에 관해 언급하고 있는 이 시편이 예수님에 관한 관심을 어떻게 모으는지 보여 주십시오.

우리 마음의 소망이 하나님의 마음에 일치된 기도를 하는 데 시편이 어떻게 도움이 됩니까?

결론

시편은 예수님의 찬송가 책으로 그분의 것일 뿐만 아니라, 그분에 관한 것임을 강조해 주십시오. 그리스도 안에 있는 우리에게 시편은 주님의 찬송가 책이자, 우리의 책입니다. 이 세션에서 배운 진리를 '하나님의 계획, 우리의 사명'에서 적용해 보십시오.

Session Content

13. 하나님의 백성이 시편으로 노래하다

"시편은 건강한 그리스도인의 삶에 흐르는 꾸준하고 한결같은 저류입니다."[1]
_톰 라이트

시편으로 기도하기[2]

1. 큰소리로 읽으십시오. 시편에는 '기도에 관해 가르치는 말씀'과 '기도로 아뢰기를 바라는 말씀'이 모두 담겨 있습니다.
2. 장식해 보십시오. 시편을 '크리스마스트리'라고 생각하고 읽으십시오. 크리스마스트리를 장식하듯 시편에 자기 기도를 장식해 보십시오.
3. 다른 말로 바꾸어 표현해 보십시오. 시편을 자기 말로 표현할 수 있을 정도로 잘 이해할 수 있도록 묵상하고 연구하십시오.
4. 암송하십시오. 암기하되, 기계적으로 하지 말고, 마음에 새기십시오. 시편의 단어들을 자기 것으로 만드십시오.
5. 말씀에 잠기십시오. 포괄적이고, 반복적이며, 사려 깊고, 영적으로 깨우침을 주는 독서에 영혼이 잠겨야 합니다.

도입

> Leader

마틴 로이드 존스(Martin Lloyd-Jones)는 성령의 영향 아래 하나님의 말씀을 권능으로 선포한 역동적인 강사였습니다. 지금도 전 세계 설교자들은 그의 저서를 참고하며, 하나님의 말씀을 창조적으로 연구하고 설명한 그의 능력에 존경을 표합니다. 로이드 존스는 설교뿐 아니라 찬양에서도 배울 수 있는 것이 많다고 믿었습니다. 그는 설교할 때 예배 시간에 부를 찬양과 큰소리로 낭독할 시편을 미리 준비해 두곤 했습니다. 회중이 설교자의 말을 듣는 것만큼이나, 자기 마음에서 우러나오는 찬양을 부르고 자기 입술로 말씀을 암송하는 것이 중요하다는 것을 알고 있었기 때문입니다.

오늘날 우리는 시편으로 기도하고 찬양하는 법을 잊어버린 세대입니다. 아마도 교회 역사상 처음으로 시편이 개인적인 헌신이나 공동 예배의 기초로 쓰이지 않는 시대일 것입니다. 그 때문에 초대교회를 비롯한 이전 시대 그리스도인들과 보조를 맞추지 못하게 되었습니다. 사도들은 구약의 어떤 책들보다 시편을 더 많이 인용했습니다. 그들에게는 당대 사람들의 기도서에 담긴 운율과 시와 신학이 풍부했습니다.

Q 당신에게 가장 친숙한 시편은 몇 편입니까?
Q 그것들을 어떻게 접하고, 어떻게 사용했습니까?

구약성경 이야기의 흐름을 잠시 멈추겠습니다. 하나님의 언약 백성은 오랜 시간에 걸쳐 시편을 썼습니다. 다윗 왕이 다수를 썼고, 다른 왕들도 일부를 썼으며, 모세도 한 편을 썼고, 아삽도 여러 편을 썼습니다. 시편의 목적은 하나님이 백성을 위해 하신 위대한 일들을 기념하기 위한 것입니다. 어떤 시편은 찬양에 초점이 맞추어져 있습니다. 또 세상의 악 때문에 부르짖거나, 죄를 고백하거나, 장차 오실 메시아를 가리키는 시편도 있습니다.

Session Summary

이 세션에서 우리는 시편 세 편을 간략히 살펴볼 것입니다. 첫 번째 시편(1편)은 모든 시편의 무대가 되며, 하나님의 말씀을 기뻐하는 백성의 모습을 보여 줍니다. 두 번째 시편(100편)은 시편이 어떻게 하나님을 찬양하고 그분이 행하신 일에 감사하는지를 보여 줍니다. 세 번째 시편(110편)은 모든 일을 바로잡으러 오실 메시아를 가리켜 보여 줍니다. 시편을 읽고 기도하고 노래할 때, 우리는 그분의 위대한 이름을 찬양하며 삶을 예배로 드리는 하나님 백성과 일체감을 느낍니다.

전개

1. 하나님의 백성은 그분의 말씀을 기뻐합니다(시 1편)

> Leader 첫 번째 시편은 뒤에 이어지는 나머지 149개 시편의 배경이 됩니다. 이것은 시편 전체가 드러내고자 하는 것, 즉 하나님을 기뻐하는 것에 관한 본보기입니다. 본문을 다 함께 큰소리로 읽어 보십시오. 이것이 바로 이스라엘 백성이 시편을 읽고 기도하고 노래했던 방식입니다.

*1 복 있는 사람은 악인들의 꾀를 따르지 아니하며 죄인들의 길에 서지 아니하며
오만한 자들의 자리에 앉지 아니하고 2 오직 여호와의 율법을 즐거워하여 그의
율법을 주야로 묵상하는도다 3 그는 시냇가에 심은 나무가 철을 따라 열매를 맺
으며 그 잎사귀가 마르지 아니함 같으니 그가 하는 모든 일이 다 형통하리로다
4 악인들은 그렇지 아니함이여 오직 바람에 나는 겨와 같도다 5 그러므로 악인들
은 심판을 견디지 못하며 죄인들이 의인들의 모임에 들지 못하리로다 6 무릇 의
인들의 길은 여호와께서 인정하시나 악인들의 길은 망하리로다*

> Leader 많은 사람이 시편 1편에 익숙한 나머지 이것을 지혜와 어리석음을 비교하면서 간단히 서술한 속담쯤으로 여깁니다.

심화 주석 "행복한"(한글 개역개정, "복이 있도다")이란 어떤 상태나 환경에서 느끼는 즐거움과 만족을 표현한 말입니다. 여호와를 신뢰하고 순종하는 데서 비롯된 복의 결과이기도 합니다(시 34:8, 40:4, 84:5, 89:15). …
'토라'라는 히브리어 단어는 때로 '율법'으로 번역되지만, '가르침'이나 '지침'으로 이해하는 편이 더 낫습니다. 토라는 자기 백성을 향한 하나님의 계시로서, 영어의 'law'(법)와 종종 관련되는 개념인 입법 자료 뭉치나 사법 판결 모음과는 다릅니다. 여호와의 계명은 무거운 짐이 아니라(신 30:11; 요일 5:3), 그분을 신뢰하는 이들에게는 '기쁨'입니다.
"묵상"(히브리어 어근 '하가', 수 1:8)은 직역하면 혼자 중얼거린다는 뜻입니다. 무언가를 이해하기 위해 그것에 몰두하는 것과 밀접한 관련이 있는 행동입니다. …
여기서 대조는 시편 1편 1~3절에서 전개되는 행동보다 두 가지 길의 운명에 초점을 맞추고 있습니다. '겨'는 곡식 중에서 쓸모없는 산물을 가리키는데, 앞 절의 '열매'와 대조를 이룹니다. '악인'은 … 쓸모 있고 가치 있는 것과는 구별된 채 … '바람'에 날리게 될 것입니다.[3]

_케빈 R. 워슬러 & 셰리 L. 클라우다 HCSB Study Bible

"성경을 묵상하는 행위는 성경을 즐거워하는 기질을 따르는 것입니다."[4]
_조나단 리먼

핵심교리 **99** **89. 예배**

예배를 하나의 행사나, 찬양을 부르는 모임 정도로 과소평가하는 사람이 많습니다. 그러나 예배는 심령에 관계된 것으로 삶의 모든 영역으로 확대되는 것입니다. 예배의 목적과 초점은 하나님에게 있으며, 하나님께 합당한 찬양과 경배를 드리는 것입니다. 그리스도인은 개인의 삶 가운데서 예배를 드려야 합니다. 그리고 다른 그리스도인들과 함께 모여서도 하나님을 예배하며 그분의 영광을 위해 자기 재능을 사용해야 합니다. 함께 드리는 예배는 그리스도인들의 덕을 세우고 그들을 굳세게 할 뿐만 아니라, 믿지 않는 사람들에게도 하나님의 위대하심을 증거하는 역할을 합니다.

"시편이 내게 소중한 이유는 다윗을 춤추게 한 기쁨과 같은, 하나님을 향한 기쁨을 표현한다는 데 있습니다."[5]
_C. S. 루이스

"우리는 시편을 어떻게 하나님의 말씀으로 이해할 수 있는지를 물어야만 시편으로 기도할 수 있습니다. 이 기도는 우리 마음을 시편이 적절히 표현해 주는가와 상관이 없습니다. 우리는 자기 마음과 상반되는 기도도 드릴 수 있어야 합니다. 무엇을 기도하고 싶은가는 중요하지 않습니다. 하나님이 기도하기 원하시는 것이 무엇인가가 중요합니다."[6]
_디트리히 본회퍼

시편 1편을 공부하고 묵상하면 할수록 이것이 궁극적으로 기쁨에 관한 노래임을 깨닫게 됩니다. 단순히 바른 교리를 배우라거나, 바른 규칙을 따르라거나, 올바른 일을 하라는 교훈이 아닙니다. 예배와 기쁨에 관한 내용입니다. 시편이 가르치는 것은 주님 안에서 만족을 발견하는 법입니다. 시편 1편은 복 있는 신자는 주님의 가르침에서 기쁨을 발견하는 자라고 주장합니다. 생각의 선택이 아닌 마음의 기쁨에 관한 것입니다.

최근 저희 동네에 이슬람 사원이 세워졌습니다. 그곳에는 언제나 사람들이 가득 차 있었습니다. 얼마 전 성도가 없어 주일 저녁 예배를 계속 이어가야 할지 없애야 할지 고심하는 목사님과 이야기를 나누게 되었습니다. 이슬람 사원에는 늘 사람들이 북적이는데, 교회는 그렇지 않다고 생각하니 마음이 무거워졌습니다. 우리는 어디서 기쁨을 찾고 있는 걸까요? 믿는 자로서 서로에게 헌신한다는 것은 무엇일까요?

Q **하나님의 말씀을 연구하거나 예배에 참여할 때, 의무감에서 하는 것과 기쁨으로 하는 것에는 어떤 차이점이 있습니까?**

Q **시편 1편은 왜 하나님의 말씀을 '기뻐하는 것'에 초점을 두었을까요?**

시편 1편은 하나님의 말씀을 기뻐하는 신자의 모습을 그리고 있는데, 이 기쁨은 어쩌다 얻게 된 것이 아닙니다. 일상에서 반복함으로써 형성된 것입니다. 시편 저자는 '밤낮으로' 하나님의 말씀을 묵상합니다. 다시 말해서 하나님의 말씀을 기뻐하는 것은 우연히 일어나는 일이 아니라는 것입니다. 의도적인 선택과 준비 과정이 필요합니다.

> Leader

수 세기 동안 믿는 자들은 하루를 시편으로 시작하고, 시편으로 마쳤습니다. 그리스도인이라면 TV나 휴대전화를 보는 것으로 하루를 마치는 것에 만족해서는 안 됩니다. 주님을 기쁘시게 하는 한 가지 방법은 잠들기 전에 시편을 읽는 것입니다. 직업 문제로 어려움을 겪던 친구가 있었습니다. 스트레스로 인해 건강에 문제가 생겼을 뿐 아니라, 근심으로 밤에 잠을 잘 이루지 못했습니다. 그런데 몇 주 후 만난 그는 이전보다 훨씬 좋아 보였습니다. 그는 제게 매일 밤마다 하나님의 말씀을 읽고 있다고 고백했습니다. 하루를 마감할 때 휴대전화를 내려놓고 하나님의 말씀을 집어 들었을 뿐인데, 성경이 그의 마음을 정화시키고 다스려 주었습니다. 그는 성경이 단순히 읽는 책이 아니라, 자기 자신을 읽게 하는 책이라는 사실을 깨달았습니다.

시편은 일상생활의 동반자입니다. 시편은 단순한 스트레스 해소법 그 이상입니다. 시편은 우리에게 하나님과 그분의 구원을 다시 가르쳐 줍니다. 주님을 기뻐하며 그분의 길로 행하도록 돕습니다. 주님을 기뻐하지 않고서는 그분의 길로 행할 수 없습니다. 주님을 기뻐하기에 주님의 길을 걷고, 그분의 길로 행함으로써 우리 기쁨이 주 안에 있음을 나타냅니다. 또한 우리는 열매 맺기를 원하므로 주님께 집중합니다. 자기 자신을 위해 물질적 번영을 얻으려는 게 아니라, 하나님 나라를 위해 열매 맺는 풍요롭고 영적인 삶을 살고 싶은 것입니다.

Q '하나님의 말씀을 기뻐하는 것'과 '하나님을 기뻐하는 것'은 어떤 관계가 있습니까?

2. 하나님의 백성은 그분의 성품과 하신 일을 기념합니다(시 100편)

> Leader

시편은 하나님 말씀을 기뻐하게 할 뿐만 아니라 하나님이 누구이시며 우리를 위해 무슨 일을 하셨는지를 함께 기념하게 합니다. 공동 예배를 위해 마음을 준비하는 시편을 살펴봅시다.

*1온 땅이여 여호와께 즐거운 찬송을 부를지어다 2기쁨으로 여호와를 섬기며 노
래하면서 그의 앞에 나아갈지어다 3여호와가 우리 하나님이신 줄 너희는 알지
어다 그는 우리를 지으신 이요 우리는 그의 것이니 그의 백성이요 그의 기르시
는 양이로다 4감사함으로 그의 문에 들어가며 찬송함으로 그의 궁정에 들어가
서 그에게 감사하며 그의 이름을 송축할지어다 5여호와는 선하시니 그의 인자
하심이 영원하고 그의 성실하심이 대대에 이르리로다*

시편 100편은 "감사함으로 그의 문"과 "찬송함으로 그의 궁정"에 들어가도록 마음을 준비하는 고전적인 예시입니다. 찬양은 준비가 되었을 때만 해야 한다는 이미지를 전하지 않는다는 데 주목하십시오. 백성들은 성전에 들어서면서부터 마음과 영혼으로 찬양했습니다.

저희 할아버지는 예배가 시작되기 45분 전에 도착해서 정신을 가다듬고 마음을 준비하셨습니다. 예배드리기 전에 먼저 준비되어 있어야 한다는 것을 아셨기 때문입니다. 그런데 아이들과 함께 예배에 참석하는 저희 부부에게는 준비하는 것이 어려운 일입니다. 더욱이 모두가 제시간에 준

심화 주석 시편 기자는 일곱 가지 방법으로 감사를 드리며, 예배자들에게 항상 감사할 것을 촉구합니다. 감사를 가장 확실하게 표현하는 것은 노래입니다. 사랑의 즐거운 표현이자, 자유로운 마음에서 흘러넘치는 것이 노래입니다(시 100:1~2; 사 51:11; 골 3:13~16).
구속받은 자들은 하나님의 말씀과 사역을 통해 하나님을 아는 지식을 추구할 때, 기꺼이 감사를 드립니다(시 100:3; 롬 16:25~27).
하나님을 아는 것은 종속된 피조물을 겸손히 만들 뿐만 아니라, 기꺼이 자신을 알리시는 하나님을 깨닫고, 우리 아버지와 선한 목자를 계시하시는 예수 그리스도를 통해 하나님이 궁극적으로 하시는 일을 깨닫도록 돕습니다(참조 시 100:3, 5; 마 6:9; 요 10:14).
그리고 시편 기자는 하나님의 백성에게 감사를 표현하라고 명령합니다(시 100:2, 4).
히브리 문화에서는 교회나 일터에서 드리는 예배에 차이가 없습니다. 어디서 드리든 예배는 같은 단어로 묘사됩니다(골 3:17).
모든 삶의 영역이 "그에게 감사하며" "그의 이름을 송축할"(시 100:4) 기회가 됩니다.[7]

_조지 로버트슨
Gospel Transformation Bible

"감사와 기쁨은 인식 기관들입니다. 우리는 감사를 드리고 기뻐하기 위해 이해하지 않습니다. 우리는 이해하기 위해 감사를 드리고 기뻐합니다."[8]
_벤 패터슨

"시편을 묵상, 반응, 형성이라는 측면에서 생각할 수 있습니다. 모든 시편은 하나님이 누구이시며, 무엇을 행하셨는지를 묵상하도록 돕습니다. 시편은 하나님이 누구이신지 예배로 반응하게 하지만, 또한 시편을 통해 삶에 반응하는 법과 하나님과 대화하는 법을 배운다는 점에서 우리를 형성합니다."[9]
_데이비드 하워드

비를 마치기란 현실적으로 불가능합니다. 저희 부부는 늘 같은 문제에 부딪치지만, 우리 마음과 아이들의 마음을 준비하는 데 도움이 될 만한 삶의 리듬을 찾기 위해 최선을 다하고 있습니다. 준비는 그 사람과 그 사람이 처한 상황에 따라 다를 수 있습니다. 그러나 준비해야 하는 것은 분명합니다.

Q 시편 기자는 마음에서부터 찬양하고 감사하면서 예배에 참석하는 것에 관해 말했습니다. 하나님을 찬양하는 것처럼 '느껴지지' 않을 때는 어떻게 해야 할까요?

Q 하나님을 향한 마음이 냉랭해진 것 같을 때는 어떻게 해야 할까요?

이것은 하나님의 성품과 사역을 기념하는 시편입니다. 모든 시편과 마찬가지로 하나님에 관한 우리의 견해를 형성해 줍니다.

> Leader

한두 가지 감정에만 호소하느라, 우리는 종종 교회에서 부르는 찬양의 효과를 제한하곤 합니다. 하지만 인생이 복잡한 만큼, 시편은 하나님에 관한 다양한 묘사와 정서를 우리에게 제공합니다. 우리는 하나님을 선하고, 인정 많고, 자비롭고, 공정하고, 노하고, 질투하고, 장엄하고, 무한하신 분으로 여깁니다. 그분은 우리를 우리 자신보다 더 잘 아시는 목자이십니다(시 23편). 또한 시편은 인생의 어두운 시기에 슬픔을 위로받으며 하나님을 신뢰할 수 있게 해 줍니다(참조, 시 88편).

기억은 예배의 주요 목적 중 하나입니다. 슬픈 시편들조차 하나님과 그분의 약속을 상기시킵니다. 하나님이 말씀하시고 행하신 것을 사람들에게 상기시키기 위해 시편 기자가 선택한 방법이 바로 기억입니다. 우리는 성만찬을 기념합니다. 왜 기념합니까? 우리가 교회 주차장을 떠나기도 전에 벌써 십자가와 부활이 일어나지 않은 듯 살기 때문입니다. 사람이 예배를 드리는 행위는 하나님께 응답하는 것으로서 이것이 우리를 만들어 가고 우리의 관심을 제자리에 두게 해 줍니다.

Q 어떻게 하면 시편을 통해 주중에도 하나님의 은혜를 기억할 수 있을까요?

Q 하나님의 신실하심을 계속해서 기억하는 것은 영적인 삶에 어떤 영향을 미칠까요?

시편 100편은 영화로우신 하나님과 그분의 놀라운 창조라는 큰 그림을 새롭게 보여 줍니다. 우리 사회는 '자립'하고 '자족'하기를 권면합니다. 그런데 시편 100편은 '자립한 사람'과 '하나님께 의지하는 사람'의 차이를 보여 줍니다. 하나님이 우리를 다스리신다는 사실을 상기시키는 것입니다. 우리 시대는 그분께 속했습니다. 모든 예배는 인류가 아름다우면서도 연약하다는 사실에 몰두합니다. 즉 하나님의 형상대로 지음 받았으나(아름다우면서도) 타락했고, 죄로 인해 죽을 운명이 되었다는 것입니다(연약합니다).

> Leader 시편 기자는 하나님의 하나님 되심을 알고 감사하라고 말합니다. 사도 바울은 서신에서 감사와 기쁨을 자주 연관 지었습니다(참조, 빌 4:4~7). '감사하는 마음'과 '기뻐하는 마음' 사이의 연관성을 알았던 것입니다. 바울의 서신서에서 가장 흥미로운 것은 그의 감사가 대부분 영적인 복을 위한 것이었다는 점입니다. 물론 모든 상황에서 모든 좋은 것에 관해 감사해야 하지만, 세상적인 복(건강, 좋은 성적 등)에 감사하는 것은 자연스럽고, 영적인 복에 감사하는 것은 어색해 보이는 이유는 무엇입니까? 하나님의 구원을 직접 보고 느끼는 것만큼, 현실에서는 구원을 실제로 보지 못한다는 뜻 아니겠습니까. 시편은 세상적인 복과 영적인 복 모두를 보게 하며, 우리의 찬양을 하나님께 돌리도록 돕습니다.

시편 100편은 우리 마음을 고양시키며, 피조물들에서 눈을 돌려 창조주를 바라보게 합니다. 하나님을 향한 애정을 북돋우며 세상 그 무엇보다 영광스러우신 하나님을 바라보도록 인도합니다. 간증은 예배에서부터 흘러나옵니다. 그러나 또한 예배는 간증의 일부이기도 합니다! 우리가 하나님을 향해 사랑을 나타내면, 이방인들도 하나님의 아름다움에 사로잡힌 우리를 보고 스스로 하나님 보기를 열망하게 될 것입니다.

Q '하나님의 역사를 기념하는 것'과 '하나님의 사역에 참여하는 것'은 어떤 관계가 있습니까?

심화 주석 다윗이 "내 주"(시 110:1)라고 말한 이 놀라운 사실은 … 그리스도를 가리킨 것이었습니다. 예수님은 청중들에게 그 의미를 곰곰이 생각하게 하셨고, 사도들에게 "너는 내 오른쪽에 앉아 있으라"의 의미를 설명해 주셨습니다. 그러한 설교로 말미암아 부여된 권위와 권능은 시편의 나머지 구절들에서 묘사될 것입니다. 그러나 정확히 이해하기 위해서는 신약성경을 살펴봐야 할 것입니다. …
그분은 다윗보다 위대하실 뿐만 아니라(행 2:34, "다윗은 하늘에 올라가지 못하였으나"), 천사들보다도 위대하십니다(히 1:13) … 사람이 그리스도를 거절하자 하나님이 그분을 힘차게 드높이셨습니다(행 5:30~31). … 구세주요 중보자로서 다스리십니다(행 5:31; 롬 8:34). … 사역의 완성을 기념하여 그분이 앉아 계십니다(히 10:11 이하). … 그분은 마지막 항복을 기다리십니다(히 10:13, 참조, 고전 15:25 이하). 그러므로 이 한 구절로 그리스도의 위격과 권세와 전망을 보여 줍니다. 4절과 더불어 이 구절은 신약성경 대부분이 왕이요 제사장으로서 그리스도의 영광을 가리킨다는 점을 강조합니다.[10]

_데릭 키드너

3. 하나님의 백성은 장차 오실 메시아를 고대합니다(시 110편)

> Leader 시편은 우리에게 미래를 가리켜 보임으로써 마음의 방향을 재설정해 줍니다. 시편 전체에서 예수님의 흔적을 찾아볼 수 있습니다. 시편 110편은 하나의 좋은 예로, 신약성경에서 가장 많이 인용되는 시편이기도 합니다.

1여호와께서 내 주에게 말씀하시기를 내가 네 원수들로 네 발판이 되게 하기까
지 너는 내 오른쪽에 앉아 있으라 하셨도다 2여호와께서 시온에서부터 주의 권
능의 규를 내보내시리니 주는 원수들 중에서 다스리소서 3주의 권능의 날에 주

심화 주석 이 신탁을 분명히 말하는 구절들은 창세기 14장 18~20절, 히브리서 5장 5~10절, 히브리서 6장 19절~7장 28절 등입니다.
이들 구절에서 "멜기세덱"(의의 왕)이라는 이름과 그의 영토 "살렘"(예루살렘의 단축형. '평화'라는 뜻)이 모습을 드러냅니다. 그는 장차 오실 분에 관해 적합한 예고를 합니다(히 7:2). 또 이야기에서 그를 둘러싼 침묵은 그를 완전한 현실에서 "시작한 날도 없고 생명의 끝도 없는" 이의 적절한 상징으로 만들었습니다(히 7:3). 게다가 그는 아브라함의 하나님 편에 섬으로써 복과 선물을 주고, 십일조를 받아 아브라함의 백성 전체와 특히 레위 제사장직에 대한 우선권을 증명했습니다(히 7:4~19).
여기에 덧붙일 수 있는 내용은 멜기세덱에게서 제사장과 왕권이 연합되어 그리스도 안에서 창출되었다는 점입니다. 히브리서의 전반부에서는 왕으로서의 그리스도를 강조하는데, 후반부에서는 시편의 이들 구절처럼 제사장으로서의 그리스도를 강조합니다.[11]

데릭 키드너

의 백성이 거룩한 옷을 입고 즐거이 헌신하니 새벽이슬 같은 주의 청년들이 주께 나오는도다 [4]여호와는 맹세하고 변하지 아니하시리라 이르시기를 너는 멜기세덱의 서열을 따라 영원한 제사장이라 하셨도다 [5]주의 오른쪽에 계신 주께서 그의 노하시는 날에 왕들을 쳐서 깨뜨리실 것이라 [6]뭇 나라를 심판하여 시체로 가득하게 하시고 여러 나라의 머리를 쳐서 깨뜨리시며 [7]길 가의 시냇물을 마시므로 그의 머리를 드시리로다

시편 110편에는 해석해야 할 것이 너무 많아서 모두 풀어내기에는 지면이 모자랍니다! 꼭 기억해야 할 것은 시편이 우리 관심을 예수님께로 향하게 한다는 것입니다. 이 시편의 초창기 독자들은 메시아가 오심을 고대하면서 이것을 읽었을 것입니다. 오늘날 우리는 이것을 읽을 때, 과거 예수님의 사역과 미래에 다시 오실 예수님을 생각합니다.

예수님을 가리키는 많은 시편이 심판의 요소를 담고 있습니다. 하나님이 다시 오셔서 "뭇 나라를 심판하여 시체로 가득하게 하시고 여러 나라의 머리를 쳐서 깨뜨리시며"(6절)라는 구절을 묵상해 보십시오.

하나님의 심판을 이처럼 즐겁고 기쁘게 맞이하는 예를 찾기 어렵지만, 이것이 우리에게 낯설게 다가오는 것은 아마도 우리가 불의한 지도자들이 백성을 압제하는 사회가 어떠한지 잘 모르기 때문일 것입니다. 불의를 맛본다면 정의로운 세상을 갈망할 것입니다. 우주의 공의로운 심판관이신 하나님이 세상에 공의를 베푸실 때 신원해 주실 것입니다. 그래서 시편 기자처럼 우리도 "예, 주님, 오셔서 열방을 심판해 주십시오!"라고 말하며, 전에 십자가에 못 박혔다가 우리 죄를 위해 돌아가시고 새 생명으로 승천하신 예수님이 바로 우주의 심판관이심을 기억할 것입니다.

Q 우리 마음의 소망이 하나님의 마음에 일치된 기도를 하는 데 시편이 어떻게 도움이 됩니까?

결론

시편은 예수님이 즐겨 쓰시던 찬송가 책이었습니다. 예수님은 제자들과 함께 시편을 노래하기도 하셨고(막 14:26), 구약의 다른 어떤 책보다 시편을 많이 인용하기도 하셨습니다. 그러나 시편은 단순히 예수님의 것이라기보다 그분에 관한 책입니다.

> Leader

조나단 리먼은 이렇게 말했습니다.

"때로 예수님은 시편 구절들이 자신에 관한 것이라고 말씀하곤 하셨는데, 특히 다윗의 승리하는 아들에 관한 부분에서 그러셨습니다. 때로 예수님은 시편 구절들을 자신이 쓴 것처럼 읊조리기도 하셨는데, 특히 시편 기자가 고통받는 자가 되어 말할 때 그러셨습니다. 예수님은 시편 1편의 하나님의 말씀을 묵상하는 복 있는 사람이자, 시편 2편의 승리하는 아들이자, 시편 110편의 원수들로 발판을 삼는 승리자이십니다. 그러나 예수님은 시편 22편의 버림받고 조롱받는 사람이자, 시편 69편의 목마를 때 초를 마시게 된 사람이기도 하십니다."[12]

시편에서 그리스도를 발견할 수 있음이 얼마나 좋은지요! 그리스도 안에 있는 우리에게는 그분의 찬송가책이 곧 우리의 책입니다. 우리는 그분에 관해 노래하고 그분께 노래하며, 천천히 그러나 확실히 그분을 닮아 갑니다. 시편을 무시하지 마십시오. 시편은 우리에게 예수님을 보여 줍니다.

"심판관을 향해 눈을 들고 보십시오. 앉아 계신 이가 누구이며 누구와 함께 어디에 앉아 계십니까?, 누구와 함께 어디에 앉아 계시는지 보십시오. 그리스도께서 아버지의 오른편에 앉아 계십니다."[13]
_암브로시우스

그리스도와의 연결

시편은 삶의 다양한 범위를 다룹니다. 우리는 시편을 통해 주의 선하심과 은혜를 찬양하고, 죄를 고백하며, 이 세상의 깨어짐을 슬퍼합니다. 예수님은 이 땅에 오셔서 세상의 고통과 깨어짐을 어깨에 지시고, 그분의 백성과 함께 시편을 부르셨습니다. 그러나 예수님은 시편을 노래하실 뿐만 아니라 시편을 궁극적으로 드러내는 왕이십니다.

하나님의 계획 우리의 사명

선교적 적용 하나님은 우리에게 모든 피조물과 함께 하나님과 그분이 행하신 일을 찬양하고, 다른 이들도 왕을 찬양하는 데 동참할 수 있도록 메시아를 전하라고 말씀하십니다.

1. 어떻게 하면 시편 독서를 매일 일정의 우선순위로 둘 수 있을까요?
2. 예배는 복음을 증거하는 데 어떤 영향을 미칩니까?
3. 이 세션에서 다룬 시편 중 한 편을 선택해 그 시편의 목적과 표현을 살려 기도문을 작성해 보십시오. 하나님이 믿지 않는 사람들의 마음속에서 일하셔서 그들이 믿음으로 예수님을 바라보고 예배에 참여할 수 있도록 요청하는 데 초점을 두십시오.

금주의 성경 읽기
삼하 7~9장;
대상 17~18장;
시 1~2편; 33편;
127편; 132편

appendix

부록
1

사무엘의 생애

청년

• 한나와 엘가나에게서 기적적으로 태어남 (삼상 1:20)
• 한나가 서원한 대로 젖을 떼고 여호와께 바쳐짐 (1:23~28)
  - 여호와 앞에서 자람(2:21)
  - 점점 자라서 여호와와 사람들에게 은총을 받음 (2:26)
• 처음으로 여호와의 말씀을 들음(3:1~14)
  - 자라서 여호와가 그와 함께하시므로 여호와의 선지자로 인정됨(3:19~4:1)

사사

• 백성을 위해 언약 갱신을 수행함(7:2~6)
• 사는 날 동안 이스라엘을 다스림(7:15)

왕을 세운 자

• 늙어서 자기 아들들을 사사로 삼았지만, 그들은 악했음(8:1~3)
  - 모든 나라와 같이 왕을 세워 달라는 이스라엘의 요구를 듣고 하나님의 응답을 전함(8:4~22)

사울

• 사울에게 기름을 부어 이스라엘을 다스리는 자로 삼음(10:1)
• 사울을 왕으로 선포하는 기념식을 이끔(10:17~25)
• 사울을 왕으로 인준하는 기념식을 이끔(11:14~15)
• 사사 시대에서 왕정 시대로 이행하는 마지막 고별사를 함(12:1~25)
  - 백성에게 신실하게 언약을 지키라고 요구함
  - 백성을 위해 평생 중보하며 가르치겠다고 약속함
• 전투가 벌어지기 전에 번제를 드리러 도착했으나 이미 사울이 제사를 드림(13:10~12)
  - 사울을 책망함: “왕의 나라가 길지 못할 것이라” (13:13~14)
• 아말렉을 완전히 진멸하라는 명령을 전했으나 사울이 이를 따르지 않음(15:1~9)
  - 사울을 책망함: “이스라엘 나라를 왕에게서 떼어 왕보다 나은 왕의 이웃에게 주셨나이다” (15:12-31)
• 아말렉 사람의 왕 아각을 처형함(15:32~33)

다윗

• 다윗을 이스라엘의 왕으로 기름 부음(16:1~13)
• 사울 왕에게 쫓기는 다윗을 만나 보호함(19:18)
• 사울이 죽으니 온 이스라엘이 슬피 욺(25:1)
• 사울의 요구로 신접한 자를 통해 영으로 불려 올려짐(28:11~19)
  - 나라가 다윗에게 주어질 것이라고 예견함
  - 블레셋 사람들과의 전투에서 사울이 패하고 죽으리라 예견함

• **선지자**: 여호와의 말씀을 백성에게 전하고, 그가 예언한 모든 것을 여호와께서 성취하심 (3:19~20)
• **제사장**: 여호와의 전에서 섬기며 백성을 위해 제사를 드림(3:3; 7:17; 10:8)
• **사사**: 이스라엘 백성을 이끌어 언약을 지키게 하고, 블레셋 사람에게서 백성을 건짐 (7:2~17)

부록 2

왕국에서 예수님 바라보기

구약	신약
여호와 땅의 만물을 소유하신 영광의 왕(시 24편)	**인자** 모든 열방을 다스리시는 영광의 왕(마 25:31~46)
사무엘 점점 자라서 여호와와 사람들에게 은총을 받음(삼상 2:26)	**예수님** 지혜와 키가 자라가며 하나님과 사람들에게 더욱 사랑스러워지심(눅 2:52)
사울 하나님께 불순종해 스스로 제사를 지냄(삼상 15장)	**예수님** 하나님께 순종해 자신을 희생 제물로 드림(히 10:5~10)
다윗 외모는 특출나지 않지만, 하나님이 선택하신 왕(삼상 16:6~13)	**예수님** 외모는 특출나지 않지만, 하나님의 의로운 종(사 52:13~53:12)
다윗 여호와의 이름으로 골리앗을 이김(삼상 17:45)	**예수님** 여호와의 이름으로 우리를 죄에서 구하심(마 21:9; 롬 10:13)
요나단 친구 다윗을 위해 자기 목숨을 검(삼상 19:4~7; 20:27~34)	**예수님** 친구들을 위해 자기 목숨을 내어 주심(요 15:12~14)
다윗의 아들 하나님의 이름을 위해 집을 짓게 됨(삼하 7:13)	**다윗의 자손** 예수님의 육체가 지성소(요 2:21)
솔로몬 하나님이 아버지가 되어 죄를 징계해 주실 아들(삼하 7:14; 왕상 11장)	**하나님의 아들** 죄를 알지 못하신 예수님이 우리 죄를 위해 죽으심(벧전 2:21~25)
지혜 풍요로운 삶을 위해 하나님이 주신 통찰력(잠 1:1~7)	**예수 그리스도** 우리의 구원을 위해 하나님으로부터 나온 지혜(고전 1:30)
성전 하나님의 이름을 위한 처소(왕상 5:5)	**참된 성전** 인간-예수님, 하나님의 아들(요 2:13~22)
욥 사람과 하나님 사이에 중재자가 있기를 바람(욥 16:18~22)	**예수님** 하나님과 사람 사이의 유일한 중보자(딤전 2:5)

부록 3

다윗의 적

다윗의 적	적의 위협	다윗의 행위	하나님의 예비
사자/곰	다윗의 양 떼에서 새끼 양을 물어감(삼상 17:34)	양을 보호하기 위해 쳐 죽임(삼상 17:35~36)	여호와께서 다윗을 사자와 곰의 발톱에서 건져내심(삼상 17:37)
골리앗	살아계신 하나님의 군대를 모욕함(삼상 17:8~10, 26)	물매와 돌로 무너뜨림. 그를 밟고 골리앗의 칼로 그를 죽임(삼상 17:48~51)	여호와께서 골리앗을 다윗에게 넘기심(삼상 17:45~47)
사울 왕	다윗을 자신의 창과 군대로 죽이려 함(삼상 18~26장)	사울에게서 도망침. 두 번이나 자신을 삼가 여호와께서 기름 부으신 왕을 죽이지 않음(삼상 24:26)	여호와께서 사울의 손에서 다윗을 건지심(삼하 12:7)
블레셋 사람들	다윗 왕을 죽이러 옴(삼하 5:17~18)	전쟁으로 블레셋을 무찌름(삼하 5:20~25)	여호와께서 블레셋 사람을 다윗에게 넘기심(삼하 5:19, 24)
다윗 자신	간음과 살인을 저질러 여호와께 죄를 지음(삼하 11장)	나단 선지자 앞에서 자신의 죄를 고백하고 회개함(삼하 12:1~13)	여호와께서 다윗의 죄를 없애심. 다윗이 죽지는 않지만, 그의 집에서 반역이 일어날 것임(삼하 12:10~14)
압살롬, 다윗의 아들	아버지를 죽이고 왕좌를 빼앗기 위해 반역함(삼하 15:1~14)	자신을 여호와의 은총과 심판에 맡긴 채 예루살렘을 탈출함(삼하 15:25~26)	여호와께서 압살롬을 멸망시키시고 다윗의 왕좌를 회복시켜 주심(삼하 17:14)

부록 4

지혜 문학

지혜 문학	문체	목적	관련된 신약 성경	예수님 암시
욥기	• 프롤로그와 에필로그는 이야기체 • 책 내용의 대부분은 시적 대화로 구성됨	• "악의 문제"에 대한 영적 통찰력 제공: 우리가 고통 가운데서도 "주를 경외"하면 하나님이 다스리시고 영광을 받으신다는 것 (욥 28:28)	• 야고보서 5:11 • 욥은 고통을 신실하게 견딘 사례	• 악의 문제에 대한 최종적인 대답이 예수님의 십자가 죽음에서 발견됨 • 의인으로서 불의한 자를 대신해 우리를 하나님 앞으로 인도하심 (벧전 3:18)
시편	• 히브리어 시들의 모음집 • 찬양, 감사, 탄원, 신뢰, 지혜, 제왕시 등	• 하나님의 백성이 어떤 형편에서도 "여호와를 경외함"(시 111:10)으로 나아가도록 인도하는 찬양과 믿음의 시적인 표현	• 에베소서 5:19 • 골로새서 3:16 • 시편이 하나님 경배와 서로에 대한 격려의 일부가 됨	• 시편 22편(예수님의 십자가 죽음), 시편 16편(부활), 시편 110편(승천과 재림) 등
잠언	• 확장된 지혜의 시 • 연관성 없는 잠언들이 길게 이어지는 구성, 일반적인 규칙, 절대적인 약속은 아님	• 하나님이 창조하신 세상에서 성공적으로 살아가기 위한 긍정적이고 부정적인 원칙, 주로 "여호와를 경외"할 필요성"(잠 1:7)을 제시함	• 히브리서 12:5-7 (잠 3:11~12) • 야고보서 4:6 (잠 3:34) • 베드로전서 4:8 (잠 10:12) • 로마서 12:20 (잠 25:21~22)	• 모든 지혜와 지식은 만물을 창조하시고 만물을 붙들고 계시는 예수 그리스도 안에서 발견됨(골 1:15~17, 2:3)
전도서	• 시와 산문의 혼합물 • "해 아래" 혹은 하나님에게서 떨어진 인생에 대한 공공연한 비관론	• "인생의 의미는 무엇인가?"라는 질문에 대한 답변 • 정답은 "하나님을 경외하고 그의 계명을 지키는 것"(전 12:13)	• 누가복음 12:15~21 • 예수님의 어리석은 부자 비유가 전도서와 같은 맥락: 우리는 하나님 안에서 부유해야지, 자신을 위해 보물을 쌓아두어서는 안 됨	• 하나님을 경외하는 것은 그분과 그분이 보내신 이, 즉 예수님을 아는 것(요 17:3) • 우리는 예수님께 순종하고 다른 이들도 순종하도록 가르쳐야 함 (마 28:18~20)
아가서	• 전부 히브리 시로 구성됨 • 신부와 신랑과 "친구들"의 합창이 등장	• "남편과 아내는 관계의 성적인 차원을 즐겨야 하는가?"라는 질문에 대한 답변	—	• 그리스도와 그분의 신부인 교회의 더 위대한 관계를 묘사함 (엡 5:22~33)

부록
5

성전

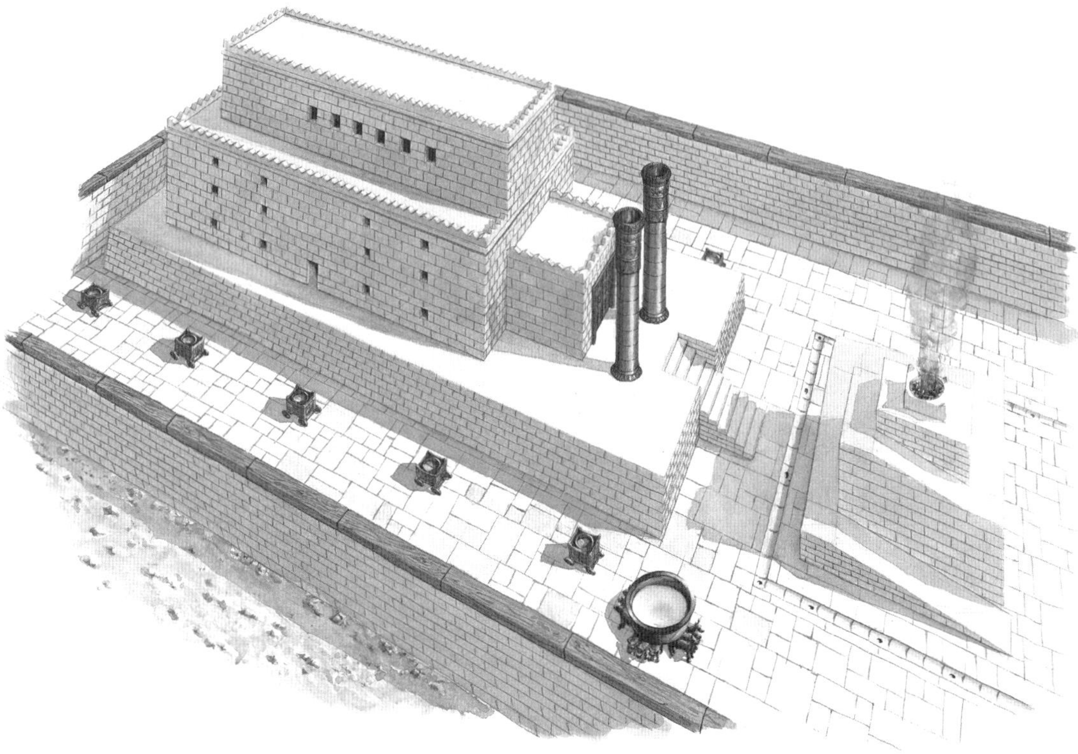

	하나님의 이름	하나님의 임재	하나님의 사명
성전	솔로몬은 이스라엘의 하나님, 여호와의 이름을 위해 성전을 지음(왕상 5:5; 8:20)	하나님이 영원히 거하시도록 지어진 처소로서 하나님의 영광이 가득함(왕상 8:10~13)	여호와를 찾는 이방인을 위한 장소로서 세상 모든 백성이 여호와만이 하나님이심을 알 수 있게 함(왕상 8:41~43, 60)
예수님	하나님과 함께 계셨고, 하나님이셨던 말씀이 육신이 되어 우리 가운데 머무셨던 분, 하나님의 아들(요 1:1, 14)	아버지의 독생자로서 영광으로 오셨고, 은혜와 진리가 충만하며, 우리에게 아버지를 계시하심(요 1:14, 18)	자신의 희생적인 죽음과 부활에 대해 말씀하시면서 자기 육체를 가리켜 성전이라고 하심(요 2:19~22)
교회	그리스도이신 살아계신 하나님의 아들 예수님께 속해 있으며, 무엇을 하든 말로나 행위로나 주 예수님의 이름으로 행해야 함(마 16:16~19; 골 3:17)	살아계신 하나님의 지성소로 하나님의 성령을 통해 성화로 나아가도록 부름을 받음(고전 3:16; 고후 6:16~18)	아버지가 아들을 보내신 것처럼 우리도 하나님의 성령을 받고 하나님의 사명을 위해 보냄을 받음(요 20:21~23)

부록 6

만왕의 왕

적들과 싸워 이기실 어린양이시며, 그분의 이름은 "충신", "진실", "하나님의 말씀", "만왕의 왕", "만주의 주"이시다(계 17:14; 19:11~16)

사울 "키는 모든 백성보다 어깨 위만큼 더 컸더라"(삼상 9:2; 10:23~24)

	선함	악함
*베냐민 지파 *기스의 아들 • 30세에 이스라엘의 왕이 됨 • 42년간 통치 • 블레셋과 전투에서 아들들과 함께 죽음(삼상 31:1~13)	• 하나님의 영이 임하셔서 예언함(삼상 10:9~10) • 하나님의 영이 임하셔서 이스라엘 백성을 지킴(11:6~11) • 주님이 승리를 보장하심(11:13) • 용감하게 싸워 이스라엘의 적들을 물리침(14:47~48)	• 사무엘을 기다리는 대신 어리석게도 스스로 제사를 드림(삼상 13:3~15) - 주님이 그의 통치는 영원하지 못하고 다른 이, 바로 하나님 마음에 합한 자에게 주어질 것이라고 선포하심 • 아말렉 족속을 온전히 멸망시키라는 명령에 순종하지 않음(15:7~31) - 주님은 그를 왕의 자리에서 폐하셨고, 주님의 영은 그를 떠나심 • 다윗을 질투해 수차례 그를 죽이려 함(18:8~11; 19:9~10; 24:1~22; 26:1~25) • 블레셋과의 전투에서 이길 수 있는지 영매자의 조언을 구함(28:1~25)

사울은 자신의 죄를 대면한 순간조차도 자부심, 질투, 주님 말씀에 대한 불순종을 드러냈다. 그의 왕국은 그에게서 잘려나가 그보다 나은 이에게 주어졌다. 왜냐하면 그는 주님의 말씀을 거부했기 때문이다.

다윗 "하나님 마음에 합한 자"(삼상 13:14; 16:7, 12)

	선함	악함
*유다 지파 *이새의 아들 • 30세에 이스라엘의 왕이 됨 • 40년 간 통치 • 모든 적으로부터 안식을 얻고 평화의 시기에 죽음(왕상 2:10~11)	• 주님의 영이 다윗에게 임하심(삼상 16:13) • 주님의 영광을 위해 골리앗을 무찌름(17:45~51) • 이스라엘의 적들과 싸워 전투에서 승리함(18:5) • 사울이 주님의 기름 부음을 받은 자이기 때문에 두 번이나 살려주며, 자신에 대한 여호와의 계획을 신뢰함(24:1~22; 26:1~25) • 하나님의 이름을 위해 성전을 짓고 싶어함(삼하 7:1~7; 왕상 8:18) • 요나단의 아들 므비보셋에게 은혜를 베품(삼하 9:1~13)	• 밧세바와 간음하고 그 남편 우리아를 살해함(삼하 11:1~27) • 싸울 수 있는 장정들의 인구 조사를 명령함(24:1~10)

다윗은 이스라엘의 통치자, 하나님 백성의 목동이었다. 주님은 다윗을 위해 집을 지어주시고 그의 왕위를 영원히 굳건히 하시겠다는 언약을 맺어 주셨다. 그의 아들은 하나님의 성전을 지었고, 하나님은 그를 아들처럼 여기셔서 신실하게 사랑하시고 잘못할 때 훈육하셨다. 다윗은 죄를 짓고 이를 지적받았을 때 자신의 죄를 인정하고 주님의 훈육에 완전히 복종했다.

부록 6

만왕의 왕

솔로몬 "솔로몬의 지혜"(왕상 3:4-15; 4:29-34)

*유다 지파 *다윗의 아들 • 40년간 통치 • 주님이 그에 대적해 일으키신 적들로부터 어려움을 겪다가 죽음(왕상 11:41~43)	선함	악함
	• 하나님의 백성을 인도하기 위해 하나님께 지혜를 간구함(왕상 3:4~15) • 하나님의 이름을 위해 성전을 지음(5:1~6:38) • 하나님의 영광을 위해 자신의 지혜를 과시함(4:29; 5:7; 10:1~9)	• 700명의 아내와 300명의 첩을 두니, 이들이 그의 마음을 돌이켜 우상을 섬기게 함(왕상 11:1~8) - 주님이 대적자들을 일으켜 그를 훈육하셨고 그의 아들에게서 나라 대부분을 빼앗아 그의 종에게 주심(11:9~40)

솔로몬은 다윗 언약의 복을 그대로 받았다. 그의 보좌는 지혜와 정의로 굳건히 세워졌고, 하나님이 말씀하신 대로 그가 직접 성전을 지었다. 이 왕과 왕국의 지혜와 번성은 여호와의 위대함을 열방에 드러내는 표지였다. 그러나 그는 돌이켜 우상을 섬기게 되었다. 그 결과 주님은 그를 훈육하셨고, 그의 아들에게서 왕국이 나뉘었다. 그럼에도 하나님은 다윗에게 주신 언약 때문에 한 지파만은 그에게 남겨두셨다.

예수님 "고운 모양도 없고 풍채도 없은즉 우리가 보기에 흠모할 만한 아름다운 것이 없도다"(사 53:2)
"다윗의 자손, 다윗의 주"(마 22:41~45)
"솔로몬보다 더 큰 이"(눅 11:31)

• 아브라함과 다윗의 자손(마 1:1)
• 하늘과 땅의 모든 권세를 받으심(마 28:18)

• 예수님은 진정한 하나님의 아들로 아버지의 기쁨이셨다(마 3:17)
• 아버지에게 온전히 순종하시고 심지어 죄인들을 구원하시기 위해 십자가에서 죽으셨으며(빌 2:8), 자신이 진정한 다윗의 자손으로 영원한 그분의 나라가 약속된 메시아임을 입증하셨다(눅 1:30~33)
• 자기 양을 위해 자기 목숨까지 내놓는 진정한 목자이시며(요 10:11~18), 죽은 자 가운데서 부활하신 진정한 성전이시다(요 2:19~22). 만왕의 왕이요, 만주의 주시다(계 19:16)

주 / 1

Session 1

1. "America's Changing Religious Landscape," Pew Research Center [online], 12 May 2015 [cited 21 October 2015]. Available from the Internet: www.pewforum.org.

2. Ed Stetzer and Philip Nation, eds., "The Lord Reigns," in *The Mission of God Study Bible* (Nashville: B&H, 2012), 596.

3. Joyce G. Baldwin, 1 and 2 Samuel, vol. 8 in *Tyndale Old Testament Commentaries* (Downers Grove: IVP, 1998), 91.

4. Halim Suh, "Looking for a King," *The Gospel Project: Adult Leader Guide* (Fall 2014): 73.

5. Michael W. Goheen, *A Light to the Nations* (Grand Rapids: Baker, 2011), 55.

6. Robert D. Bergen, *1, 2 Samuel*, vol. 7 in *The New American Commentary* (Nashville: B&H, 2002) [eBook on WORDsearch].

7. Colt McCoy and Matt Carter, *The Real Win* (New York: Multnomah, 2013), 34.

8. E. Y. Mullins, *The Christian Religion in Its Doctrinal Expression* (Philadelphia: Roger Williams Press, 1917), 293.

9. V. Philips Long, *Gospel Transformation Bible* (Wheaton: Crossway, 2013), 351-52, n. 8:1-22.

10. Matthew Henry, *A Commentary on the Whole Bible*, vol. 2 (New York: Revell), 324.

11. James Travis, "All the Nations— Israel's Counterparts," *Biblical Illustrator* (Summer 1990): 34.

12. Robert Grant, "O Worship the King," in *Baptist Hymnal* (Nashville: LifeWay Worship, 2008), 24.

Session 2

1. Oswald Chambers, in *The Quotable Oswald Chambers*, comp. and ed. David McCasland (Oswald Chambers Publications Association, 2008), 176.

2. Bryan E. Beyer, in *HCSB Study Bible* (Nashville: B&H, 2010), 467, n. 15:11.

3. Gregory the Great, *Pastoral Care*, 2.6, quoted in *Joshua, Judges, Ruth, 1-2 Samuel*, ed. John R. Franke, vol. IV in *Ancient Christian Commentary on Scripture: Old Testament* (Downers Grove: IVP, 2005), 256.

4. Robert D. Bergen, *1, 2 Samuel*, vol. 7 in *The New American Commentary* (Nashville: B&H, 2002) [eBook on WORDsearch].

5. John Owen, *The Mortification of Sin* (Carlisle, PA: Banner of Truth, 2008 reprint), 68-69.

6. Rick Byargeon, "Devoted to Destruction," *Biblical Illustrator* (Spring 2001): 66-67.

7. Joyce G. Baldwin, *1 and 2 Samuel*, vol. 8 in *Tyndale Old Testament Commentaries* (Downers Grove: IVP, 1998), 124.

8. Augustine, *Against Faustus, A Manichaean*, 22.67, quoted in *Joshua, Judges, Ruth, 1-2 Samuel*, ed. John R. Franke, vol. IV in *Ancient Christian Commentary on Scripture: Old Testament*, 258.

9. David Toshio Tsumura, in *ESV Study Bible* (Wheaton: Crossway, 2008), 516, n. 15:24-26. 10. Bill Donahue and Steve Gladen, *Building Biblical Community* (Nashville: LifeWay, 2010), 24-25.

Session 3

1. D. A. Carson, *For the Love of God*, vol. 1 (Wheaton: Crossway, 2006), 25.

2. Robert D. Bergen, *1, 2 Samuel*, vol. 7 in *The New American Commentary* (Nashville: B&H, 2002) [eBook on WORDsearch].

3. Trevin Wax, *Holy Subversion* (Wheaton: Crossway, 2010), 127.

4. Bryan E. Beyer, in *HCSB Study Bible* (Nashville: B&H, 2010,), 472, n. 17:26; n. 17:33; n. 17:34; n. 17:36; n. 17:37.

5. Henry Blackaby, *Experiencing God Day-by-Day* (Nashville: B&H, 1998), 290.

6. Janice Meier, "Goliath: One-on-One," *Biblical Illustrator* (Summer 1992): 25-26.

7. V. Philips Long, *Gospel Transformation Bible* (Wheaton: Crossway, 2013), 366, n. 17:1-51.

8. Dirk Philips, *Concerning Spiritual Restitution*, in *Early Anabaptist Spirituality: Selected Writings*, trans. and ed. Daniel Liechty (New York: Paulist, 1994), 236.

9. Paulinus of Nola, *Poems*, 26:150, quoted in *Joshua, Judges, Ruth, 1-2 Samuel*, ed. John R. Franke, vol. IV in *Ancient Christian Commentary on Scripture: Old Testament* (Downers Grove: IVP, 2005), 273.

Session 4

1. See tweet by Timothy Keller, @ timkellernyc [online], 27 June 2013 [cited 8 October 2015]. Available from the Internet: twitter.com.

2. Helen Keller, quoted in *Expository Eureka*, by Diana Tham (Singapore: Marshall Cavendish, 2013) [eBook].

3. Joyce G. Baldwin, *1 and 2 Samuel*, vol. 8 in *Tyndale Old Testament Commentaries* (Downers Grove: IVP, 1998), 138-39.

4. Timothy Keller with Kathy Keller, *The Meaning of Marriage* (New York: Dutton, 2011), 95. 《팀 켈러, 결혼을 말하다》(두란노, 2014), 125.

5. C. S. Lewis, *The Four Loves* (Orlando: Harcourt, 1988), 71.

6. Augustine, *Sermon 385.4*, quoted in *Late Have I Loved Thee: Selected Writings of Saint Augustine on Love* (New York: Vintage Books, 2006), 400.

7. Robert D. Bergen, *1, 2 Samuel*, vol. 7 in *The New American Commentary*

주 / 2

(Nashville: B&H, 2002) [eBook on WORDsearch].
8. R. Kent Hughes, *Disciplines of a Godly Man* (Wheaton: Crossway, 2001), 66.
9. Amy Carmichael, quoted in *Christ-Centered Exposition: Exalting Jesus in Ephesians*, by Tony Merida (Nashville: B&H, 2014), 121.
10. V. Philips Long, *Gospel Transformation Bible* (Wheaton: Crossway, 2013), 374, n. 23:16-17.
11. Ed Stetzer and Eric Geiger, *Transformational Groups* (Nashville: B&H, 2014), 88.
12. Corrie ten Boom, quoted in "Preface," by Elizabeth Sherrill, in *The Hiding Place*, by Corrie ten Boom (Peabody, MA: Hendrickson, 2006), x.

Session 5

1. Nancy Guthrie, *The Son of David* (Wheaton: Crossway, 2013), 161.
2. Joyce G. Baldwin, *1 and 2 Samuel*, vol. 8 in *Tyndale Old Testament Commentaries* (Downers Grove: IVP, 1998), 229-30.
3. Christopher J. H. Wright, *Knowing Jesus Through the Old Testament* (Downers Grove: IVP, 2014), 97.
4. Vaughan Roberts, *God's Big Picture* (Downers Grove: IVP, 2002), 81-82.
5. Michael Williams, *How to Read the Bible Through the Jesus Lens* (Grand Rapids: Zondervan, 2012), 46.
6. Bryan E. Beyer, in *HCSB Study Bible* (Nashville: B&H, 2010), 508-509, n. 7:18; n. 7:19; n. 7:20-21; n. 7:26; n. 7:27.
7. Richard F. Lovelace, *Renewal as a Way of Life* (Eugene, OR: Wipf and Stock Publishers, 1985), 41.
8. John Traylor, "David: The King and His Kingdom," *Biblical Illustrator* (Summer 2013): 41-42.
9. Augustine, *City of God*, 17.12, quoted in *1-2 Corinthians*, ed. Gerald Bray, vol. VII in *Ancient Christian Commentary on Scripture: New Testament* (Chicago: Fitzroy Dearborn, 1999), 162.

Session 6

1. Dietrich Bonhoeffer, *Temptation*, in *Creation and Fall & Temptation: Two Biblical Studies*, by Dietrich Bonhoeffer (New York: Touchstone, 1983), 132.
2. Robert D. Bergen, *1, 2 Samuel*, vol. 7 in *The New American Commentary* (Nashville: B&H, 2002) [eBook on WORDsearch].
3. Johnny Hunt, "Joseph's Temptation," Sermon Search [online; cited 4 November 2013]. Available from the Internet: www.sermonsearch.com.
4. Adrian Rogers, in *Adrianism: The Wit and Wisdom of Adrian Rogers*, vol. 1 (Memphis: Love Worth Finding, 2006), 114.
5. V. Philips Long, in *Gospel Transformation Bible* (Wheaton: Crossway, 2011), 395, n. 11:1-27.
6. Kevin R. Warstler and Sherri L. Klouda, in *HCSB Study Bible* (Nashville: B&H, 2010), 931, n. 51:5.
7. Jonathan Leeman, "Psalms," *The Gospel Project: Adult Leader Guide* (Winter 2012-13): 97.
8. Trevin Wax, "The Gospel and Repentance," LifeWay Pastors [online], 12 May 2015 [cited 8 October 2015]. Available from the Internet: www.lifeway.com

Session 7

1. Daniel Goleman, *Emotional Intelligence* (New York: Bantam, 2006).
2. Thomas R. Schreiner, *The King in His Beauty* (Grand Rapids: Baker, 2013), 288.
3. Donald J. Wiseman, *1 and 2 Kings*, vol. 9 in *Tyndale Old Testament Commentaries* (Downers Grove: IVP, 2008), 92.
4. Paul E. Miller, *A Praying Life* (Colorado Springs: NavPress, 2009), 56.
5. Martin Luther, in *What Luther Says*, comp. Ewald M. Plass (Saint Louis: Concordia Publishing House, 1959), 1453.
6. Donald J. Wiseman, *1 and 2 Kings*, vol. 9 in *Tyndale Old Testament Commentaries*, 94.
7. Matthew Henry, *Commentary on the Whole Bible* (Peabody, MA: Hendrickson Publishers, 1994), 1644.
8. L. Manning Garrett III, "What Is Wisdom?" *Biblical Illustrator* (Spring 2003): 20.
9. Christopher J. H. Wright, *The Mission of God* (Downers Grove: IVP, 2006), 446-47.
10. George Whitefield, "An Exhortation to the People of God Not to Be Discouraged in Their Way, by the Scoffs and Contempt of Wicked Men," in *Sermons on Important Subjects* (London: Henry Fisher, Son, and P. Jackson, 1828), 606.

Session 8

1. Jay E. Adams, *The Christian Counselor's Commentary* (Woodruff, SC: Timeless Texts, 1997), 2.
2. David K. Stabnow, in *HCSB Study Bible* (Nashville: B&H, 2010), 1031, n. 1:2; n. 1:3.
3. Derek Kidner, Proverbs, vol. 17 in *Tyndale Old Testament Commentaries* (Downers Grove: IVP, 1964), 57.
4. Ambrose, *Six Days of Creation*, 1.4.12, quoted in *Proverbs, Ecclesiastes, Song of Solomon*, ed. J. Robert Wright, vol. IX in *Ancient Christian Commentary on Scripture: Old Testament* (Downers Grove: IVP, 2005), 7.
5. Raymond C. Ortlund Jr., *Proverbs: Wisdom and Works, in Preaching the Word*

주 / 3

(Wheaton: Crossway, 2012), 63.
6. Duane A. Garrett, *Proverbs Ecclesiastes, Song of Songs*, vol. 14 in *The New American Commentary* (Nashville: B&H, 1993) [eBook on WORDsearch].
7. John H. Sammis, "Trust and Obey," in *Baptist Hymnal* (Nashville: LifeWay Worship, 2008), 500.
8. David K. Stabnow, in *HCSB Study Bible*, 1035, n. 3:11-12.
9. Samuel Rutherford, Letter LI, in *Letters*, ed. Thomas Smith (Edinburgh: Oliphant, Anderson, and Ferrier, 1881), 132.
10. Raymond C. Ortlund Jr., in *Gospel Transformation Bible* (Wheaton: Crossway, 2013), 822, n. 22:6.
11. Anthony Selvaggio, *A Proverbs Driven Life* (Wapwallopen, PA: Shepherd Press, 2008), 24.
12. Jonathan Leeman, "Wisdom," *The Gospel Project: Adult Leader Guide* (Winter 2012-13): 113.

Session **9**

1. "Vision," Burj Khalifa [online], 2015 [cited 19 October 2015]. Available from the Internet: www.burjkhalifa.ae.
2. Michael Bird, *Evangelical Theology* (Grand Rapids: Zondervan, 2013), 717.
3. Bruce Waltke, *An Old Testament Theology* (Grand Rapids: Zondervan, 2007), 709.
4. Andrew C. Bowling, in *HCSB Study Bible* (Nashville: B&H, 2010), 555, 557, n. 5:3-5.
5. Paul R. House, *1,2 Kings*, vol. 8 in *The New American Commentary* (Nashville: B&H, 1995) [eBook on WORDsearch].
6. Timothy J. Keller, "Lord of the Whips," in *The Timothy Keller Sermon Archive* (New York: Redeemer Presbyterian Church, 2013) [Logos].
7. C. S. Lewis, *Letters to Malcolm: Chiefly on Prayer* (San Diego: Harvest, 1964), 4-5, quoted in "The perfect church service," Tolle Lege [online], 14 November 2009 [cited 19 October 2015]. Available from the Internet: tollelege.wordpress.com.
8. Gene Weingarten, "Pearls Before Breakfast: Can one of the nation's great musicians cut through the fog of a D.C. rush hour? Let's find out," *The Washington Post* [online], 8 April 2007 [cited 19 October 2015]. Available from the Internet: www.washingtonpost.com.
9. Sinclair B. Ferguson, *A Heart for God* (Carlisle, PA: The Banner of Truth Trust, 1987, reprinted 2008), 110.
10. Donald J. Wiseman, *1 and 2 Kings*, vol. 9 in *Tyndale Old Testament Commentaries* (Downers Grove: IVP, 2008), 133.
11. G. K. Beale, *The Temple and the Church' s Mission* (Downers Grove: IVP, 2004), 401.
12. Charles Spurgeon, "Hezekiah and the Ambassadors—Or, Vainglory Rebuked," Christ Alone [online], 5 August 1866 [cited 20 October 2015]. Available from the Internet: www.christalone.com.

Session **10**

1. J. R. R. Tolkien, *The Return of the King* (New York: Ballantine, 1983), 274.
2. D. A. Carson, *The God Who Is There* (Grand Rapids: Baker, 2010), 83.
3. Andrew C. Bowling, in *HCSB Study Bible* (Nashville: B&H, 2010), 571, n. 11:1-2; n. 11:4-8.
4. John Wesley, "Sermon LXXXIII: On Spiritual Idolatry," vol. 2 in *The Works of the Reverend John Wesley*, ed. John Emory (New York: B. Waugh and T. Mason, 1835), 188.
5. Alan Branch, "Solomon's Foreign Wives & Their Gods," *Biblical Illustrator* (Winter 2010-11): 35.
6. Donald J. Wiseman, *1 and 2 Kings*, vol. 9 in *Tyndale Old Testament Commentaries* (Downers Grove: IVP, 2008), 146-47.
7. C. S. Lewis, *The Voyage of the Dawn Treader* (New York: HarperCollins, 1980), 261.
8. Tim Challies, "Against Yous, Yous Only Have I Sinned," Challies.com [online], 7 February 2013 [cited 19 October 2015]. Available from the Internet: www.challies.com.
9. Robert A. Stein, *Luke*, vol. 24 in *The New American Commentary* (Nashville: B&H, 2003) [eBook on WORDsearch].
10. Donald S. Whitney, *Spiritual Disciplines for the Christian Life*, (Colorado Springs: NavPress, 2014), 133.
11. Roy E. Ciampa and Brian S. Rosner, *The First Letter to the Corinthians*, in *The Pillar New Testament Commentary* (Grand Rapids: Eerdmans, 2010), 109-10.
12. Trevin Wax, *Holy Subversion* (Wheaton: Crossway, 2010), 33.
13. Andrew A. Bonar, *Memoirs and Remains of the Rev. Robert Murray M'Cheyne* (London: W. Middleton, 1846), 254.

Session **11**

1. Daniel Schorn, "Transcript: Tom Brady, Part 3," CBS News [online], 5 November 2005 [cited 20 October 2015]. Available from the Internet: www.cbsnews.com.
2. Augustine, *The Confessions of St. Augustine: Modern English Version* (New York: Revell, 2005), 15-16.
3. C. S. Lewis, *Present Concerns* (London: Harcourt Inc., 2002), 76.
4. Duane A. Garrett, in *HCSB Study Bible* (Nashville: B&H, 2010), 1088, sidebar.
5. William Lane Craig, *Reasonable Faith* (Wheaton: Crossway, 2008), 76-77.
6. Duane A. Garrett, *Proverbs Ecclesiastes, Song of Songs*, vol. 14 in *The New American*

주 / 4

Commentary (Nashville: B&H, 1993) [eBook on WORDsearch].
7. Sally Lloyd-Jones, *The Jesus Storybook Bible* (Grand Rapids: Zondervan, 2007), 348. 《스토리 바이블》(두란노키즈, 2008), 348.
8. N. T. Wright, *Surprised by Hope* (San Francisco: HarperCollins, 2008), 107.
9. Honor Matthews, *The Primal Curse: The Myth of Cain and Abel in the Theatre*, quoted in *The Cruelty of Heresy*, by C. FitzSimons Allison (New York: Morehouse, 1994), 15.
10. Bertrand Russell, quoted in *The Philosopher: Their Lives and the Nature of Their Thought*, by Ben-Ami Scharfstein (New York: Oxford University Press, 1980), 312.
11. Michael A. Eaton, *Ecclesiastes*, vol. 18 in *Tyndale Old Testament Commentaries* (Downers Grove: IVP, 2009), 176-77.
12. Sam Storms, *The Hope of Glory: 100 Daily Meditations on Colossians* (Wheaton: Crossway, 2007), 154.

Session 12

1. Eugene H. Peterson, *A Long Obedience in the Same Direction* (Grand Rapids: IVP, 2000), 78.
2. Oswald Chambers, in *The Quotable Oswald Chambers*, comp. and ed. David McCasland (Grand Rapids: Discovery House, 2008), 282.
3. Richard D. Patterson, in *HCSB Study Bible* (Nashville: B&H, 2010), 825, n. 1:6; n. 1:7-8; n. 1:9-11; n. 1:12.
4. Francis I. Andersen, *Job, vol.* 14 in *Tyndale Old Testament Commentaries* (Downers Grove: IVP, 2008), 94.
5. Thomas Watson, *All Things for God* (Gideon House, 2015) [eBook].
6. Robert Yarbrough, "Christ and Crocodiles: Suffering and the Goodness of God in Contemporary Perspective," in *Suffering and the Goodness of God*, eds. Christopher W. Morgan and Robert A. Peterson (Wheaton: Crossway, 2008), 31.
7. Robert L. Alden, *Job*, vol. 11 in *The New American Commentary* (Nashville: B&H, 2003) [eBook on WORDsearch].
8. Richard D. Patterson, in *HCSB Study Bible*, 843, n. 16:19-20; n. 16:21.
9. Richard Sibbes, "The Bruised Reed and Smoking Flax," vol. 1 in *Works of Richard Sibbes* (New Zealand: Titus Books, 2015) [eBook].
10. Timothy S. Lane and Paul David Tripp, *How People Change* (Greensboro: New Growth Press, 2008), 78.
11. Francis I. Andersen, *Job*, vol. 14 in *Tyndale Old Testament Commentaries*, 316-17.
12. Timothy Stoner, *The God Who Smokes* (Colorado Springs: NavPress, 2008), 104.

Session 13

1. N. T. Wright, *The Case for the Psalms* (New York: HarperCollins, 2013), 23.
2. Ben Patterson, *God's Prayer Book* (Grand Rapids: Tyndale, 2008), 20-21.
3. Kevin R. Warstler and Sherri L. Klouda, in *HCSB Study Bible* (Nashville: B&H, 2010), 881, n. 1:1; n. 1:2; n. 1:4.
4. Jonathan Leeman, "Psalms: Songs for New Creation Hearts," *The Gospel Project: Adult Leader Guide* (Winter 2012-13): 96.
5. C. S. Lewis, *Reflections on the Psalms* (New York: Harcourt Inc., 1986), 45.
6. Dietrich Bonhoeffer, *Psalms: The Prayer Book of the Bible* (Minneapolis: Augsburg Fortress, 1970), 14-15.
7. George Robertson, *Gospel Transformation Bible* (Wheaton: Crossway, 2013), 746, n. Psalm 100.
8. Ben Patterson, *Muscular Faith* (Grand Rapids: Tyndale, 2011), 160.
9. David Howard, quoted in *Read the Bible for Life, by George H. Guthrie* (Nashville: B&H, 2011), 117.
10. Derek Kidner, *Psalms 73-150*, vol. 16 in *Tyndale Old Testament Commentaries* (Downers Grove: IVP, 2008), 428.
11. Derek Kidner, *Psalms* 73-150, vol. 16 in *Tyndale Old Testament Commentaries*, 430.
12. Jonathan Leeman, "Psalms: Songs for New Creation Hearts," *The Gospel Project: Adult Leader Guide* (Winter 2012-13): 101.
13. Ambrose, *On the Christian Faith*, 2.12.102, quoted in *Psalms 51-150*, ed. Quentin F. Wesselschmidt, vol. VIII in *Ancient Christian Commentary on Scripture: Old Testament* (Downers Grove: IVP, 2007), 263.